DIE 100 BESTEN FUSSBALLER DER WELT

Die Fotos auf dem Umschlag und im Inhaltsverzeichnis zeigen Folgendes:

Umschlag vorne: Manuel Neuer, Lionel Messi und Cristiano Ronaldo (v.l.n.r.)

Umschlag hinten: James Rodríguez bei der FIFA WM 2014; Xavi und Andrés Iniesta bei der Euro 2012; Neymar im Juni 2013; Franck Ribéry; die deutsche Nationalmannschaft bei der FIFA WM 2014

S. 3: Lionel Messi Anfang 2011 mit dem »Goldenen Ball« als »Weltfußballer 2010«, umrahmt von Andrés Iniesta (l.) und Xavi

S. 4: oben: Cristiano Ronaldo, Bastian Schweinsteiger und Pepe (v.l.n.r.) 2012 in der Champions League; der Torjubel von Mario Balotelli bei der Euro 2012, daneben Philipp Lahm; unten: Ronaldo gegen Oliver Kahn bei der FIFA WM 2002; Gianluigi Buffon und Iker Casillas bei der Euro 2012; Yaya Touré (l.) und David Alaba im Zweikampf bei der Champions League 2014, im Hintergrund Philipp Lahm

S. 5: oben: Manuel Neuer (l.) und Sergio Ramos 2012 in der Champions League; Robert Lewandowski (o.) und Franck Ribéry 2013 im CL-Finale; unten: Neymar 2013 gegen Ashley Cole (l.) und Wayne Rooney; Thomas Müller (l.) und Miroslav Klose beim Torjubel während der FIFA WM 2010; Lionel Messi und Cristiano Ronaldo 2014

Stand der Informationen: September 2015

© 2016 arsEdition GmbH,
Friedrichstr. 9, 80801 München
Alle Rechte vorbehalten
Layout und Satz: Hermann Zanier/Angelika Schön

ISBN 978-3-8458-1210-6

www.arsedition.de

Die 100 Besten Fussballer der Welt

Kurt-J. Heering und Jens Dreisbach

arsEdition

Inhaltsverzeichnis

Tore, Triumphe, Tragödien
Szenen des Fußballs im neuen
Jahrtausend   6

FIFA 100 und Aufbruch in die Gegenwart
Über die Vergleichbarkeit
des Unvergleichbaren   12

Sieben Weltfußballer und ein Außerirdischer
Die Megastars des neuen Jahrtausends   18

Die Null muss stehen
Die stärksten Torhüter der letzten Jahre   32

Eröffnen statt »zerstören«
Die Rolle des modernen
Innenverteidigers   40

Die Ära der »Furia Roja«
Der globale Siegeszug des
»Totalen Fußballs«   52

Dauerläufer und Flankengeber
Defensive Außenbahnspieler
der Gegenwart   58

Balleroberer und Strategen
Defensive Mittelfeldspieler: die 6er und 8er 66

Fußballnachwuchs aus Hogwarts
Der deutsche Talenteboom seit 2000 76

Dirigenten und Zauberer
Offensive Mittelfeldspieler: die 10er 82

Laufen, dribbeln, flanken
Offensive Außenbahnspieler, »hängende Spitzen« 90

Auf dem Weg nach oben
Die Hoffnungsträger im Weltfußball 102

Bomber, Knipser, Abstauber
Strafraumstürmer seit 2000 110

Tabellen und Statistiken 122
Namensregister 127
Bildnachweis 128

Tore, Triumphe, Tragödien
Szenen des Fußballs im neuen Jahrtausend

2014 – der vierte Stern für Deutschland

Die Ära der »Roten Furie« ging bei der WM 2014 in Brasilien spektakulär zu Ende. Nach nur zwei Spielen war der Doppeleuropameister und Titelverteidiger aus dem Rennen: 1:5 gegen die Niederlande, 0:2 gegen Chile – und nichts ging mehr. Es sollte stattdessen das Turnier einer begeisternden deutschen Mannschaft werden. Mit einer geschlossenen Leistung um die Achse Manuel Neuer, Mats Hummels, Toni Kroos und Thomas Müller fuhren die Schützlinge von Bundestrainer Jogi Löw den Erfolg hochverdient ein. Vom fantastischen Auftakt gegen Portugal über den hart erkämpften Sieg gegen Algerien und das Jahrhundertspiel gegen Brasilien bis hin zum konzentrierten, geduldigen Finale gegen Argentinien hatte die beste Elf der Endrunde immer die richtige Antwort parat. Der fußballerische Höhenflug der deutschen Mannschaft in den vergangenen Jahren hat sich damit endlich auch in einem Titel niedergeschlagen. Wer jedoch von einer deutschen Ära, vergleichbar der spanischen, träumt, der erinnere sich an die wichtigste Regel der Fußballgeschichte: Erstens kommt es anders und zweitens, als man denkt.

Die deutsche Mannschaft nimmt nach dem gewonnenen WM-Finale 2014 im Maracanã Aufstellung zum Siegerfoto. Nach 1954, 1974 und 1990 der vierte Titel für die Männer in Schwarz und Weiß!

*Sekundenbruchteile nach dem 1:0 im WM-Finale 2014 in Rio de Janeiro: Mario Götze (*1992) weiß genau, was er gerade getan hat, nämlich das Tor zum Titel weit aufgestoßen und sich den Eintrag in die Geschichtsbücher gesichert.*

*Lagebesprechung mit Kevin Volland, Emre Can, Joshua Kimmich und Max Meyer (v.l., *1992, 1994, 1995, 1995) – im Halbfinale der U21-EM 2015 erlebten sie gegen Portugal ihr blaues Wunder und fuhren ohne Titel nach Hause. Nur ein Betriebsunfall der Anwärter auf die A-Nationalmannschaft?*

*Breel Embolo (*1997) wurde in Yaoundé, Kamerun, geboren, wuchs aber in der Schweiz auf. Kurz nach seinem 17. Geburtstag debütierte er für den FC Basel, ein Jahr später für die eidgenössische »Nati«. So schnell wie möglich möchte der begnadete Stürmer die große EM- und WM-Bühne betreten.*

*William Carvalho (*1992) wird auch Prince William genannt. Er ist jedoch nicht britischer, sondern portugiesischer Thronfolger und hält dem aktuellen Monarchen, Cristiano Ronaldo, in der Nationalmannschaft den Rücken frei.*

2016, 2018, 2020 ... nach dem Turnier ist vor dem Turnier

Zum fünften Mal gastiert der Fußballzirkus 2016 in Frankreich. 1938 war der WM-Teilnehmer der ersten Stunde der dritte Ausrichter des globalen Fußballturniers. 1960 richtete die »Grande Nation« dann die erste Europameisterschaft aus. Die beiden letzten Turniere auf französischem Boden dürften zwischen Bretagne und Côte d'Azur noch in bester Erinnerung sein. Bei der EM 1984 trug sich Michel Platini mit neun Toren in fünf Spielen in die Geschichtsbücher ein und sorgte für den ersten Titel der »Équipe Tricolore«. 1998 war der nächste französische Superstar zur Stelle: Mit zwei Toren fertigte Zinédine Zidane Titelverteidiger Brasilien beinahe im Alleingang ab.

*Stürmer Alexandre Lacazette (l.) und Verteidiger Eliaquim Mangala (beide *1991) gehören zu den begabtesten Nachwuchskräften Frankreichs. Bei der Europameisterschaft 2016 könnte ihr Stern vor heimischen Rängen aufgehen.*

Nach dem Turnier ist vor dem Turnier: 2018 findet die 21. Weltmeisterschaft in Russland statt – mit 32 Mannschaften, 64 Partien und dem Endspiel im renovierten Olympiastadion Luschniki in Moskau. Die EM 2020 wird erstmals nicht in einem oder zwei Ländern ausgespielt, sondern in zwölf Städten auf dem ganzen Kontinent – ab dem Halbfinale wird dann nur noch im Londoner Wembley-Stadion gespielt. Für die WM 2022 hat Katar den Zuschlag bekommen. Sie wird wohl im Winter stattfinden – wenn es denn nach dem Bestechungsskandal um die FIFA wirklich dabei bleibt. Fest steht nur, dass bei all diesen Turnieren wieder neue Stars, Mannschaften und Titelträger ins Rampenlicht treten werden ...

*Domenico Berardi (*1994) machte in der italienischen Fußballprovinz, bei Sassuolo Calcio, auf sich aufmerksam. Längst hat sich Juventus Turin die Transferrechte gesichert, und es ist nur eine Frage der Zeit, wann die Sturmhoffnung für die »Alte Dame« und in der Squadra Azzurra auflaufen wird.*

Szenen des Fußballs im neuen Jahrtausend

Die Ära der »Roten Furie«: 2007–2012

Mehr als 40 Jahre verstrichen, ehe Spanien seinen zweiten großen Titel nach der EM 1964 errang. 2008 gewannen die Iberer die EM erneut und legten den Grundstein zur Dominanz der »Furia Roja«, der »Roten Furie«, wie das Nationalteam schon seit 1920 genannt wird. Zwei Jahre später folgte in Südafrika der WM-Triumph und 2012 die Euro-Titelverteidigung. Hinzu kommt die Vormachtstellung des FC Barcelona, der seit 2006 viermal die UEFA Champions League gewonnen hat. 2009 und 2015 gewannen die Katalanen gar das Triple, also Champions League, Meisterschaft und Pokal, und sind damit die erste Mannschaft, der das zum zweiten Mal gelungen ist. Außerdem fuhr Real Madrid 2014 »La Decima« ein, Titel Nummer zehn in der Königsklasse.

Die U-20-Weltmeisterschaft 2009 in Ägypten gewinnt unerwartet Ghana mit 4:3 im Elfmeterschießen des Finales gegen Brasilien. Weltmeister Dominic Adiyiah kann dreifach jubeln – er wird sowohl mit dem »Goldenen Ball« für den besten Spieler als auch dem »Goldenen Schuh« des erfolgreichsten Torjägers ausgezeichnet.

Fernando Torres erzielt am 29. Juni 2008 im Wiener Euro-Finale das Goldene Tor gegen den deutschen Torhüter Jens Lehmann. Philipp Lahm, der zuvor gepatzt hat, kann nur noch entsetzt zuschauen.

Im WM-Finale 2010 trifft die »Rote Furie« auf die Niederlande und entscheidet das Match in der 116. Minute durch einen Treffer von Andrés Iniesta für sich. Im Halbfinale hatte Abwehrspieler Carles Puyol (l.), hier im Zweikampf mit Arjen Robben, mit einem Kopfball das einzige Tor gegen Deutschland, den Dauerrivalen dieser Jahre, erzielt.

Ende Mai 2009 holt Barça mit einem 2:0 gegen Manchester United zum dritten Mal nach 1992 und 2006 die Champions League. Obwohl selbst der Offensivstar Wayne Rooney (l.) dem Verteidiger Michael Carrick zu Hilfe eilt, ist der kleine Lionel Messi nicht zu stoppen. Wie auch zwei Jahre später nicht, als die Katalanen die Neuauflage des Finales mit 3:1 für sich entscheiden.

Einmal mehr zerstört die Squadra Azzurra auch 2012 den Traum der Deutschen von einem Titelgewinn: Im Halbfinale der Euro 2012 bezwingt Italien das DFB-Team mit 2:1 – Mario Balotelli (l.), hier im Zweikampf mit Holger Badstuber, erzielt beide Treffer.

Der Sieg mit der U 21 im Jahr 2009 (mit 4:0 im Endspiel gegen England) war einer der eher seltenen deutschen Erfolge im internationalen Juniorenfußball. Jérôme Boateng (hinten l.), Benedikt Höwedes (Nr. 4), Sami Khedira (Nr. 8), Manuel Neuer und Mesut Özil (vorn, 1. u. 2. v. l.) gehörten schon ein Jahr später bei der WM zum Stamm des deutschen Seniorenteams in Südafrika, Mats Hummels (Nr. 15) rückte kurz darauf nach.

Das Olympische Fußballturnier ist der einzige offizielle FIFA Wettbewerb, den Brasilien noch nie gewinnen konnte. Beim Endspiel 2012 in London kann selbst der bullige Starstürmer Hulk (l.), hier im Zweikampf mit dem Mexikaner Javier Aquino, nicht verhindern, dass die Mittelamerikaner am Ende mit 2:1 die Oberhand behalten.

Bei der U-21-EM 2011 waren Xherdan Shaqiri (l.) und Javier Martínez noch Gegner, ein Jahr darauf kamen beide zu Bayern München und holten gleich in ihrer ersten Saison das Triple. U-21-Europameister wurde damals Spanien mit einem 2:0 gegen die Schweiz.

Szenen des Fußballs im neuen Jahrtausend

Vom Millennium zum Sommermärchen: 2000–2006

Das neue Jahrtausend begann, wie das alte geendet hatte: mit einem französischen Triumph. Angeführt von Zinédine Zidane, holen zahlreiche Weltmeister von 1998 zwei Jahre darauf auch den Europameistertitel, ein Double, das bis dahin nur die Deutschen feiern konnten, allerdings in umgekehrter Folge: 1972 Europa- und 1974 Weltmeister. Vieles deutete darauf hin, dass die Équipe Tricolore noch einige Zeit weiterherrschen würde im Weltfußball, doch die WM-Endrunde 2002 endete mit einer bitteren Enttäuschung: Ohne Sieg, ja ohne ein einziges erzieltes Tor schieden die »Bleus« in der Vorrunde aus. Den Titel holten einmal mehr die Brasilianer, doch auch bei ihnen deutete sich ein Generationenwechsel an. Der erfolgte jedoch erst nach der Endrunde 2006 in Deutschland, beim legendären Sommermärchen; denn in Berlin kämpften wieder Franzosen und Italiener um die Krone des Weltfußballs – für eine der größten Mannschaften des Jahrzehnts davor mit bitterem Ende.

Mit einem Golden Goal zum 2:1 hatte David Trezeguet (M.), der hier gemeinsam mit Thierry Henry (l.) und Nicolas Anelka jubelt, in der Verlängerung das Finale gegen Italien entschieden. Sechs Jahre später, beim erneuten Aufeinandertreffen beider Teams im WM-Endspiel, wurde Trezeguet zur tragischen Figur, als er im Elfmeterschießen seinen Versuch an die Latte knallte.

Die Euro 2004 in Portugal endete mit einer der größten Sensationen im Weltfußball: Der krasse Außenseiter Griechenland bezwang im Finale den Gastgeber 1:0. Portugals Trainer Luiz Felipe Scolari (l.), zwei Jahre zuvor Weltmeister mit der Seleção, beglückwünscht Griechenlands deutschen Trainer Otto Rehhagel, der maßgeblich für dieses Wunder verantwortlich war.

Zwei Generationen, ein Pokal: Gemeinsam feiern der 1972 geborene Rivaldo (l.), »Weltfußballer 1999«, und der acht Jahre jüngere Ronaldinho Brasiliens 2:0 gegen Deutschland im WM-Finale von 2002.

Fast hätte der 19-jährige Superstar Cristiano Ronaldo gleich in seinem ersten großen Turnier einen Titel geholt. Nach der Niederlage gegen die extrem defensiven Griechen muss er von Rui Jorge getröstet werden.

Das DFB-Team wird bei der Heim-WM 2006 Dritter – und doch gibt dies mehr Anlass zur Freude als die Finalteilnahme vier Jahre zuvor: Hatte damals allein ein überragender Torwart Oliver Kahn eine Blamage der Deutschen verhindert, konnten sie beim Sommermärchen mit ansehnlichem Offensivspiel die Fans begeistern. Neben dem fast 30-jährigen Michael Ballack (r.) brachten Jungstars wie Lukas Podolski (l.) und Bastian Schweinsteiger neuen Glanz ins Spiel der Gastgeber.

Vermutlich war der 23. Mai 2001 trotz aller sonstigen Erfolge der größte Tag in der Karriere von Oliver Kahn. Im Elfmeterschießen des Champions-League-Finales gegen den FC Valencia wehrte er drei gegnerische Schüsse ab und führte die Münchner Bayern zu ihrem vierten Triumph in der Königsklasse des Vereinsfußballs. Sein Mitspieler Sammy Kuffour, mit dem er hier den »Henkelpott« präsentiert, sorgte ein halbes Jahr später mit seinem Goldenen Tor gegen CA Boca Juniors aus Argentinien dafür, dass die Münchner auch den Weltpokal holten.

Obwohl leicht übergewichtig, traf Brasiliens Stürmerstar Ronaldo (r.) bei der WM 2006 dreimal und stellte damit mit insgesamt 15 Buden einen Rekord für die Ewigkeit auf – der aber nur acht Jahre hielt, bis Miro Klose 2014 – ausgerechnet in Brasilien und ausgerechnet gegen den Gastgeber – seinen 16. WM-Treffer machte.

Ein Jahr nach Ronaldo betritt der nächste Weltstar der jüngeren Generation die Weltbühne: Bei der U-20-Weltmeisterschaft 2005 in den Niederlanden holt der 1987 geborene Lionel Messi den Titel und wird mit dem »Goldenen Ball« und dem »Goldenen Schuh« ausgezeichnet.

Für die Mannschaftskapitäne Fabio Cannavaro (l.) und Zinédine Zidane, die schon bei der Euro 2000 dabei waren, bedeutet Italiens Erfolg bei der WM 2006 einen Ausgleich im persönlichen Duell. Frankreichs Superstar beendet seine großartige Karriere jedoch unglücklich: Zehn Minuten vor dem Abpfiff der Verlängerung fliegt er wegen einer Tätlichkeit vom Platz.

Szenen des Fußballs im neuen Jahrtausend

FIFA 100 und Aufbruch in die Gegenwart
Über die Vergleichbarkeit des Unvergleichbaren

Streit der Könige

»I am the greatest«, verkündete die Boxlegende Muhammad Ali 1964, im Alter von 22 Jahren. Damals trug er noch den »Sklavenamen« Cassius Clay, den er mit seiner Konversion zum Islam ablegte. In den 1960er-Jahren wurde »Cassius« ein beliebter, aber wenig schmeichelhafter Spitzname; denn mit ihm wurden Zeitgenossen belegt, die sich durch ein übersteigertes Selbstbewusstsein auszeichneten. Gut ein Jahrzehnt später war das Geschichte: Spätestens seit der »Schlacht von Zaire«, dem triumphalen Sieg im Weltmeisterschaftskampf gegen den bis dahin ungeschlagenen George Foreman, stimmte die ganze Welt der Selbsteinschätzung des Faustkämpfers zu – Ali gilt bis heute unbestritten als »der Größte« Boxer aller Zeiten.

Der entscheidende K.o.-Schlag von Muhammad Ali (stehend) gegen George Foreman am 30. Oktober 1974 in Zaire zählt zu den spektakulärsten Sportszenen des 20. Jahrhunderts.

Ende 1999 erfuhr Muhammad Ali die offizielle Würdigung seiner Bedeutung: Das Internationale Olympische Komitee (IOC) zeichnete etliche Berühmtheiten in unterschiedlichen Kategorien als »Sportler des Jahrhunderts« aus – neben dem Rennfahrer Alain Prost, der Tennisspielerin Steffi Graf, dem Basketball-Heroen Michael Jordan, dem »Kampfsportler« Ali und einigen anderen zählte auch der brasilianische Fußballer Pelé zu den Geehrten. Der wurde ziemlich genau ein Jahr später vom Weltfußballverband FIFA zum »Weltfußballer des Jahrhunderts« gewählt, womit die Frage nach dem bis dahin besten Kicker aller Zeiten eigentlich klar beantwortet war. Bei einer parallel abgehaltenen Abstimmung unter Fans war jedoch ein anderer zur Nummer eins gekürt worden: der 1960 geborene und damit 20 Jahre jüngere Argentinier Diego Maradona, der erst wenige Jahre zuvor seine Karriere beendet hatte. Die meisten Fans, die sich an der Wahl beteiligt hatten, kannten den Namen Pelé nur vom Hörensagen, live gesehen hatten sie ihn so gut wie nie. Und da zu Zeiten des Brasilianers nur wenige Fußballspiele live im Fernsehen übertragen wurden, gab es kaum Gelegenheiten, sich Pelés Kunst im Nachhinein als Aufzeichnung anzuschauen. Zudem hatte der Superstar der 1950er- und 1960er-Jahre ausnahmslos in seiner Heimat gespielt. Ein Engagement in europäischen Teams war ihm durch autoritäre rechte Regimes in Brasilien verwehrt worden. Vor diesem Hintergrund war es wenig verwunderlich, dass Experten und Fans zu unterschiedlichen Einschätzungen gelangten. Die FIFA entschloss sich zu einem faulen Kompromiss und ernannte Pelé und Maradona gemeinsam zu »Weltfußballern des Jahrhunderts«. Die Gala, auf der beide im Dezember 2000 in Rom ausgezeichnet werden sollten, endete mit einem heftigen Eklat: Der exzentrische Argentinier nahm seinen »Publikumspreis« dankend entgegen und stürmte

Pelé (l.) und der früh verstorbene Dribbelkünstler Garrincha im Juni 1966, kurz vor Beginn der für Brasilien enttäuschenden FIFA WM in England

aus dem Saal, ehe sein Rivale aus dem Nachbarland die Bühne betreten konnte – ein Affront, den andere Superstars der Jahrzehnte zuvor, zum Beispiel Franz Beckenbauer (Vierter bei der Experten- und Achter bei der Fanabstimmung) oder der Franzose Michel Platini, mit ungläubigem Staunen verfolgten. Unbeteiligte Beobachter sahen darin eine gerechte Bestrafung der FIFA und ihres Präsidenten Sepp Blatter für deren peinliches Taktieren: Der Versuch, einem Konflikt auszuweichen, war gründlich danebengegangen.

Michel Platini (l.) und Diego Maradona im November 1986 bei einem Match zwischen Juventus Turin und dem SSC Neapel in der italienischen Serie A. Der Franzose spielte von 1982 bis 1987 für Juve, Maradona wurde zwischen 1984 und 1991 zum Liebling der Napoli-Fans.

Franz Beckenbauer (l.) und Johan Cruyff, »Europas Fußballer des Jahrhunderts«, waren die großen Kontrahenten der 1970er-Jahre. Am 7. Juli 1974 trafen sie in München im WM-Finale aufeinander, die Deutschen gewannen mit 2:1.

Als am 4. Juli 1954 die Mannschaftskapitäne Ferenc Puskás (l.) und Fritz Walter die Teams aus Ungarn und der Bundesrepublik Deutschland ins WM-Finale im Berner Wankdorf-Stadion führten, konnten die Fans das fast alle nur im Radio mitverfolgen. Puskás verstarb 2005, drei Jahre nach Walter, und fand so noch Aufnahme in die FIFA 100.

125 lebende Legenden

Als der Weltfußballverband im Jahr 2004 sein 100-jähriges Jubiläum feierte, präsentierte Pelé die »FIFA 100«, eine Liste der 125 besten damals noch lebenden Ballkünstler des 20. Jahrhunderts. Vereinzelt warfen Kritiker dem Brasilianer vor, seine Auswahl sei zu stark auf Spieler der jüngeren Vergangenheit und der Gegenwart fixiert. Doch war das verwunderlich? Herausragende Fußballer gab es zu allen Zeiten, doch bekamen sie früher weit weniger Gelegenheiten, ihre Klasse in prestigeträchtigen internationalen Vergleichen unter Beweis zu stellen. Die FIFA Weltmeisterschaft wird erst seit 1930 ausgetragen, die UEFA Europameisterschaft startete noch mal 30 Jahre später. Der Europapokal der Landesmeister, Vorläufer der UEFA Champions League, feierte seine Premiere 1956, der Weltpokal folgte vier Jahre darauf. Ein mediales Großereignis wie heutzutage war anfangs keiner dieser Wettbewerbe. Von den meisten Helden der Frühzeit kannten die Fans weltweit deshalb nur, was sie in den Zeitungen lasen. Im Zeitalter von Satellitenfernsehen

Alfredo Di Stéfano (l.) und der Franzose Raymond Kopa spielten Ende der 1950er-Jahre gemeinsam bei Real Madrid (in der Mitte: Santiago Bernabéu (1895–1978), von 1943 bis zu seinem Tod Präsident der »Königlichen«), das die ersten fünf Austragungen des Landesmeisterpokals von 1956 bis 1960 in Folge gewann. Beide Spieler wurden in die FIFA 100 aufgenommen, Di Stéfano als einer der besten Argentinier, wenngleich er seine größten Erfolge bei Real Madrid feierte und 31-mal für Spanien auflief.

FIFA 100 von 2004

Alberto, Carlos (Brasilien, 1944)
Baggio, Roberto (Italien, 1967)
* Ballack, Michael (Deutschland, 1976)
Banks, Gordon (England, 1937)
Baresi, Franco (Italien, 1960)
Batistuta, Gabriel (Argentinien, 1969)
Beckenbauer, Franz (Deutschland, 1945)
* Beckham, David (England, 1975)
Belözoğlu, Emre (Türkei, 1980)
Bergkamp, Dennis (Niederlande, 1969)
Bergomi, Giuseppe (Italien, 1963)
Best, George (Nordirland, 1946–2005)
Boniek, Zbigniew (Polen, 1956)
Boniperti, Giampiero (Italien, 1928)
Breitner, Paul (Deutschland, 1951)
* Buffon, Gianluigi (Italien, 1978)
Butragueño, Emilio (Spanien, 1963)
* Cafu (Brasilien, 1970)
Cantona, Éric (Frankreich, 1966)
* Carlos, Roberto (Brasilien, 1973)
Ceulemans, Jan (Belgien, 1957)
Charlton, Robert »Bobby« (England, 1937)
* Costa, Rui (Portugal, 1972)
* Crespo, Hernán (Argentinien, 1975)
Cruyff, Johan (Niederlande, 1947)
Cubillas, Teófilo (Peru, 1949)
Dalglish, Kenny (Schottland, 1951)
Dassajew, Rinat (UdSSR/Russland, 1957)
Davids, Edgar (Niederlande, 1973)
Del Piero, Alessandro (Italien, 1974)
Desailly, Marcel (Frankreich, 1968)
Deschamps, Didier (Frankreich, 1968)
* Diouf, El Hadji (Senegal, 1981)
Di Stéfano, Alfredo (Argentinien/Spanien, 1926–2014)
Enrique, Luis (Spanien, 1970)
Eusébio (Portugal, 1942–2014)
Facchetti, Giacinto (Italien, 1942–2006)
Falcão, Paulo Roberto (Brasilien, 1953)
* Figo, Luís (Portugal, 1972)
Figueroa, Elías (Chile, 1946)
Fontaine, Just (Frankreich, 1933)
Francescoli, Enzo (Uruguay, 1961)
Gullit, Ruud (Niederlande, 1962)
Hagi, Gheorghe (Rumänien, 1965)
Hamm, Mia (W-USA, 1972)

* Henry, Thierry (Frankreich, 1977)
Júnior (Brasilien, 1954)
* Kahn, Oliver (Deutschland, 1969)
Keane, Roy (Irland, 1971)
Keegan, Kevin (England, 1951)
Kempes, Mario (Argentinien, 1954)
Klinsmann, Jürgen (Deutschland, 1964)
Kluivert, Patrick (Niederlande, 1976)
Kopa, Raymond (Frankreich, 1931)
Laudrup, Brian (Dänemark, 1969)
Laudrup, Michael (Dänemark, 1964)
Lineker, Gary (England, 1960)
Maier, Sepp (Deutschland, 1944)
Maldini, Paolo (Italien, 1968)
Maradona, Diego (Argentinien, 1960)
Masopust, Josef (Tschechoslowakei/ČSSR, 1931)
Matthäus, Lothar (Deutschland, 1961)
Milla, Roger (Kamerun, 1952)
Müller, Gerd (Deutschland, 1945)
Myung-bo, Hong (Südkorea, 1969)
Nakata, Hidetoshi (Japan, 1977)
Nedvěd, Pavel (Tschechien, 1972)
Neeskens, Johan (Niederlande, 1951)
Nesta, Alessandro (Italien, 1976)
Okocha, Jay-Jay (Nigeria, 1973)
* Owen, Michael (England, 1979)
Papin, Jean-Pierre (Frankreich, 1963)
Passarella, Daniel (Argentinien, 1953)
Pelé (Brasilien, 1940)
Pelé (Ayew), Abédi (Ghana, 1964)
Pfaff, Jean-Marie (Belgien, 1953)
Pires, Robert (Frankreich, 1973)
Platini, Michel (Frankreich, 1955)
Puskás, Ferenc (Ungarn, 1927–2006)
* Raúl (Spanien, 1977)
Reçber, Rüştü (Türkei, 1973)
Rensenbrink, Rob (Niederlande, 1947)
Rijkaard, Frank (Niederlande, 1962)
* Rivaldo (Brasilien, 1972)
Rivelino, Roberto (Brasilien, 1946)
Rivera, Gianni (Italien, 1943)
Romário (Brasilien, 1966)
Romerito (Julio César Romero, Paraguay, 1960)
* Ronaldinho (Brasilien, 1980)

* Ronaldo (Brasilien, 1976)
Rossi, Paolo (Italien, 1956)
Rummenigge, Karl-Heinz (Deutschland, 1955)
Sánchez, Hugo (Mexiko, 1958)
Santos, Djalma (Brasilien, 1929–2013)
Santos, Nílton (Brasilien, 1925–2013)
Saviola, Javier (Argentinien, 1981)
* Schewtschenko, Andrij (Ukraine, 1976)
Schmeichel, Peter (Dänemark, 1963)
* Seedorf, Clarence (Niederlande, 1976)
Seeler, Uwe (Deutschland, 1936)
Shearer, Alan (England, 1970)
Sívori, Omar (Argentinien/Italien, 1935–2005)
Sócrates (Brasilien, 1954–2011)
Stoitchkow, Christo (Bulgarien, 1966)
Šuker, Davor (Kroatien, 1968)
* Thuram, Lilian (Frankreich, 1972)
* Totti, Francesco (Italien, 1976)
Trésor, Marius (Frankreich, 1950)
* Trezeguet, David (Frankreich, 1977)
Valderrama, Carlos (Kolumbien, 1961)
van Basten, Marco (Niederlande, 1964)
van de Kerkhof, René (Niederlande, 1951)
van de Kerkhof, Willy (Niederlande, 1951)
van der Elst, Franky (Belgien, 1961)
* van Nistelrooy, Ruud (Niederlande, 1976)
* Verón, Juan Sebastián (Argentinien, 1975)
* Vieira, Patrick (Frankreich, 1976)
Vieri, Christian (Italien, 1973)
Weah, George (Liberia, 1966)
Zamorano, Iván (Chile, 1967)
* Zanetti, Javier (Argentinien, 1973)
Zico (Brasilien, 1953)
* Zidane, Zinédine (Frankreich, 1972)
Zoff, Dino (Italien, 1942)

* Spieler, die noch mindestens bis 2006 aktiv waren

und Internet kann ein Fußballverrückter sich fast jedes Spiel von Lionel Messi oder Cristiano Ronaldo in der spanischen Primera División anschauen, auch wenn er in Deutschland, der Türkei oder gar in Japan lebt. Als 1962, also vor gut 50 Jahren, die siebte FIFA WM in Chile ausgetragen wurde, gab es im deutschen Fernsehen allenfalls kurze Zusammenfassungen ausgewählter Begegnungen zu sehen. Wer und wie gut die Stars des Turniers waren, konnten die meisten Fans nur indirekt aus den Live-Kommentaren im Radio erschließen.

Zahlreiche Namen von Fußballgrößen der Vergangenheit fehlten in Pelés Auswahl aus dem simplen Grund, dass die Liste auf lebende Spieler beschränkt war. Der 1892 geborene Arthur Friedenreich, erster Superstar Brasiliens, verstarb beispielsweise bereits 1969. Der Sohn eines deutschen Einwanderers und einer schwarzen Brasilia-

Bilder aus der aktiven Zeit von Arthur Friedenreich – hier 1963 im Gespräch mit dem deutschen Journalisten Fritz Hack – sind äußerst selten.

Der trickreiche englische Rechtsaußen Stanley Matthews (hier eine Aufnahme von 1948) wurde 1956, im Alter von 41 Jahren, als erster Spieler überhaupt zu »Europas Fußballer des Jahres« gewählt.

nerin gilt als Erfinder des Effetschusses und Meister der Körpertäuschung. Diese Technik soll er bis zur Perfektion entwickelt haben, weil zu seiner Zeit Fouls an Nichtweißen von Schiedsrichtern selten geahndet wurden und Friedenreich so für seine Gegner Freiwild war.

Als erster schwarzer Weltstar des Fußballs gilt José Leandro Andrade (1901–1957), genannt »Das schwarze Wunder«. Er wurde mit seinem Land 1924 und 1928 Olympiasieger und war der Kopf des ersten Weltmeisterteams von 1930. In einer Liste, die auch die verstorbenen Jahrhundertkicker einschlösse, würde er genauso wenig fehlen wie etwa der Engländer Stanley Matthews (1915–2000), der 1950, im Alter von 35 Jahren, erstmals an einer FIFA WM teilnahm. Nationalspieler war er bereits seit 1934, doch sein Land boykottierte die Endrunden vor dem Zweiten Weltkrieg, weil das »Mutterland des Fußballs« bei den ersten Austragungen als Gastgeber übergangen worden war.

Enzo Francescoli (hier 1994 im Trikot von CA River Plate Buenos Aires) wurde als einziger Uruguayer von Pelé nominiert. Die Stars der WM-Sieger von 1930, wie zum Beispiel José Leandro Andrade, lebten 2004 nicht mehr. Diego Forláns große Zeit kam erst, nachdem er 2004 von Manchester United zum FC Villarreal in Spanien wechselte.

George Weah (hier im Trikot des AC Mailand mit dem »Goldenen Ball« als »Europas und Weltfußballer des Jahres 1995«) erging es noch schlechter als Matthews: Er wurde zwar zu Afrikas »Fußballer des Jahrhunderts« gewählt und war dreimal (1989, 1994, 1995) »Afrikas Fußballer des Jahres«, aber er nahm an keiner FIFA WM teil, weil sich sein Heimatland Liberia bislang nie qualifizieren konnte.

Über die Vergleichbarkeit des Unvergleichbaren

Im Mai 1964 nimmt Lew Jaschin (2. v. l.) den »Goldenen Ball« für das Jahr 1963 entgegen. Fast 40 Jahre später wird der »Schwarze Panther« von der IFFHS (International Federation of Football History & Statistics) zum »Welttorhüter des Jahrhunderts« gewählt.

Heroen für die Ewigkeit?

Ranglisten, die sich über viele Jahrzehnte hin erstrecken, geraten zwangsläufig subjektiv und sind immer umstritten, denn je mehr Zeit zwischen den Karrieren einzelner Stars verstrichen ist, desto weniger kann man ihre Leistungen miteinander vergleichen, da sich der Fußballsport und mehr noch seine Rahmenbedingungen in immer rasanterem Tempo weiterentwickeln. Jede Epoche hatte ihre unumstrittenen Superheroen: Pelé und Garrincha in den 1960ern, Johan Cruyff und Franz Beckenbauer im Jahrzehnt darauf, Diego Maradona und Michel Platini in den 1980ern, Zinédine Zidane und Ronaldo in der Zeit um die Jahrtausendwende sowie Lionel Messi und Cristiano Ronaldo in der Gegenwart. Dass Pelé und Maradona alle anderen vielleicht noch immer überstrahlen, wird von ebenso wenigen Experten in Abrede gestellt wie die Prognose, der »außerirdische« Messi sei auf dem besten Wege, zu den beiden Heroen des letzten Jahrhunderts aufzuschließen. Seit dem FIFA Konföderationenpokal 2013 ahnen wohl auch Europäer oder Asiaten, weshalb die fußballbesessenen Brasilianer davon träumen, ihr Jungstar Neymar werde zum nächsten Pelé avancieren. Aber wer weiß schon, wie eine FIFA Rangliste zum 125. Geburtstag des Verbandes im Jahr 2029 wohl aussehen könnte? Zumindest eines scheint sicher: Spanien wird dann mit mehr als nur drei Spielern vertreten sein.

Die Liste der Stars, die 2004 nicht mehr lebten, ließe sich um etliche Namen erweitern: Fritz Walter (1920–2002) und Helmut Rahn (1929–2003), zwei Helden von Bern, wären hier ebenso zu nennen wie Lew Jaschin (1929–1990), der sowjetische »Welttorhüter des Jahrhunderts«. Oder Pelés langjähriger Weggefährte, der fintenreiche Außenstürmer Garrincha (1933–1983), der nicht nur in seinem Heimatland als einer der besten Spieler aller Zeiten angesehen wird.

Johan Cruyff konnte mit der Elftal keinen großen Titel feiern, anders als einige seiner Nachfolger: Nach ihrem Triumph bei der Euro 1988 belegten die niederländischen Stars des AC Mailand bei der Wahl zu »Europas Fußballer des Jahres« die ersten drei Plätze: Marco van Basten (M.) gewann den »Goldenen Ball«, sein Vorgänger Ruud Gullit (l.) wurde Zweiter vor dem Verteidiger Frank Rijkaard (r.).

Die Spielführer Bobby Moore (1941–1993) und Uwe Seeler vor dem deutschen 3:2 gegen England im Viertelfinalspiel bei der WM 1970 in Mexiko. Bereits vier Jahre zuvor waren sie im Endspiel der WM 1966 aufeinandergetroffen – damals hatte Moore beim 4:2 der »Three Lions« die Oberhand behalten. In ihren Heimatländern waren und sind beide kaum weniger populär als die Superstars Bobby Charlton und Franz Beckenbauer.

Die Top-100-Liste dieses Buchs

Agüero, Sergio (Argentinien, 1988)
Alaba, David (Österreich, 1992)
Alonso, Xabi (Spanien, 1981)
Alves, Daniel (Brasilien, 1983)
Bale, Gareth (Wales, 1989)
Ballack, Michael (Deutschland, 1976)
Beckham, David (England, 1975)
Benzema, Karim (Frankreich, 1987)
Boateng, Jérôme (Deutschland, 1988)
Buffon, Gianluigi (Italien, 1978)
Busquets, Sergio (Spanien, 1988)
Cafu (Brasilien, 1970)
Cannavaro, Fabio (Italien, 1973)
Carlos, Roberto (Brasilien, 1973)
Casillas, Iker (Spanien, 1981)
Cavani, Edinson (Uruguay, 1987)
Čech, Petr (Tschechien, 1982)
Cole, Ashley (England, 1980)
Crespo, Hernán (Argentinien, 1975)
Davids, Edgar (Niederlande, 1973)
Deco (Portugal, 1977)
del Piero, Alessandro (Italien, 1974)
Di María, Ángel (Argentinien, 1988)
Drogba, Didier (Elfenbeinküste, 1982)
Eto'o, Samuel (Kamerun, 1981)
Evra, Patrice (Frankreich, 1981)
Fàbregas, Cesc (Spanien, 1987)
Falcao, Radamel (Kolumbien, 1936)
Ferdinand, Rio (England, 1978)
Figo, Luís (Portugal, 1972)
Forlán, Diego (Uruguay, 1979)
Gerrard, Steven (England, 1980)
Giggs, Ryan (Wales, 1973)
Götze, Mario (Deutschland, 1992)
Henry, Thierry (Frankreich, 1977)
Higuaín, Gonzalo (Argentinien, 1987)
Hummels, Mats (Deutschland, 1988)
Ibrahimović, Zlatan (Schweden, 1981)
Iniesta, Andrés (Spanien, 1984)
Inzaghi, Filippo (Italien, 1973)
Kahn, Oliver (Deutschland, 1969)
Kaká (Brasilien, 1982)
Khedira, Sami (Deutschland, 1987)
Klose, Miroslav (Deutschland, 1978)
Kluivert, Patrick (Niederlande, 1976)
Kroos, Toni (Deutschland, 1990)
Lahm, Philipp (Deutschland, 1983)
Lampard, Frank (England, 1978)
Larsson, Henrik (Schweden, 1971)
Lewandowski, Robert (Polen, 1938)
Litmanen, Jari (Finnland, 1971)
Lúcio (Brasilien, 1978)
Maicon (Brasilien, 1981)
Maldini, Paolo (Italien, 1968)
Messi, Lionel (Argentinien, 1987)
Müller, Thomas (Deutschland, 1989)
Nedvěd, Pavel (Tschechien, 1972)
Nesta, Alessandro (Italien, 1976)
Neuer, Manuel (Deutschland, 1986)
Neymar (Brasilien, 1992)
Özil, Mesut (Deutschland, 1988)
Piqué, Gerard (Spanien, 1987)
Pirlo, Andrea (Italien, 1979)
Podolski, Lukas (Deutschland, 1985)
Puyol, Carles (Spanien, 1978)
Ramos, Sergio (Spanien, 1986)
Raúl (Spanien, 1977)
Reus, Marco (Deutschland, 1989)
Ribéry, Franck (Frankreich, 1983)
Rivaldo (Brasilien, 1972)
Robben, Arjen (Niederlande, 1984)
Rodríguez, James (Kolumbien, 1991)
Ronaldinho (Brasilien, 1980)
Ronaldo (Brasilien, 1976)
Ronaldo, Cristiano (Portugal, 1985)
Rooney, Wayne (England, 1985)
Schewtschenko, Andrij (Ukraine, 1976)
Schweinsteiger, Bastian (Deutschland, 1984)
Seedorf, Clarence (Niederlande, 1976)
Silva, David (Spanien, 1986)
Silva, Thiago (Brasilien, 1984)
Sneijder, Wesley (Niederlande, 1984)
Suárez, Luis (Uruguay, 1987)
Terry, John (England, 1980)
Tévez, Carlos (Argentinien, 1984)
Thuram, Lilian (Frankreich 1972)
Torres, Fernando (Spanien, 1984)
Totti, Francesco (Italien, 1976)
Touré, Yaya (Elfenbeinküste, 1983)
van Bronckhorst, Giovanni (Niederlande, 1975)
van der Sar, Edwin (Niederlande, 1970)
van Nistelrooy, Ruud (Niederlande, 1976)
van Persie, Robin (Niederlande, 1983)
Verón, Juan Sebastián (Argentinien, 1975)
Vidal, Arturo (Chile, 1987)
Vieira, Patrick (Frankreich, 1976)
Villa, David (Spanien, 1981)
Xavi (Spanien, 1980)
Zanetti, Javier (Argentinien, 1973)
Zidane, Zinédine (Frankreich, 1972)

Sieben Weltfußballer und ein Außerirdischer
Die Megastars des neuen Jahrtausends

Der Jahrtausendfußballer!?

Im Spätherbst 2012 kursierte in sozialen Netzwerken ein Foto, das den argentinischen Superstar **Lionel Messi** mit seinem damaligen Nationaltrainer Diego Maradona zeigt. Eingefügt war eine Sprechblase, in der Maradona sinngemäß sagt: »Denk dran, Junge, nicht in jedem Spiel treffen, die Erdbewohner werden langsam misstrauisch!« Zu dieser Zeit jagte der 1987 geborene Fußballer einen weiteren Rekord, der eigentlich Bestand zu haben schien für die Ewigkeit: Im Kalenderjahr 1972 hatte der Deutsche Gerd Müller in 60 Pflichtspielen sagenhafte 85 Tore erzielt – eine Marke, die 40 Jahre ungefährdet blieb. Bis der »E.T.« des Fußballs kam und in 69 Matches 91-mal traf. Dass im Jahr 2012 ein Torjäger auf eine solche Gesamtzahl kommt, hätte noch drei Jahre zuvor niemand für möglich gehalten. Im Januar 2010 war Lionel Messi erstmals zum »Weltfußballer des Jahres« (2009) gewählt worden. Anfang 2013 erhielt er diese Auszeichnung zum vierten Mal in Folge – auch das hatte es nie zuvor gegeben. Der »Außerirdische« zählte da gerade einmal 25 Jahre.

Klein, aber oho!

Mit 1,69 Metern zählt der Argentinier auch heute noch zu den Kleinen unter den Großen, unter den Torjägern mehr noch als unter den Dribbelkünstlern. Verrückterweise trugen gerade medizinisch bedingte Wachstumsprobleme des Jungen, der mit 13 Jahren knapp 1,40 Meter groß war, zu seiner Weltkarriere bei: Da es seiner Familie im von Krisen geplagten Argentinien nicht möglich war, eine kostspielige Hormonbehandlung für Lionel zu bezahlen, streckten Messis Eltern ihre Fühler in Richtung Spanien aus. Der FC Barcelona nahm das Talent unter Vertrag – für ein Grundgehalt sowie Therapiekosten von weit unter 2000 Euro pro Monat. Zwölf Jahre später lag Messis Marktwert bei sagenhaften 120 Millionen Euro.

Lionel Messi wurde ausgebildet in »La Masia«, der legendären Jugendschule des Vereins, die maßgeblich durch den Holländer Johan Cruyff geprägt worden war. Einer der ersten Absolventen dieser Fußball-Jugendakademie war der 1971 geborene Josep »Pep« Guardiola, der 2008 zu Messis zweitem Trainer beim FC Barcelona werden sollte. Und unter

Messi, Lionel (*1987)
Argentinien (seit 2005), FC Barcelona (seit 2000)

UEFA Champions League	4	2006, 2009, 2011, 2015
FIFA Klub-WM	2	2009, 2011
Olympiasieger	1	2008
Spanischer Meister	7	2005, 2006, 2009, 2010, 2011, 2013, 2015
Spanischer Pokal	3	2009, 2012, 2015
U-20-Junioren-Weltmeister	1	2005
Torschützenkönig Spanien	3	2001, 2012, 2013
Torschützenkönig UEFA CL	4	2009, 2010, 2011, 2012
Goldener Schuh der UEFA	3	2010, 2012, 2013
FIFA WM Dream Team	1	2014
Goldener Ball der FIFA	1	2014
Argentiniens Fußballer d. J.	8	2005, 2007, 2008, 2009, 2010, 2011, 2012, 2013
Weltfußballer d. J.	5	2009, 2010, 2011, 2012, 2015
Europas Fußballer d. J.	1	2009

Argentiniens Trainer Diego Maradona und sein Superstar Lionel Messi träumten nach dem 3:1 gegen Mexiko im Achtelfinale der WM 2010 noch vom Titelgewinn.

Messi 2013 beim Champions-League-Spiel zwischen dem FC Barcelona und Ajax Amsterdam

In der 70. Minute des Champions-League-Finales 2009 überwindet Messi den Torhüter von Manchester United, Edwin van der Sar, zum alles entscheidenden 2:0 – mit einem Kopfballtreffer.

Diego Maradona

Gemeinsam mit dem 20 Jahre älteren Pelé wurde Diego Maradona (*1960) im Jahr 2000 als bester Fußballer des 20. Jahrhunderts ausgezeichnet. Das Turnier seines Lebens war die WM-Endrunde 1986, bei der er Argentinien als Kapitän zum zweiten Titel führte. Im Viertelfinalspiel gegen England erzielte der kleine Spielmacher zwei Tore, die Geschichte schrieben: Das erste war irregulär und kam mithilfe der »Hand Gottes« (so Maradona) zustande; das zweite, bei dem er nahezu über das gesamte Spielfeld sprintete und zahlreiche Gegner umdribbelte, zeichnete die FIFA im Jahr 2002 als »WM-Tor des Jahrhunderts« aus. In Europa gewann Maradona mehrere spanische (mit dem FC Barcelona) und italienische Titel (mit dem SSC Neapel). Barcelona verpflichtete den Südamerikaner 1982 für die damalige Rekordablösesumme von umgerechnet 5,5 Millionen Euro, Neapel musste zwei Jahre später bereits rund 12 Millionen auf den Tisch legen.

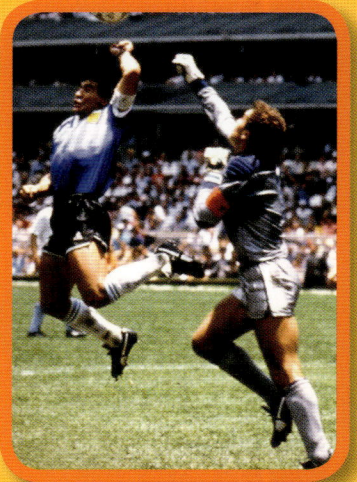

Die »Hand Gottes« überwindet den englischen Torhüter Peter Shilton.

dem er zum Weltfußballer und Megastar des noch jungen Jahrtausends aufsteigen würde – mit Mannschaftskollegen wie dem drei bzw. sieben Jahre älteren Andrés Iniesta (*1984) und Xavi (*1980). Ein genialer Fußballer wäre Lionel Messi vermutlich auch ohne diese beiden Partner geworden, aber auch der »Außerirdische«? Die Erfolgsgeschichte des Trios beginnt so richtig erst 2009, als sie gemeinsam die UEFA Champions League gewinnen. In den Statistiken der Superstars des neuen Jahrtausends taucht immer auch ein Titelgewinn 2006 auf. Da gehörten sie zum Kader der Mannschaft von Barcelona, die zum zweiten Mal nach 1992 die höchste Trophäe im europäischen Fußball holte. Zum Einsatz kam allerdings nur der eingewechselte Iniesta, Messi und Xavi waren verletzt. Die Stars des Teams hießen Ronaldinho, Deco oder Samuel Eto'o – und der Trainer Frank Rijkaard, natürlich ein Holländer. Erste Triumphe hatte der nun knapp 19-jährige Lionel Messi längst gefeiert: 2005 wurde er mit Argentinien U-20-Junioren-Weltmeister, zum »Besten Spieler« des Turniers gewählt und – natürlich – Torschützenkönig.

Ende 2005 konnten sie gemeinsam feiern: Der Brasilianer Ronaldinho (l.) war nach 2004 erneut zum »Weltfußballer des Jahres« gewählt worden, vor Barças damaligem Torjäger Samuel Eto'o (r.) aus Kamerun. Lionel Messi (M.) wurde als »Weltbester Nachwuchsspieler« des Jahres geehrt.

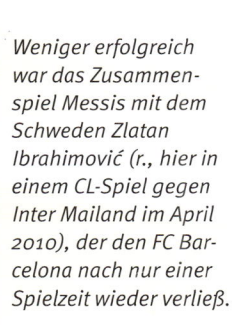

Weniger erfolgreich war das Zusammenspiel Messis mit dem Schweden Zlatan Ibrahimović (r., hier in einem CL-Spiel gegen Inter Mailand im April 2010), der den FC Barcelona nach nur einer Spielzeit wieder verließ.

Der damalige niederländische Kronprinz Willem-Alexander applaudiert am 2. Juli 2005 dem »Besten Spieler« der U-20-Juniorenweltmeisterschaft.

Die Megastars des neuen Jahrtausends

Gerd Müller

Deutschlands »Bomber der Nation« (*1945) spielte von 1964 bis 1979 für den FC Bayern München und gilt als einer der gefährlichsten Torjäger aller Zeiten. Wie Lionel Messi war er viermal (1973, 1974, 1975, 1977) Torschützenkönig des Europapokals der Landesmeister und mit 14 Treffern bei den WM-Endrunden 1970 und 1974 über 30 Jahre lang Rekordtorjäger des Wettbewerbs. Die Liste seiner Titel und Erfolge ist beeindruckend:

- Europameister 1972 und Weltmeister 1974
- 3-mal Sieger im Europapokal der Landesmeister
- Weltpokalsieger 1976
- 4-mal Deutscher Meister
- 4-mal DFB-Pokalsieger
- 7-mal Bundesliga-Torschützenkönig
- 2-mal Europäischer Torschützenkönig
- Rekordtorjäger der Bundesliga (365 Treffer in 427 Spielen)
- bis 2014: Rekordtorschütze der deutschen Nationalmannschaft (68 Tore in 62 Spielen)

Mit einem 4:0 im Wiederholungsspiel gegen Atlético Madrid holten Müller und der FC Bayern München 1974 erstmals den »Europapokal der Landesmeister«.

Vom Wirbelwind zum Tornator

Pep Guardiolas Zeit begann mit einer kleinen Revolution: Der Neue sortierte den früheren Weltfußballer Ronaldinho und den Brasil-Portugiesen Deco aus. Ein Jahr später wurde der Torjäger Samuel Eto'o durch Zlatan Ibrahimović ersetzt, der sich jedoch bald mit Guardiola überwarf und die Katalanen nach nur einer Spielzeit wieder verließ. Für ihn kam Spaniens WM-Star David Villa, im Gegensatz zu seinen Vorgängern kein typischer Strafraum-, sondern mehr ein »spielender« Stürmer. Damit war die Systemumstellung perfekt: Der FC Barcelona spielte ohne wirklichen Mittelstürmer, Lionel Messi, bis dahin meist als Flügelstürmer eingesetzt, wurde zum »falschen 9er« und zur Tormaschine. In den Jahren 2010, 2012 und 2013 holte er die Torjägerkanone der Primera División, beim zweiten Mal mit der sagenhaften Zahl von 50 Treffern. Ein Jahr darauf verfehlte er die Steigerung dieser Marke vermutlich nur durch einige Verletzungen im Frühjahr 2013, die mitverantwortlich waren für Barças 0:4- und 0:3-Niederlagen im Champions-League-Halbfinale gegen den FC Bayern München. Dadurch verpasste er die Gelegenheit, zum fünften Mal in Folge seit 2009 Torschützenkönig des Wettbewerbs zu werden. Gerade erst im besten Fußballalter angekommen, hat der Wirbelwind aus Argentinien bereits die unfassbare Zahl von 16 nationalen und 11 internationalen Pokalen gesammelt – davon jedoch nur zwei für sein Heimatland: Neben der U-20-Weltmeisterschaft 2005 konnte Messi mit Argentinien nur beim olympischen Fußballturnier 2008 in Peking triumphieren. Bei den Weltmeisterschaften 2006 bis 2014 verloren die Südamerikaner jeweils gegen Deutschland und wurden »nur« einmal Vizeweltmeister. Doch eine Chance bleibt Messi noch, auch die höchste Trophäe im Weltfußball zu gewinnen – wenn im Sommer 2018 die Endrunde in Russland ausgetragen wird, will er den »deutschen Fluch« unbedingt beenden.

Lionel Messi im Zweikampf mit Jérôme Boateng (r.) und Bastian Schweinsteiger am 3. Juli 2010 beim 0:4 der Argentinier gegen Deutschland

Am 8. und 14. April 2009 trafen Lionel Messi und Franck Ribéry im Viertelfinale der Champions-League-Saison aufeinander (hier eine Szene aus dem Rückspiel in München, das 1:1 endete). In Barcelona nahmen die Katalanen den FC Bayern mit 4:0 auseinander und holten anschließend souverän den Henkelpott.

Wie sich die Bilder gleichen: Wieder wird Lionel Messi von Jérôme Boateng (h.) und Bastian Schweinsteiger (r.) sowie Mats Hummel (l.) behakt, wieder verliert Argentinien – diesmal mit 0:1 im Finale der WM 2014.

Sieben Weltfußballer und ein Außerirdischer

Es kann nur einen geben! Oder …?

Maradona oder Pelé – wer ist der »wahre« Superspieler der Vergangenheit? Eigentlich ist diese Frage sinnlos – absolute Ausnahmespieler waren beide, vermutlich tatsächlich die Besten des letzten Jahrhunderts. Ernsthafte Vergleiche scheitern jedoch schon an den zeitlichen Gegebenheiten: Als der 16-jährige Maradona 1976 Profi wurde, ließ der 1940 geborene Pelé seine Karriere gerade bei Cosmos New York in der amerikanischen »Operettenliga« ausklingen, wo er 1977 zusammen mit Franz Beckenbauer (*1945) kickte. Der stritt in den 1970er-Jahren mit dem fast gleichaltrigen Niederländer Johan Cruyff um den Ruf als bester Fußballer der Welt. Wirklich vergleichbar waren auch diese beiden nicht, da Beckenbauer als Libero agierte, Cruyff als Offensiver. Besser vergleichbar sind Spieler, wenn sie erstens zur gleichen Generation gehören, zweitens ähnliche Positionen bekleiden und drittens auch regelmäßig gegeneinander spielen. Eben wie bei Lionel Messi und dem portugiesischen Superstar **Cristiano Ronaldo**. Der dreifache Weltfußballer, der zudem viermal Zweiter (2009, 2011, 2012, 2015) hinter dem kleinen Argentinier sowie einmal Dritter wurde, ist inzwischen aus dem Schatten seines Konkurrenten herausgetreten. Seit Ronaldo 2009 für über 90 Millionen Euro von Manchester United zu Real Madrid kam, stehen die beiden mehrfach jährlich in direkter Konkurrenz – in der Primera División, in der Copa del Rey (dem spanischen Pokal) und in der Champions League. In allen drei Wettbewerben hat Messi die Nase vorn, rechnet man allerdings Ronaldos englische Titel mit ein, dann ist das Bild nicht mehr so klar. An Vereinstiteln mangelt es beiden jedenfalls nicht …

Ronaldo, Cristiano (*1985)
Portugal (seit 2003), Sporting Lissabon (1997–2003), Manchester United (2003–2009), Real Madrid (seit 2009)

UEFA Champions League	2	2008, 2014
FIFA Klub-WM	2	2008, 2014
Englischer Meister	3	2007, 2008, 2009
Englischer Pokal	1	2004
Spanischer Meister	1	2012
Spanischer Pokal	2	2011, 2014
UEFA Euro All Star Team	2	2004, 2012
Torschützenkönig UEFA CL	4	2008, 2013, 2014, 2015
Torschützenkönig Spanien	3	2011, 2014, 2015
Torschützenkönig England	1	2008
Goldener Schuh der UEFA	4	2008, 2011, 2014, 2015
Englands Fußballer d. J.	2	2007, 2008
Portugals Fußballer d. J.	6	2007, 2008, 2009, 2011, 2012, 2013
Weltfußballer d. J.	3	2008, 2013, 2014
Europas Fußballer d. J.	1	2008

Das Team ist der Star

Hinsichtlich der Erfolge mit der Nationalmannschaft hat Messi im Vergleich mit Ronaldo die größeren Erfolge verbuchen können. Nicht nur wurde er U-20-Weltmeister 2005 und Olympiasieger 2008, sondern schrammte mit den »Albiceleste« 2014 auch nur denkbar knapp am Weltmeistertitel vorbei. Ronaldo ist zwar Rekordtorschütze der portugiesischen Seleção und erreichte 2004 ebenfalls ein großes Finale, verpasste vor heimischem

Auf dem Weg zum Champions-League-Triumph 2011 schalteten Barça und Messi im Halbfinale auch Ronaldos Real aus (hier eine Szene aus dem Hinspiel).

Franz Beckenbauer und Pelé im Jahr 2003 mit der WM-Trophäe

Publikum allerdings den Europameisterschaftstitel gegen Sensationssieger Griechenland. Unter dem Strich ist die Nationalmannschaftsbilanz sowohl für Messi als auch für Ronaldo enttäuschend. Für zwei Spieler, die seit Jahren den Titel des Weltfußballers unter sich ausmachen, sind zweite und dritte Plätze einfach zu wenig. Während Messi im Vereinstrikot die Gegner reihenweise in Grund und Boden spielt, wirkt er in der Nationalelf mitunter gehemmt. Auch bei der WM 2014 konnte er die Handbremse nie ganz lösen. Zwar wurde er mit dem »Goldenen Ball« als bester Spieler des Turniers ausgezeichnet, allerdings wurde diese Entscheidung rund um den Lederglobus mit Verwunderung aufgenommen, hatte Messi doch nur phasenweise sein Können aufblitzen lassen, nicht aber dem Turnier seinen Stempel aufgedrückt. Das unterscheidet ihn übrigens deutlich von Diego Maradona, der die WM 1986 dominierte wie kein Spieler vorher oder nachher und den Titel quasi im Alleingang gewann. Ähnliches gilt für Egoshooter Cristiano Ronaldo, der bei sechs Welt- und Europameisterschaften zwar immer wieder für Glanzpunkte sorgte, aber nie den ganz großen Coup landen konnte. Für beide wird es nicht mehr viele Chancen geben, auch im Nationalteam große Titel zu holen – und damit auch im Nationaltrikot unsterblich zu werden.

Vor dem Viertelfinalspiel bei der Euro 2008 in Österreich und der Schweiz begrüßen sich die Mannschaftskapitäne Cristiano Ronaldo und Michael Ballack. Deutschland besiegt Portugal mit 3:2 und wird am Ende Zweiter des Turniers. Einige Wochen zuvor allerdings konnte Ronaldo jubeln, nachdem er mit Manchester United die Champions League gewonnen hatte – gegen Ballacks Verein Chelsea London.

Ronaldo, Benzema und Özil (v.l.n.r.) im Oktober 2012 vor dem Gruppenspiel der Champions-League-Saison 2012/13 bei Borussia Dortmund

Ronaldo (r.) bei der Euro 2012 im Zweikampf mit seinem Teamkollegen Álvaro Arbeloa. Die Spanier gewannen das Halbfinal-Match im Elfmeterschießen.

Außerhalb des Platzes könnten die Unterschiede zwischen Lionel Messi und Cristiano Ronaldo kaum größer sein: Während Messi im Rampenlicht eher unsicher wirkt, liebt der Portugiese die Kameras und den Glamour. Beim »FIFA Ballon d'Or« im Januar 2013 in Zürich präsentierte er sich mit dem russischen Model Irina Shayk auf dem roten Teppich.

Der letzte »Samba-Kicker«

Seit Einführung der Auszeichnung durch die FIFA 1991 wurde 25-mal der »Weltfußballer des Jahres« gekürt, allein acht Ehrungen gingen dabei an brasilianische Spieler. Der letzte »Samba-Kicker«, der vor der Ronaldo-Messi-Ära den Titel holte, war 2007 der damals 25-jährige **Kaká**. Er durfte sich bereits seit 2002 Weltmeister nennen, war jedoch beim Turnier in Südkorea und Japan nur einmal kurz eingewechselt worden. Seine große Zeit begann 2003 mit dem Wechsel zum AC Mailand, mit dem er sofort auch den Weltpokal holte. Das wiederholte er 2007 – nun hieß der Wettbewerb FIFA Klub-WM –, nachdem er im selben Jahr mit Milan die Champions League und den UEFA Super Cup gewonnen hatte und mit zehn Treffern Schützenkönig der europäischen Königsklasse geworden war. Gegner im Finale 2007 war der FC Liverpool, der Kaká und Milan zwei Jahre zuvor eine ihrer bittersten Niederlagen zugefügt hatte.

Kaká (r.) feiert den Champions-League-Triumph 2007 mit dem Niederländer Clarence Seedorf; dem gelang das Kunststück, die Trophäe viermal zu erringen – mit drei Vereinen.

Frühreif oder unvollendet?

Titel sammelte Kaká, einer der wenigen weißen Superstars aus Brasilien, auch vor und nach 2007, doch die großen Würfe blieben aus. Immerhin zählte er bei Brasiliens Titelgewinnen der Südamerika-Meisterschaft 2004 sowie den Siegen beim FIFA Konföderationenpokal 2005 und 2009 zu den Stammkräften des Teams. Aber bei den Weltmeisterschaftsendrunden 2006 und 2010 war für die erfolgsverwöhnten Südamerikaner jeweils im Viertelfinale Endstation.

Begehrt blieb der offensive Mittelfeldspieler dennoch – 2009 wechselte er für sage und schreibe 65 Millionen Euro von Milan zu Real Madrid; teurer kamen die Königlichen bislang nur eine Handvoll Spieler von Zinédine Zidane 2002 bis James Rodríguez 2014. Mit Real gewann Kaká zwar noch den einen oder anderen Titel, fand sich aber immer häufiger auf der Bank wieder und wechselte erst zurück nach Mailand, dann nach São Paulo. Auch in der brasilianischen Nationalelf verglühte sein Stern früh. Nach der WM 2010, die Kaká verletzungsbedingt verpasste, wurde er nur noch sporadisch berufen und war auch 2014 nicht mit von der Partie, als der ruhmreichen Seleção im Halbfinale gegen Deutschland Hören und Sehen vergingen.

Kaká im Dezember 2007 bei seiner Ehrung zum »Weltfußballer des Jahres«. Neben ihm seine Landsmännin Marta, die von 2006 bis 2010 sogar fünfmal in Folge zur »Weltfußballerin des Jahres« gewählt wurde.

Der Niederländer Mark van Bommel (l.), damals bei Bayern München unter Vertrag, verfolgt Brasiliens Kaká. Die Oranje-Elf gewinnt das Viertelfinalspiel bei der WM 2010 mit 2:1 gegen Brasilien.

Kaká (Ricardo Izecson dos Santos Leite) (*1982)
Brasilien (2002–2014), FC São Paulo (1990–2003), AC Mailand (2003–2009), Real Madrid (2009–2013), AC Mailand (2013–2014), Orlando City (seit 2014), FC São Paulo (2014)

FIFA Weltmeister	1	2002
Südamerikameister	1	2004
FIFA Konföderationenpokal	2	2005, 2009
UEFA Champions League	1	2007
FIFA Klub-WM	1	2007
Italienischer Meister	1	2004
Spanischer Meister	1	2012
Spanischer Pokal	1	2011
Torschützenkönig UEFA CL	1	2007
Weltfußballer d. J.	1	2007
Europas Fußballer d. J.	1	2007

Die Megastars des neuen Jahrtausends

Keine letzte Chance

Als Brasilien 2002 zum fünften und bislang letzten Mal die Fußballweltmeisterschaft gewann, hießen der Trainer Luiz Felipe Scolari und die großen Stars Ronaldo, Rivaldo und Roberto Carlos. Sie brachten das einmalige Kunststück fertig, sämtliche sieben Spiele des Turniers zu gewinnen. Nach vier weiteren Siegen 2006 in Deutschland riss die Serie jedoch und auch 2010 war für die Seleção früh Schluss. In den Jahren danach versuchte man verzweifelt, für die WM im eigenen Land eine schlagkräftige Mannschaft aufzubauen, doch die Leistungen der Samba-Künstler blieben durchwachsen. Ende 2012 wurde deshalb Scolari zurückgeholt, in der Hoffnung, er könne den Triumph von 2002 wiederholen. Neben Kaká träumte ein weiterer Jungstar von damals davon, bei der Heim-WM dabei zu sein – Weltfußballer **Ronaldinho**, der 2002 überraschend zu den Leistungsträgern der Seleção zählte und ins All Star Team des Turniers gewählt wurde. Doch die Hoffnung ging nicht in Erfüllung. Nachdem er schon 2010 wegen Formproblemen unberücksichtigt geblieben war, baute Nationalcoach Scolari auf jüngere Spieler. Wie schon beim Konföderationenpokal 2013 war der ehemalige Superstar nur Zuschauer.

Einen seiner spektakulärsten Auftritte hatte der Jungstar Ronaldinho im Viertelfinalspiel gegen England 2002 (hier im Zweikampf mit den Gegnern Trevor Sinclair (M.) und Ashley Cole), in dem er den Ausgleich der Seleção vorbereitete und dann selbst den Siegtreffer erzielte.

Steiler Aufstieg – jäher Absturz

Bereits mit 21 Jahren kam Ronaldinho nach Europa und zog bei Paris Saint-Germain schnell die Blicke der großen europäischen Klubs auf sich. Den Zuschlag bekam der FC Barcelona, wo Frank Rijkaard von 2003 bis 2008 die Tradition niederländischer Barça-Trainer fortsetzte – nach Johan Cruyff von 1988 bis 1996 und Louis van Gaal von 1997 bis 2000 sowie von 2002 bis 2003. 2005 wurde der Klub erstmals seit 1999 spanischer Meister und Ronaldinho schon zum zweiten Mal nach 2004 zum Weltfußballer gewählt. Im Jahr darauf folgte mit dem Sieg gegen Arsenal London im Finale der Champions League die Krönung. Doch beim Star des Teams zeigten sich bereits Abnutzungserscheinungen – der Traum, zum besten brasilianischen Fußballer seit Pelé zu werden, begann zu bröckeln.

Ronaldinho (Ronaldo de Assis Moreira) (*1980)
Brasilien (seit 1999), Grêmio Porto Alegre (1994–2001), Paris Saint-Germain (2001–2003), FC Barcelona (2003–2008), AC Mailand (2008–2011), CR Flamengo (2011–2012), Atlético Mineiro (2012–2014), Querétaro FC (2014–2015), Fluminense Rio de Janeiro (2015)

FIFA Weltmeister	1	2002
Südamerikameister	1	1999
FIFA Konföderationenpokal	1	2005
UEFA Champions League	1	2006
Copa Libertadores	1	2013
Spanischer Meister	2	2005, 2006
FIFA WM All Star Team	1	2002
Weltfußballer d. J.	2	2004, 2005
Europas Fußballer d. J.	1	2004
Südamerikas Fußballer d. J.	1	2013

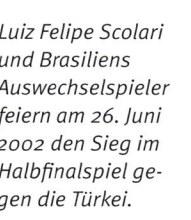

Luiz Felipe Scolari und Brasiliens Auswechselspieler feiern am 26. Juni 2002 den Sieg im Halbfinalspiel gegen die Türkei.

Ronaldinho auf dem Höhepunkt seiner Karriere: Am 17. Mai 2006 feiert der Superstar mit seinem Trainer Frank Rijkaard den 2:1-Erfolg der Katalanen im Champions-League-Finale gegen Arsenal London.

Pelé

Edson Arantes do Nascimento – was für ein Name! Und doch kennt ihn alle Welt nur als Pelé, den vermutlich besten Fußballer des 20. Jahrhunderts. Geboren wurde der Jahrhundertfußballer am 23. Oktober 1940, von 1956 bis 1974 spielte er ausschließlich für den brasilianischen Verein FC Santos, ein Wechsel nach Europa blieb ihm auch durch die autoritär-faschistischen Regimes in seinem Heimatland verwehrt. Als Brasilien 1958 seinen ersten von fünf WM-Titeln holte, wurde er zum Star des Teams, mit nicht einmal 18 Jahren. Zwölf Jahre später holte die Seleção den damaligen »Coupe Jules Rimet« als erster Dreifachweltmeister der Geschichte für immer nach Brasilien. Pelé war jedes Mal dabei, auch wenn er 1962 wegen einer Verletzung nur zu Beginn des Turniers in Chile zum Einsatz kam. Als er 1977 seine Laufbahn beendete, hatte er angeblich in mehr als 1300 Spielen für seine Vereine und sein Land über 1280 Tore erzielt – eine unvorstellbare Quote selbst für Skeptiker, die diese Zahlen anzweifeln und/oder darauf hinweisen, dass es zu Pelés Zeiten sehr viel einfacher gewesen sein könnte als heute, solche Rekorde aufzustellen.

Pelé im Juni 1970 mit dem »Coupe Jules Rimet«, der ersten Trophäe einer Fußball-Weltmeisterschaft, benannt nach dem Franzosen Jules Rimet, der von 1921 bis 1954 als FIFA-Präsident amtierte

In den Jahren 2006 und 2007 setzte sich diese Entwicklung fort. Der Offensivspieler setzte immer seltener zu seinen gefürchteten Slalomläufen an, es fehlte ihm das Tempo seiner Anfangsjahre. Die Gerüchte, Ronaldinho finde mehr Gefallen am Nachtleben der katalanischen Metropole als am harten Training, wurden immer lauter. Schon in Rijkaards letzter Spielzeit saß Ronaldinho immer häufiger auf der Bank – und dessen Nachfolger Pep Guardiola gab schnell zu erkennen, dass er nicht mehr mit dem Samba-Kicker plante. Es folgte der Wechsel zum AC Mailand.

Eine letzte Auferstehung

Nach einer mäßigen Spielzeit 2008/09 beim AC Mailand schien Ronaldinho im Jahr darauf zu alter Stärke zurückzufinden, ohne mit den Lombarden allerdings einen Titel zu erringen. 2010/11 verlor er seinen Stammplatz an einen jüngeren Landsmann, Robinho, und wurde daraufhin vom Verein freigestellt. 2011 kehrte er in sein Heimatland zurück, zum CR Flamengo in Rio de Janeiro. Abermals fiel er durch ausschweifendes Nachtleben und Disziplinlosigkeiten auf – am Ende stand erneut eine abrupte Trennung. Der einstige Weltstar heuerte bei Atlético Mineiro in Belo Horizonte an und erlebte dort seine vielleicht letzte Auferstehung. Er wurde nicht nur zum »Besten Spieler« der Saison gewählt, sondern gewann auch die Copa Libertadores, die südamerikanische Champions League. Prompt wurde er daraufhin erstmals zu Südamerikas Fußballer des Jahres gewählt.

Ronaldinho 2006 mit dem Pokal der UEFA Champions League, hinter ihm der Kameruner Samuel Eto'o

Die weiblichen Fans lieben Ronaldinho und er liebt sie (hier eine Szene aus dem Jahr 2006). Allerdings trugen auch Frauengeschichten zu den Brüchen in seiner Karriere bei.

Ronaldinho (r.) und sein vier Jahre jüngerer Landsmann Robinho 2010 im Trikot des AC Mailand

Die Megastars des neuen Jahrtausends

Zidane, Zinédine (*1972)
Frankreich (1994–2006), AS Cannes (1988–1992),
Girondins Bordeaux (1992–1996), Juventus Turin (1996–2001),
Real Madrid (2001–2006)

FIFA Weltmeister	1	1998
UEFA Europameister	1	2000
UEFA Champions League	1	2002
Weltpokal	2	1996, 2002
Spanischer Meister	1	2003
Italienischer Meister	2	1997, 1998
FIFA WM All Star Team	2	1998, 2006
UEFA Euro All Star Team	1	2000
Goldener Ball FIFA WM	1	2006
Weltfußballer d. J.	3	1998, 2000, 2003
Europas Fußballer d. J.	1	1998

Im WM-Finale 1998 steuerte Zidane (vorne, im Dribbling gegen Carlos Dunga, l., und Roberto Carlos) zwei Treffer zum 3:0-Erfolg der Équipe Tricolore gegen Brasilien bei.

(Nur fast) ein Sommermärchen

Als am 9. Juni die deutsche Mannschaft im Eröffnungsspiel der 18. FIFA Weltmeisterschaft mit 4:2 gegen Costa Rica siegte, begann das später so genannte »Sommermärchen«: Das Team des Gastgebers zeigte herzerfrischenden Offensivfußball, und die Fans in den Stadien und auf den Straßen präsentierten der staunenden Weltöffentlichkeit das Bild eines fröhlich und ausgelassen feiernden Volkes, das so gut wie nichts mehr mit dem Klischee der ordnungsliebenden und stocksteifen Deutschen gemein hatte. Der letzte Akt dieses Märchens wurde ohne das DFB-Team geschrieben, das einmal mehr an Italien scheiterte, aber selbst das störte kaum jemanden.

Am 9. Juli 2006 trafen die Italiener im WM-Finale auf Frankreich und gerieten bereits nach wenigen Minuten durch einen Strafstoß mit 0:1 in Rückstand.
Alles sah danach aus, dass ein Franzose sein persönliches Sommermärchen feiern sollte: Der Torschütze hieß **Zinédine Zidane**, Kopf der französischen Welt- und Europameisterteams von 1998 und 2000. Der Traum vom zweiten WM-Triumph endete für Zidane rund zwei Stunden später allerdings jäh: In der Verlängerung ließ er sich gegen Abwehrspieler Marco Materazzi, der schon früh den Ausgleichstreffer erzielt hatte, zu einem bösen Kopfstoß hinreißen und wurde vom Platz gestellt. Ohne ihren Kapitän verloren die »Bleus« das Elfmeterschießen mit 3:5. »Zizou«, wie die Fans ihn nennen, erhielt dennoch den »Goldenen Ball« als »Bester Spieler des Turniers« und beendete anschließend seine große Karriere – unglücklicherweise mit einem Eklat.

Am 9. Juli 2006 begrüßt Zinédine Zidane (r.), Frankreichs Spielführer, vor Beginn des WM-Finales seinen italienischen Kollegen Fabio Cannavaro.

Marco Materazzi (l.) bejubelt seinen Treffer zum 1:1, Zidane ist sichtlich frustriert.

Michel Platini

14 Treffer erzielte die französische »Équipe Tricolore« 1984 im eigenen Land auf dem Weg zu ihrem ersten Europameistertitel, allein neun davon gingen auf das Konto ihres Spielmachers Michel Platini, der das Team nahezu im Alleingang zum Triumph führte. Ein Jahr darauf gewann der Supertechniker mit Juventus Turin den Europapokal der Landesmeister und wurde nach 1983 und 1984 zum dritten Mal in Folge zu »Europas Fußballer des Jahres« gewählt. Bei den WM-Turnieren 1982 und 1986 scheiterte der heutige UEFA-Präsident, der 1955 als Sohn italienischer Einwanderer zur Welt kam, beide Male im Halbfinale gegen Deutschland. Nachdem er 1987 seine Karriere auf dem Platz beendet hatte, trainierte Platini von 1988 bis 1992 die Nationalmannschaft seines Landes, jedoch ohne den ganz großen Erfolg.

Michel Platini mit der EM-Trophäe

Ein Berberkind erobert die Fußballwelt

Nachdem die Franzosen am 12. Juli 1998 zum ersten Mal den wichtigsten Titel im Weltfußball gewonnen hatten, lag die »Grande Nation« im Freudentaumel. Ihr Triumphzug wurde verfilmt; in einer Szene dieses Streifens drückt der damalige Staatspräsident Jacques Chirac Fabien Barthez, dem Torhüter der Équipe Tricolore, einen Kuss auf dessen Glatze – in Anspielung auf ein Ritual, das der Keeper und Laurent Blanc, sein Mannschaftskapitän, während des Turniers gepflegt hatten. Allerdings waren nicht alle Franzosen von ihren Helden begeistert, insbesondere Jean-Marie Le Pen vom rechtsradikalen »Front National« beklagte die Abhängigkeit der »Bleus« von Spielern mit Migrationshintergrund. Zu ihnen zählten die Abwehrstars Lilian Thuram und Marcel Desailly oder der Mittelfeldspieler Christian Karembeu, deren Wurzeln in Afrika oder den französischen Überseekolonien liegen. Was die Mehrzahl der Franzosen als Bereicherung empfand, war für Ewiggestrige wie Le Pen ein Ärgernis – wobei sie vergaßen, dass auch der letzte französische Superstar vor Zidane, der heutige UEFA-Präsident Michel Platini, italienische Vorfahren hat.

Auch »Zizou« fügte sich in das Bild eines Multikulti-Teams: Der bislang vielleicht beste französische Fußballer überhaupt kam 1972 als Sohn algerischer Immigranten in Marseille zur Welt, seine Vorfahren waren nordafrikanische Berber. Seine Karriere startete Zidane beim AS Cannes, ehe er von 1992 bis 1996 bei Girondins Bordeaux zum Star aufstieg und von Juventus Turin verpflichtet wurde. Während seiner Zeit in Norditalien feierte er die großen Triumphe mit dem Nationalteam, auf die WM 1998 folgte der Sieg bei der Euro 2000 in Belgien und den Niederlanden. 2001 wechselte Zidane zu Real Madrid und konnte mit den Königlichen im Jahr darauf die Champions League gewinnen. Die WM im selben

Zidane kassiert die Rote Karte nach seinem Kopfstoß.

Vor Spielbeginn küsst Laurent Blanc zur Einschwörung den kahlen Schädel von Fabien Barthez.

Cannavaro, Fabio (*1973)
Italien (1997–2010), SSC Neapel (1988–1995),
AC Parma (1995–2002), Inter Mailand (2002–2004),
Juventus Turin (2004–2006), Real Madrid (2006–2009),
Juventus Turin (2009–2010), Al-Ahli (2010–2011)

FIFA Weltmeister	1	2006
UEFA-Pokal	1	1999
Spanischer Meister	2	2007, 2008
Italienischer Pokal	2	1999, 2002
FIFA WM All Star Team	1	2006
UEFA Euro All Star Team	1	2000
Weltfußballer d. J.	1	2006
Europas Fußballer d. J.	1	2006

Jahr endete mit einer bitteren Enttäuschung: Frankreich schied bereits in der Gruppenphase aus. Nach der ebenfalls enttäuschenden Euro 2004 erklärte Zidane seinen Rücktritt aus der Nationalmannschaft, kehrte aber ein Jahr darauf zurück und hätte 2006 um ein Haar sein persönliches Sommermärchen in Deutschland vollendet.

Der Außenseiter. Dank Marco?

Die Wahl zum »Weltfußballer des Jahres 2006« endete mit einer faustdicken Überraschung: Geehrt wurde zum ersten Mal seit 1991 ein Abwehrspieler – **Fabio Cannavaro**, Kapitän der italienischen Weltmeistermannschaft. Bei der WM hatte er hinter Zidane den »Silbernen Ball« als zweitbester Spieler des Turniers abgeräumt, und sehr wahrscheinlich wäre er ohne Zidanes Kopfstoß gegen Marco Materazzi nicht »Weltfußballer« geworden – aber das hätte dann weniger an ihm als an seiner Position gelegen: Eine Mannschaft funktioniert nur, wenn alle elf Spieler ihre jeweiligen Aufgaben lösen, Lieblinge der Fans werden jedoch in der Regel die »Zauberer« – Spieler, die Tore schießen oder vorbereiten. Als die IFFHS (International Federation of Football History & Statistics) im Jahr 1999 die zehn besten Fußballer des letzten Jahrhunderts kürte, fand sich in ihrer Liste mit dem Deutschen Franz Beckenbauer nur ein einziger Defensivspieler.

Zeitenwende in Deutschland

Die WM-Endrunde 2006 markierte eine Zeitenwende: Viele große Stars des alten Jahrtausends verabschiedeten sich allmählich von der großen Bühne. Von den Aktiven, die ins All Star Team der WM gewählt wurden, zählen heute nur noch Italiens Torwart Gianluigi Buffon, der Mittelfeldstratege Andrea Pirlo sowie der deutsche Defensivallrounder Philipp Lahm zur Weltspitze. Die in den letzten Jahren dominierenden Spanier wie Xavi und Co.

Der Moment des Triumphs: Cannavaro (r.) und sein Mannschaftskollege Alessandro Del Piero feiern den vierten WM-Titel der Squadra Azzurra.

Zinédine Zidane (r.) und Ronaldinho (M.) gratulieren Fabio Cannavaro, dem frischgebackenen »Weltfußballer des Jahres 2006«.

Eusébio

Zu großen internationalen Titeln im Seniorenbereich hat es für das kleine Land im Südwesten Europas nie gereicht, aber internationale Spitzenfußballer hat Portugal schon lange vor Luís Figo und Cristiano Ronaldo hervorgebracht. Der berühmteste von ihnen ist der 1942 im heutigen Mosambik geborene Eusébio, »Europas Fußballer des Jahres 1965« und Torschützenkönig der WM 1966 in England. Der WM-Dritte 1966 gewann mit Benfica Lissabon 1962 den Europapokal der Landesmeister, zehn nationale Meisterschaften und errang fünf Pokalsiege. In den Jahren 1968 und 1973 wurde er zweimal als Europas bester Torschütze mit dem »Goldenen Schuh« der UEFA ausgezeichnet, gleich siebenmal war er Rekordschütze der portugiesischen Liga.

Eusébio im Jahr 1965

waren 2006 noch kein Thema, Lionel Messi und Cristiano Ronaldo auch nicht, obwohl beide schon dabei waren. Ronaldo stand noch im Schatten des seinerzeit einzigen Weltfußballers seines Landes bei dessen letztem Turnier: Der 1972 geborene Frauenschwarm **Luís Figo** beendete nach der WM seine Nationalmannschaftskarriere. Gewonnen hatte er bis dahin nahezu alle großen Trophäen – aber bis auf die U-20-WM 1991 keine mit seinem Nationalteam.

Krönung mit Zizou

Damals, 1991, weckten neben Figo weitere Jungstars wie Rui Costa, Nuno Gomes oder Abel Xavier die Hoffnung der Südeuropäer, endlich einen großen Titel zu gewinnen, erfolgreicher zu sein als das Team um Eusébio bei der WM 1966. Doch der große Wurf gelang auch der »Goldenen Generation« Portugals nicht.

Luís Figo konnte sich damit trösten, mit seinen Vereinen Titel um Titel zu sammeln, in Spanien wie später in Italien: Insgesamt achtmal wurde er in beiden Ländern Meister, je zweimal mit dem FC Barcelona und Real Madrid

Luís Figo bei der Ehrung zum »Weltfußballer des Jahres 2001«, eingerahmt von David Beckham (l.) und Raúl

Figo, Luís (*1972)
Portugal (1991–2006), Sporting Lissabon (1984–1995), FC Barcelona (1995–2000), Real Madrid (2000–2005), Inter Mailand (2005–2009)

UEFA Champions League	1	2002
Weltpokal	1	2002
Europapokal der Pokalsieger	1	1997
Portugiesischer Pokal	1	1995
Spanischer Meister	4	1998, 1999, 2001, 2002
Spanischer Pokal	2	1997, 1998
Italienischer Meister	4	2006, 2007, 2008, 2009
Italienischer Pokal	1	2006
FIFA U-20-Weltmeister	1	1991
UEFA Euro All Star Team	2	2000, 2004
Weltfußballer d. J.	1	2001
Europas Fußballer d. J.	1	2000

Luís Figo mit dem deutschen Torhüter Oliver Kahn – beide liefen beim Spiel um Platz drei bei der WM 2006 zum letzten Mal für ihr Land auf.

Luís Figo und Zinédine Zidane (r.) 2003 im Trikot der »Königlichen«

sowie viermal mit Inter Mailand. Die Krönung seiner Karriere gelang ihm 2002, ein Jahr nach seiner Wahl zum »Weltfußballer«: Figo triumphierte mit Real nicht nur in der Champions League, sondern gewann auch den UEFA Super Cup und den Weltpokal – an der Seite des Franzosen Zinédine Zidane, der wie er zum großen Fußballerjahrgang 1972 gehört.

Schon wieder Frankreich

Am 27. Juni 2006 endete in Frankfurt am Main eine in der Geschichte der FIFA WM einmalige Siegesserie: Nach sieben Erfolgen auf dem Weg zum WM-Sieg 2002 in Südkorea und Japan gewannen die Brasilianer auch ihre ersten vier Partien im Folgeturnier. Im Viertelfinale jedoch war Schluss – das Match ging mit 0:1 verloren, gegen Frankreich, denselben Gegner, dem man zuletzt im Finale von 1998 mit 0:3 unterlegen war. Überschattet wurde dieses Finale von einem bis heute ungeklärten Verwirrspiel um Brasiliens Superstar **Ronaldo**, der in der Nacht zuvor ins Krankenhaus eingeliefert worden war und nach Einschätzung vieler gar nicht gegen die Équipe Tricolore hätte auflaufen dürfen. Obwohl der Torjäger in diesem Spiel ein Totalausfall war, wurde er anschließend als bester Aktiver des Turniers mit dem »Goldenen Ball« ausgezeichnet. Die Krönung von Ronaldos Karriere folgte vier Jahre später, als die Seleção den Titel holte und der Stürmer mit acht Treffern Torschützenkönig der WM wurde.

Kein Rekord für die Ewigkeit

Trotz der Erfolge in den ersten Partien der WM 2006 war nicht zu übersehen, dass der mittlerweile 30-jährige Ronaldo nicht in Top-Form nach Deutschland gekommen war. Dennoch traf er im letzten Gruppenspiel gegen

Ronaldo (Luís Nazário de Lima) (*1976)
Brasilien (1994–2011), PSV Eindhoven (1994–1996), FC Barcelona (1996–1997), Inter Mailand (1997–2002), Real Madrid (2002–2007), AC Mailand (2007–2008), SC Corinthians Paulista (2009–2011)

FIFA Weltmeister	1	2002
Südamerikameister	2	1997, 1999
FIFA Konföderationenpokal	1	1997
FIFA Klub-WM	1	2007
Europapokal der Pokalsieger	1	1997
Spanischer Meister	2	2003, 2007
Spanischer Pokal	1	1997
Italienischer Meister	2	1997, 1998
Niederländischer Pokal	1	1996
Goldener Ball FIFA WM	1	2002
Goldener Schuh FIFA WM	1	2002
Goldener Schuh der UEFA	1	1997
Torschützenkönig Niederlande	1	1996
Torschützenkönig Spanien	2	1997, 2004
Weltfußballer d. J.	3	1996, 1997, 2002
Europas Fußballer d. J.	2	1997, 2002

Ein entfesselter Ronaldo reckt 2002 den WM-Pokal in die Luft.

Japan zweimal und wurde zum »Man of the Match« gewählt. Mit einem weiteren Tor im Achtelfinalspiel gegen Ghana schraubte er die Gesamtzahl seiner Buden bei WM-Turnieren auf 15 und löste damit den deutschen »Bomber« Gerd Müller nach 32 Jahren als Rekordhalter ab. Ein Rekord für die Ewigkeit? Schon 2010 rückte dem Brasilianer mit Miroslav Klose ein anderer Deutscher bis auf ein Tor auf die Pelle – und 2014 musste Ronaldo mit ansehen, wie Klose seinen Rekord erst egalisierte und dann übertraf. Ronaldos acht Treffer 2002 bedeuten in der Rangliste der besten Schützen eines Turniers übrigens nur Platz 5, hinter Just Fontaine (13/1958), Sándor Kocsis (11/1954), Gerd Müller (10/1970) und Eusébio (9/1966).

Nachwuchsstar Neymar (l. neben Ronaldo bei der FIFA Weltfußballer-Gala 2012) war bei der WM 2014 die große Hoffnung Brasiliens. Mit vier Toren und starken Leistungen heizte er die Erwartungen an, und als er im Viertelfinale gegen Kolumbien durch ein unnötiges Foul aus dem Turnier gekickt wurde, ging die brasilianische Elf im Halbfinale unter. Trotzdem kann er zu einem Weltstar wie Ronaldo, ja vielleicht sogar wie Pelé aufsteigen.

Phänomen«, denn einen Spieler wie ihn hatte die Fußballwelt selten, wenn überhaupt gesehen. Rund 20 nationale und internationale Titel und unzählige persönliche Trophäen sammelte der dreimalige Weltfußballer, nur die Champions League konnte er nie gewinnen – doch auch ohne den wichtigsten europäischen Titel gehört er zu den Giganten des neuen Fußball-Millenniums.

Diese Szene aus dem Achtelfinalspiel gegen Ghana zeigt, dass der leicht übergewichtige Ronaldo bei der WM 2006 nicht austrainiert war.

Der Jüngste aller Zeiten!?

Nach der WM in Deutschland beendete Ronaldo seine Laufbahn in der Seleção. 1996 wurde er erstmals zum »Weltfußballer des Jahres« gewählt, mit gerade einmal 20 Jahren – jünger war kein Geehrter vor oder nach ihm. Damals hatte er gerade erst den Sprung vom PSV Eindhoven zum großen FC Barcelona gewagt und seine besten Jahre in Mailand und Madrid lagen noch vor ihm. Schon bald nannte man ihn Ronaldo Fenômeno, »das

Wie seine (Fast-)Namensvettern Ronaldinho und Cristiano Ronaldo hat auch der Torjäger eine Schwäche für schöne Frauen – hier sieht man ihn 2005 Hand in Hand mit seiner zweiten Ehefrau Daniella Cicarelli, wie ihre Vorgängerin Milene Domingues ein Model.

Die Null muss stehen
Die stärksten Torhüter der letzten Jahre

Tage wie diese

Der 23. Mai 2001 im Mailänder Giuseppe-Meazza-Stadion und der 30. Juni 2002 in Yokohama dürften die wichtigsten Daten in der sportlichen Laufbahn des Torhüters **Oliver Kahn** gewesen sein: Dreizehn Monate und sieben Tage zwischen höchstem Triumph und bitterster Depression – selten in der Geschichte des Fußballs lagen beide Momente so dicht nebeneinander.

Die WM in Südkorea und Japan verlief für die DFB-Auswahl auf kuriose Weise: Nach einem 8:0 im Auftaktspiel

Kahn, Oliver (*1969)
Deutschland (1995–2006), Karlsruher SC (1975–1994), Bayern München (1994–2008)

UEFA Europameister	1	1996
UEFA Champions League	1	2001
Weltpokal	1	2001
UEFA-Cup	1	1996
Deutscher Meister	8	1997, 1999, 2000, 2001, 2003, 2005, 2006, 2008
Deutscher Pokal	6	1998, 2000, 2003, 2005, 2006, 2008
Welttorhüter d. J.	3	1999, 2001, 2002
UEFA Torhüter d. J.	4	1999, 2000, 2001, 2002
FIFA WM All Star Team	1	2002
Goldener Ball WM	1	2002
Goldener Handschuh WM	1	2002

gegen restlos überforderte Saudi-Arabier wurstelte sich die Elf von Spiel zu Spiel weiter – spielerisch alles andere als überragend, stand sie am Ende völlig unerwartet im Finale. Zu verdanken hatte Teamchef Rudi Völler das nur einem: dem »Titan« Kahn. Einen einzigen Gegentreffer hatte er zugelassen bis zur 67. Minute des Endspiels, dann ließ er einen Schuss des Brasilianers Rivaldo abprallen – sein einziger Patzer im Turnier. Der jedoch wurde gnadenlos ausgenutzt von Torjäger Ronaldo, der später nachlegte und schließlich Torschützenkönig der WM 2002 wurde. Als bisher einziger Keeper überhaupt wurde der Deutsche anschließend dennoch als bester Spieler der Endrunde mit dem »Goldenen Ball« ausgezeichnet.

Gibt es einen Fußballgott?

Der »Fußballgott«, der für ausgleichende Gerechtigkeit sorgt, gehört zum unerschöpflichen Reservoir an Phrasen, mit denen Journalisten ihre Hörer oder Leser quälen. Wer ihn beschwört, will damit sagen, Glück und Pech im Leben hielten sich zuletzt immer die Waage. War also Kahns Tragödie 2002 der Ausgleich für das, was 13 Monate zuvor in Mailand geschehen war? Als die Münchner Bayern nach einem der langweiligsten Endspiele in der Geschichte des Wettbewerbs im Elfmeterschießen gegen den FC Valencia die Champions League gewonnen hatten. Kahn war damals mit drei abgewehrten Strafstößen zum Helden geworden. Man könnte das so sehen, hätte der Torhüter nicht zwei Jahre zuvor schon allen Grund gehabt, mit dem Schicksal zu hadern, als sein Team das

Nach dem verlorenen WM-Finale 2002 ist Deutschlands Torhüter Oliver Kahn am Boden zerstört.

Mit dieser Parade sichert Oliver Kahn Bayerns Triumph im CL-Finale 2001.

Finale 1999 im Camp Nou von Barcelona durch zwei Tore in der Nachspielzeit gegen das über 90 Minuten eindeutig schwächere Team von Manchester United verloren hatte. Und der FC Valencia war zudem 2001 nur das unglücklichere von zwei durchschnittlichen Teams, nicht das bessere.

Unvollendet vollendet

Als Oliver Kahn im Sommer 2008 seine einzigartige Karriere beendete, zählte er zu den erfolgreichsten Fußballern, die Deutschland je hervorgebracht hat – seine acht Meistertitel mit den Bayern seit 1994 sind bis heute Rekord. Sollte es je einen besseren Torhüter in Deutschland gegeben haben, dann fällt zwangsläufig der Name des Mannes, der über Jahre hinweg sein Torwarttrainer bei den Bayern wie in der Nationalmannschaft war: Sepp Maier, die »Katze von Anzing«, seit 1979 Rekordnationaltorhüter Deutschlands. Erfolgreicher als der Schlussmann der deutschen EM- und WM-Auswahlen 1972 und 1974 war kaum ein Torhüter im Weltfußball – bis Iker Casillas kam. Wie der Spanier war auch Maier die Nummer 1 in Mannschaften mit Ausnahmekönnern, die wohl auch mit schwächeren Keepern schwer zu bezwingen gewesen wären. Vergleichbares Glück hatte Oliver Kahn zumindest mit der Nationalmannschaft nicht. Zu seiner Zeit gab es Michael Ballack, Maiers Mitspieler hießen Franz Beckenbauer, Gerd Müller, Günter Netzer, Paul Breitner, um nur einige zu nennen. Und so triumphierte der »Titan« eben nur mit dem Verein, nicht mit der DFB-Auswahl.

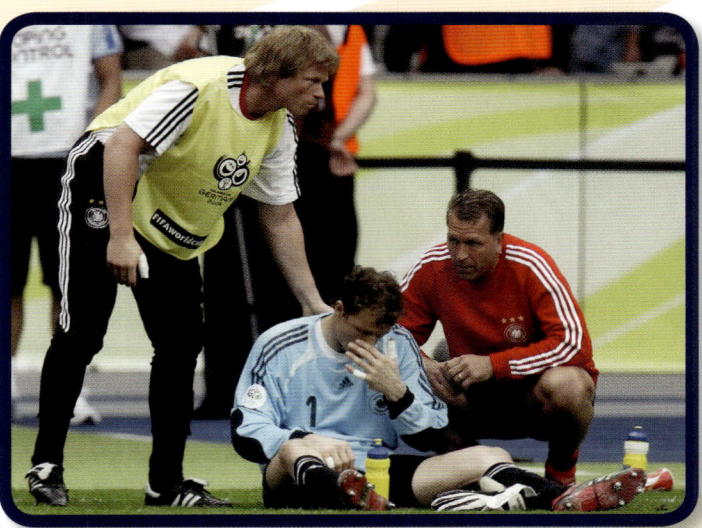

Kurz vor Beginn der Heim-WM 2006 nahm der damalige Bundestrainer Jürgen Klinsmann einen unerwarteten Tausch im Tor der DFB-Auswahl vor: Anstelle von Kahn wurde der damalige Arsenal-Keeper Jens Lehmann (M., r. DFB-Torwarttrainer Andreas Köpke) zur Nummer 1 ernannt.

Sepp Maier

Josef »Sepp« Maier (*1944) – hier 1978 bei seiner dritten Ehrung als Deutschlands »Fußballer des Jahres« (nach 1975 und 1977) – gehört zu den international erfolgreichsten deutschen Fußballern überhaupt: Mit der Nationalelf wurde er 1972 Europa- und 1974 Weltmeister, mit den Bayern gewann er dreimal den Europapokal der Landesmeister (1974–1976). Deutschlands Rekordtorhüter (95 Einsätze) und »Jahrhunderttorwart« musste seine Karriere 1979 infolge schwerer Verletzungen nach einem Autounfall vorzeitig beenden und arbeitete später als Torwarttrainer der Bayern und der Nationalelf mit seinem legitimen Nachfolger Oliver Kahn zusammen.

Gemeinsam mit dem damaligen Bayern-Manager Uli Hoeneß verabschiedet Sepp Maier (r.) Oliver Kahn 2008 von der Bühne des Weltfußballs.

Gibt es ihn doch, den Fußballgott?

Vier Tage nach Oliver Kahns Abschied vom aktiven Fußball fand am 21. Mai 2008 in Moskau das Endspiel der Champions-League-Saison 2007/08 statt, bei dem sich mit Manchester United und Chelsea London zwei englische Teams gegenüberstanden. Und zwei Torhüter aus Ländern, deren Nationalteams keine Garanten für viele internationale Titel sind: Bei Chelsea hütete der Tscheche Petr Čech den Kasten, bei ManU der Niederländer **Edwin van der Sar**. Letzterer konnte sich schließlich zum zweiten Mal nach 1995 – damals mit Ajax Amsterdam – über die höchste Trophäe im europäischen Vereinsfußball freuen. Ob der Triumph von ManU verdient war, steht auf einem anderen Blatt. Das Match war aber auf jeden Fall ausgeglichener und spannender als das Finale 2012. Didier Drogba und Petr Čech, Chelseas Helden von München, gehörten gegen ManU zu den unglücklichen Verlierern. Zumindest ihnen hatte sich der »Fußballgott« gnädig erwiesen. Andere unglücklich Gescheiterte in solchen Fußballkrimis warteten vergeblich auf ihre Entschädigung, zum Beispiel Chelseas Michael Ballack, der wenige Wochen später mit dem DFB-Team auch das Finale der EURO mit 0:1 gegen Spanien verlor.

Die letzten Mohikaner

Oliver Kahn bestritt sein letztes Match 2008 mit 39 Jahren, der 16 Monate jüngere van der Sar hörte mit knapp 41 Jahren im Sommer 2011 auf. Beide zählten eineinhalb Jahrzehnte zu den weltbesten Torhütern und sammelten mit ihren Vereinen Trophäen am Fließband. Die Krönung jedoch, der Gewinn einer WM, blieb ihnen versagt – und auch seinen EM-Titel von 1996 wird der ehrgeizige Kahn nicht wirklich gelten lassen, da er beim Turnier in England nur auf der Bank saß. Das sah beim dritten der »letzten Mohikaner«, dem 1971 geborenen Franzosen **Fabien Barthez**, schon anders aus: Er wurde mit den »Tricolores« 1998 Welt- sowie 2000 Europameister und hätte 2006 um ein Haar in seinem letzten Pflichtspiel für sein Land noch einmal die WM gewonnen. Dreizehn Jahre zuvor hatte Barthez erstmals für Schlagzeilen gesorgt: Im Mai 1993 gewann Olympique Marseille die erstmals ausgetragene UEFA Champions League und im Tor stand

Edwin van der Sar streckt am 24. Mai 1995 die Champions-League-Trophäe in die Luft. Das von Louis van Gaal trainierte Ajax-Team hatte überraschend den AC Mailand bezwungen.

van der Sar, Edwin (*1970)
Niederlande (1995–2008), Ajax Amsterdam (1990–1999), Juventus Turin (1999–2001), FC Fulham (2001–2005), Manchester United (2005–2011)

UEFA Champions League	2	1995, 2008
Weltpokal/FIFA Klub-WM	2	1995, 2008
UEFA-Pokal	1	1992
Niederländischer Meister	4	1994, 1995, 1996, 1998
Niederländischer Pokal	3	1993, 1998, 1999
Englischer Meister	4	2007, 2008, 2009, 2011
UEFA Euro All Star Team	1	2008

Anders als Michael Ballack konnte Edwin van der Sar den begehrtesten internationalen Titel des Vereinsfußballs gewinnen. Zwar verwandelte der Deutsche im Champions-League-Finale 2008 in Moskau als erster Schütze im Elfmeterschießen gegen den Niederländer, der dann aber den entscheidenden Ball gegen Nicolas Anelka hielt und ManU den Titel sicherte.

Barthez, Fabien (*1971)
Frankreich (1994–2006), FC Toulouse (1990–1992), Olympique Marseille (1992–1995), AS Monaco (1995–2000), Manchester United (2000–2003), Olympique Marseille (2003–2006), FC Nantes (2006–2007)

FIFA Weltmeister	1	1998
UEFA Europameister	1	2000
FIFA Konföderationenpokal	1	2003
UEFA Champions League	1	1993
Französischer Meister	2	1997, 2000
Englischer Meister	2	2001, 2003
Welttorhüter d. J.	1	2000
UEFA Euro All Star Team	1	2000
Goldener Handschuh WM	1	1998

Fabien Barthez im Zweikampf mit Brasiliens Torjäger Ronaldo. Die Franzosen entschieden das Finale der Heim-WM 1998 mit 3:0 überraschend klar für sich.

beim 1:0 gegen den AC Mailand der noch nicht ganz 22-jährige Barthez. Mit dem AS Monaco und Manchester United holte er später je zwei französische und englische Meistertitel, deutlich weniger als Kahn und van der Sar, die aber vermutlich gerne auf die eine oder andere nationale Trophäe zugunsten des WM-Pokals verzichtet hätten.

Bei seinem ersten großen Erfolg 1993 hatte Barthez – hier links neben seinem Landsmann Jean-Pierre Papin von Milan – noch volles dunkles Haar. Später war der auffällige kahle Schädel sein Markenzeichen.

Keeper aus dem Land der Dribbler und Zauberer

Wie Deutschland gilt seit jeher auch Italien als Land der überdurchschnittlich guten Torhüter. Legenden wie Dino Zoff oder Walter Zenga zählen ebenso zu den besten Keepern aller Zeiten wie Gianluigi Buffon, Italiens aktuelle Nummer 1. Umso überraschender mutet es an, dass bei den drei Champions-League-Erfolgen italienischer Teams seit 2000 ausgerechnet Brasilianer zwischen den Pfosten standen: der 1973 geborene **Dida** bei Milans Triumphen 2003 und 2007 sowie sein sechs Jahre jüngerer

Dida (Nélson de Jesús Silva) (*1973)
Brasilien (1995–2006), EC Vitória (1992–1993), Cruzeiro EC (1993–1999), AC Mailand (1999–2010), Portuguesa (2012), Grêmio Porto Alegre (2013), SC Internacional (seit 2014)

FIFA Weltmeister	1	2002
FIFA Konföderationenpokal	1	1997
Südamerikameister	1	1999
FIFA U-21-Weltmeister	1	1993
UEFA Champions League	2	2003, 2007
FIFA Klub-WM	2	2000, 2007
Copa Libertadores	1	1997
Italienischer Meister	1	2004
Italienischer Pokal	1	2003
Brasilianischer Meister	1	1999
Brasilianischer Pokal	2	1996, 2002

Bevor die FIFA Klub-WM 2005 den Weltpokal als wichtigsten Wettbewerb im Vereinsfußball ablöste, wurde das Turnier im Jahr 2000 schon einmal ausgetragen. Damals gewann Corinthians São Paulo gegen den brasilianischen Rivalen CR Vasco da Gama mit 4:3 im Elfmeterschießen – im Tor des Siegerteams stand der 27-jährige Dida, der den Titel sieben Jahre später mit dem AC Mailand erneut gewann.

Die stärksten Torhüter der letzten Jahre

Júlio César (Soares de Espíndola) (*1979)
Brasilien (2004–2014), CR Flamengo (1998–2004), Chievo Verona (2005), Inter Mailand (2005–2012), Queens Park Rangers (2012–2014), Benfica Lissabon (seit 2014)

Südamerikameister	1	2004
FIFA Konföderationenpokal	2	2009, 2013
UEFA Champions League	1	2010
FIFA Klub-WM	1	2010
Italienischer Meister	5	2006, 2007, 2008, 2009, 2010
Italienischer Pokal	3	2006, 2010, 2011

Die nächste Generation

Zu Beginn des neuen Jahrtausends waren die Kahns, van der Sars und Barthez' um die dreißig, in einem Alter, in dem nach Auffassung vieler Experten für Torhüter die beste Zeit erst beginnt. Sinnbildlich für diese Theorie steht wie kein Zweiter Italiens Dino Zoff: Der 1942 geborene Torwart sammelte nahezu alle seiner Titel nach seinem 30. Geburtstag und setzte sich am 11. Juli 1982 im Madrider Estadio Santiago Bernabéu die Krone auf: Mit über 41 Jahren führte er die Squadra Azzurra als Kapitän zu ihrem dritten Weltmeistertitel. 18 Jahre später hätte »Dino Nazionale« fast erreicht, was Brasiliens Mário Zagalo und Franz Beckenbauer bei Welt-, aber noch keinem bei Europameisterschaften gelungen ist: nämlich den Titel sowohl als Spieler wie als Trainer zu holen. Jedoch ging das Finale der Euro 2000 durch ein Golden Goal von David Trezeguet mit 1:2 gegen Frankreich verloren.

Landsmann **Júlio César** bei Inter Mailands 2:0 gegen die Bayern im Mai 2010. Natürlich hätte auch die Seleção ohne gute Keeper kaum fünf Weltmeisterschaften gewonnen, aber zu Legenden wurden im Land der Künstler und Zauberer in der Regel nur Offensivkräfte wie Pelé, Garrincha, Romário oder Ronaldo; hinter ihnen musste sogar Gilmar, WM-Torhüter 1958 und 1962, zurückstecken.

Im Gegensatz zu César darf sich Dida Weltmeister nennen, allerdings kam er beim letzten Titelgewinn der Seleção 2002 in Japan und Südkorea nicht zum Einsatz. Júlio César wurde bei seinem zweiten Sieg mit Brasilien beim FIFA Konföderationenpokal im Juni 2013 zum »Besten Torhüter

Júlio César (l.) und der Argentinier Javier Zanetti kämpfen nach dem 2:0 im Finale der Champions League 2010 gegen Bayern München mit den Tränen.

des Turniers« gewählt. Bei der Heim-WM 2014 platzten seine Titelträume, als er im Halbfinale gegen die deutsche Elf gleich siebenmal hinter sich greifen musste und der Rekordweltmeister gedemütigt wurde wie nie zuvor.

Im Tor der Italiener stand 2000 der 1971 geborene Francesco Toldo – allerdings verdankte er seinen Einsatz der Verletzung der eigentlichen Nummer 1: Die hieß **Gianluigi Buffon** und war damals gerade einmal 22 Jahre alt. Nach der Euro setzte sich Buffon – seit seinem Wechsel vom AC Parma zu Juventus Turin im Jahr 2001 für über 54 Millionen Euro der teuerste Schlussmann aller Zeiten – endgültig durch. 2006 wurde er mit Italien Weltmeister, bei der Euro 2012 stand er im mit 0:4 gegen Spanien verlorenen Finale. Beim Konföderationenpokal 2013 wehrte er im Elfmeterschießen des Spiels um den dritten Platz drei Versuche der unterlegenen Uruguayer ab. Nach der FIFA WM 2014 in Brasilien erklärte er, bereits 36 Jahre alt, auch 2018 in Russland antreten zu wollen. Bei seiner dann schon sechsten WM wäre er aber immer noch ein Jahr jünger als Dino Zoff bei seinem größten Erfolg.

Dino Zoff

Bereits 1968 wurde Dino Zoff – hier im WM-Finale 1982 – mit Italien Fußball-Europameister. Im Alter von 40 Jahren und fast fünf Monaten führte er im Juli 1982 die Azzurri als Kapitän zum WM-Titel; älter war bis heute kein Spieler, der den höchsten Titel im Weltfußball errang. Zwischen 1972 und 1983 gewann der italienische Nationalheld mit Juventus Turin sechs Meistertitel – und fast hätte er mit dem Team als 41-Jähriger auch noch den Landesmeisterpokal gewonnen. Doch im Finale 1983 in Athen unterlag Juve dem Hamburger SV mit 0:1.

Gianluigi Buffon 2013 während eines Spiels zwischen Inter Mailand und Juventus Turin

Der Mann mit dem Helm

Der 14. Oktober 2006 hätte bitter enden können für **Petr Čech**, im schlimmsten Fall hätte der 1982 geborene tschechische Torwart, der 2004 zum FC Chelsea gewechselt war, diesen Tag nicht überlebt: In einem Match der

Čech, Petr (*1982)
Tschechien (seit 2002), Viktoria Pilsen (1989–1999), FK Chmel Blšany (1999–2001), Sparta Prag (2001–2002), Stade Rennes (2002–2004), FC Chelsea (2004–2015), FC Arsenal (seit 2015)

UEFA Champions League	1	2012
UEFA Europa League	1	2013
Englischer Meister	3	2005, 2006, 2010
Englischer Pokal	4	2007, 2009, 2010, 2012
UEFA U-21-Europameister	1	2002
Tschechiens Fußballer d. J.	7	2005, 2008, 2009, 2010, 2011, 2012, 2013
Welttorhüter d. J.	1	2005
UEFA Euro All Star Team	1	2004

Buffon, Gianluigi (*1978)
Italien (seit 1997), AC Parma (1991–2001), Juventus Turin (seit 2001)

FIFA Weltmeister	1	2006
UEFA U-21-Europameister	1	1996
UEFA-Pokal	1	1999
Italienischer Meister	6	2002, 2003, 2012, 2013, 2014, 2015
Italienischer Pokal	2	1999, 2015
Welttorhüter des 21. Jh.	1	2001–12
Welttorhüter d. J.	4	2003, 2004, 2006, 2007
FIFA WM All Star Team	1	2006
UEFA Euro All Star Team	2	2008, 2012
Goldener Handschuh WM	1	2006

englischen Premier League zog sich Čech bei einem Zweikampf einen Schädelbasisbruch zu und musste noch am selben Tag operiert werden. Dennoch war er kurze Zeit darauf wieder im Training und läuft seitdem mit jenem markanten schwarzen Helm auf, ohne den selbst seine eingeschworenen Fans ihn vermutlich kaum erkennen würden. Seinen bislang einzigen Titel mit Tschechien feierte Čech 2002 bei der UEFA U-21-

Welttorhüter des 20. Jahrhunderts*

1. Lew Jaschin — UdSSR
2. Gordon Banks — England
3. Dino Zoff — Italien
4. Josef »Sepp« Maier — Deutschland
5. Ricardo Zamora — Spanien
6. José Luis Chilavert — Paraguay
7. Peter Schmeichel — Dänemark
8. Peter Shilton — England
9. František Plánička — Tschechoslowakei
10. Amadeo Raúl Carrizo — Argentinien

Lew Jaschin (rechts eine Aufnahme aus dem Jahr 1966) zu Ehren vergibt die FIFA seit 1994 den »Lew-Jaschin-Preis« (seit 2010 »Goldener Handschuh«) an den besten Torhüter einer WM-Endrunde. Europas »Fußballer des Jahres 1963« gewann 1960 mit der Sowjetunion die erste Austragung der Fußball-Europameisterschaft.

Petr Čech nach dem Sieg im Champions-League-Finale 2012 in München

* Nach einer Abstimmung der IFFHS (International Federation of Football History & Statistics)

Neuer, Manuel (*1986)
Deutschland (seit 2009), Schalke 04 (1991–2011), Bayern München (seit 2011)

FIFA Weltmeister	1	2014
UEFA U-21-Europameister	1	2009
UEFA Champions League	1	2013
FIFA Klub-WM	1	2013
Deutscher Meister	3	2013, 2014, 2015
Deutscher Pokal	3	2011, 2013, 2014
Deutschlands Fußballer d. J.	2	2011, 2014
UEFA Euro All Star Team	1	2012
FIFA WM Top 11/Dream Team	1	2014
Welttorhüter	2	2013, 2014
Goldener Handschuh	1	2014

Alles schien verloren zu sein für Petr Čech und Chelsea: Thomas Müller jubelt über den verdienten Treffer zum 1:0. Doch Didier Drogba rettete die Engländer mit einem Kopfballtor in die Verlängerung.

Europameisterschaft, zwei Jahre später bei der Euro in Portugal war für die Tschechen im Halbfinale Schluss. Čechs Wechsel zu Chelsea stand da bereits fest. In seiner ersten Saison in England holte er nicht nur gleich den Titel, sondern stellte eine Reihe von persönlichen Rekorden auf: Ganze 15 Gegentore kassierte er in 38 Spielen, spielte 25-mal zu null und hielt seinen Kasten länger als 1000 Minuten bzw. elf Partien am Stück sauber. Seine Wahl zum »Welttorhüter des Jahres 2005« war alles andere als ein Wunder.

See you again

Unglücklich verlieren, unverdient gewinnen, beide Male im Lotteriespiel Elfmeterschießen: Petr Čech hat das in zwei Champions-League-Endspielen erlebt – 2008 war er der Pechvogel, 2012 der glückliche Held. In der Folgesaison schied der Londoner Klub als erster Titelträger überhaupt bereits in der Gruppenphase aus, gewann dann aber immerhin die »Trostrunde« Europa League. Und so sahen sie sich im August 2013 wieder, zwei der weltbesten Torhüter: Čech und Bayern-Keeper **Manuel Neuer**, das Aushängeschild der nächsten Generation. Ein Jahr nach der Niederlage gegen Chelsea, bei der Neuer im Elfmeterschießen auch als Schütze antrat (und traf), holten die Bayern dann den »Henkelpott« – und siegten im August 2013 auch im UEFA Super Cup gegen Chelsea.

Längst ist Manuel Neuer die Nummer eins unter den Torhütern nicht nur Deutschlands, sondern Europas und der Welt. Zweimal in Folge wurde er zuletzt von der IFFHS zum Welttorhüter gewählt. Dass er diesen Titel mehr als verdient hat, konnten die Fußballfans rund um den Globus bei der WM-Endrunde 2014 sehen. Im Tor, auf der Linie, hielt Neuer, was zu halten war. Dass er auf dem Weg zum Titel in sieben Spielen nur vier Tore kassierte, war seinen mitunter waghalsigen Ausflügen über das halbe Spielfeld zu verdanken. Immer wieder entschärfte er brillant gegnerische Schnellangriffe in der Manier eines Liberos oder Außenverteidigers – oft genug stockte dem Publikum der Atem, nicht einmal ging eine Rettungsaktion schief.

Als Manuel Neuer 2011 von Schalke 04 zu den Bayern kam, gab es heftige Fan-Proteste in München: Dort nahmen ihm viele diese Szene übel, als er einen Sieg der Gelsenkirchener gegen den FCB ähnlich bejubelte wie sein großer Vorgänger Oliver Kahn die Last-Minute-Meisterschaft der Münchner 2001.

Welttorhüter des 21. Jahrhunderts (2001–2012)*

1. Gianluigi Buffon — Italien
2. Iker Casillas — Spanien
3. Petr Čech — Tschechien
4. Edwin van der Sar — Niederlande
5. Oliver Kahn — Deutschland
6. Víctor Valdés — Spanien
7. Dida (Nélson de Jesús Silva) — Brasilien
8. Júlio César (Soares Espíndola) — Brasilien
9. Jens Lehmann — Deutschland
10. Roberto Carlos Abbondanzieri — Argentinien

* Nach einer Abstimmung der IFFHS (International Federation of Football History & Statistics)

Der erfolgreichste Keeper aller Zeiten?

Um in den Bestenlisten eine ähnliche Präsenz zu erreichen wie **Iker Casillas**, wird Neuer allerdings eine ganze Ära prägen müssen. Fünfmal in Folge wurde der gebürtige Madrilene zwischen 2008 und 2012 zum Welttorhüter gewählt, so oft wie kein anderer seiner Zunft. Mit acht Jahren kam er zu Real, mit 18 ersetzte er erstmals den verletzten Bodo Illgner im Tor der Königlichen, nur ein Jahr später wurde er die neue Stammkraft des Rekordmeisters. Nicht nur im Kasten der Nationalelf gelang ihm mit den drei EM- und WM-Siegen 2008, 2010 und 2012 eine historisch einmalige Siegesserie, durch seine drei Triumphe in der europäischen Königsklasse hat sich der Keeper bei den Anhängern von Real zudem seinen Beinamen »San Iker« redlich verdient. Erstmals im Finale 2000 gegen den Ligakonkurrenten FC Valencia hielt er mit 19 Jahren den begehrten »Henkelpott« in Händen, als Real einen klaren 3:0-Sieg feiern konnte. Zwei Jahre später folgte der nächste Triumph in der europäischen Beletage, der schon neunte für die Königlichen. Bei beiden Titelgewinnen stand übrigens Vicente del Bosque an der Seitenlinie, der 2010 und 2012 auch Dompteur der »Furia Roja« war. Immer wieder scheiterten die Hauptstädter in der Folge an »La Décima«, dem heiß ersehnten Titel Nummer zehn. 2014 war es dann endlich so weit: Wieder in einem rein spanischen Duell, diesmal gegen den Lokalrivalen Atlético, gelang der Jubiläumserfolg. Bis tief in die Nachspielzeit lag Real 0:1 zurück, dann aber fiel doch noch der Ausgleich, und nach 120 Minuten siegten Casillas und Co. deutlich mit 4:1. Kein Keeper des neuen Jahrtausends und vielleicht der Fußballgeschichte überhaupt kann mit einer so erfolgreichen Laufbahn aufwarten – und das wird auch noch eine ganze Weile so bleiben ...

Es kann nur einen geben: Víctor Valdés (l.) und Pepe Reina (r.), nur unwesentlich jünger als Casillas (v.) und Keeper der internationalen Spitzenklasse, mussten im Nationaltrikot zumeist Vorlieb mit der harten Ersatzbank nehmen.

Casillas, Iker (*1981)
Spanien (seit 2000), Real Madrid (1989–2015), FC Porto (seit 2015)

FIFA Weltmeister	1	2010
UEFA Europameister	2	2008, 2012
FIFA U-20-Weltmeister	1	1999
UEFA Champions League	3	2000, 2002, 2014
Weltpokal/FIFA Klub-WM	2	2002, 2014
Spanischer Meister	5	2001, 2003, 2007, 2008, 2012
Spanischer Pokal	2	2012, 2014
Welttorhüter d. J.	5	2008, 2009, 2010, 2011, 2012
FIFA WM All Star Team	1	2010
UEFA Euro All Star Team	2	2008, 2012
Goldener Handschuh WM	1	2010

Der junge Casillas im Mai 2000 inmitten der Schar jubelnder Real-Stars, direkt vor ihm Roberto Carlos und im Hintergrund mit dem »Henkelpott« der Franzose Nicolas Anelka

Am 1. Juli 2012 verteidigt Iker Casillas mit der »Furia Roja« den Europameistertitel von 2008 und wird nach dem WM-Sieg 2010 endgültig zum erfolgreichsten Torhüter der letzten Jahrzehnte.

Die stärksten Torhüter der letzten Jahre

Eröffnen statt »zerstören«
Die Rolle des modernen Innenverteidigers

Martínez, Javier (*1988)
Spanien (seit 2010), CA Osasuna (bis 2006), Athletic Bilbao (2006–2012), Bayern München (seit 2012)

FIFA Weltmeister	1	2010
UEFA Europameister	1	2012
UEFA U-21-Europameister	1	2011
UEFA U-19-Europameister	1	2007
UEFA Champions League	1	2013
Deutscher Meister	3	2013, 2014, 2015
Deutscher Pokal	2	2013, 2014

Der eine grätscht, der andere »spielt«

Die Ablösesummen für Fußballer schnellen stetig in die Höhe – Jahr für Jahr investieren die Spitzenteams Wahnsinnssummen, um die begehrtesten Kicker des Planeten an sich zu binden. Zwischenzeitlich glaubte man, dass die 94 Millionen Euro, die Real Madrid 2009 für Cristiano Ronaldo an Manchester United überwies, so schnell nicht überboten würden. Und tatsächlich sah es einige Jahre danach aus. Selbst als mit Neymar ein neuer brasilianischer Superstar in Erscheinung trat und sich die europäischen Topklubs um ihn prügelten, wurde am Ende eine Summe genannt, die vergleichsweise moderat erschien: 57 Mio. Euro. Doch dann bohrten neugierige Journalisten und Staatsanwälte ein wenig tiefer und stießen schnell auf Ungereimtheiten. Barça-Präsident Sandro Rosell musste seinen Hut nehmen, eine zweistellige Millionensumme floss nachträglich ins spanische Steuersäckel, und Neymars Ablöse betrug auf einmal zwischen 86 und 112 Mio. Euro, je nach Quelle. Ob die tatsächlichen Zahlen jemals auf den Tisch kommen, ist mehr als fraglich. Und auch, ob man von schwindelerregenden Transfersummen jenseits der 100-Millionen-Grenze überhaupt wissen möchte, steht auf einem anderen Blatt.

In der Hitliste der teuersten Transfers des neuen Jahrtausends rangiert der erste in die deutsche Bundesliga unter ferner liefen. 40 Mio. Euro gab Bayern München 2012 für **Javier Martínez** von Athletic Bilbao aus. Der Spanier ist ein ebenso guter defensiver Mittelfeldspieler wie Innenverteidiger. Er steht stellvertretend dafür, dass moderne Defensivspieler zwar abräumen können müssen, aber nur durch herausragende Fähigkeiten in der Spieleröffnung zu ganz Großen ihres Fachs werden. Eben jene Fähigkeit bewies Martínez in der Triple-Saison, als er mit fantastischen Leistungen insbesondere in der Champions League der Garant des Erfolgs war.

Javier Martínez 2013 im Trikot von Bayern München

Die teuersten Transfers seit 2000

Spieler	Verkäufer	Käufer	Saison	Mio. €
Neymar, Brasilien	FC Santos	FC Barcelona	2013/14	86–112
Cristiano Ronaldo, Portugal	Manchester United	Real Madrid	2009/10	94
Gareth Bale, Wales	Tottenham Hotspur	Real Madrid	2013/14	91
Luis Suárez, Uruguay	FC Liverpool	FC Barcelona	2014/15	81
James Rodríguez, Kolumbien	AS Monaco	Real Madrid	2014/15	80
Zinédine Zidane, Frankreich	Juventus Turin	Real Madrid	2001/02	73,5
Zlatan Ibrahimović, Schweden	Inter Mailand	FC Barcelona	2009/10	69,5
Kaká, Brasilien	AC Mailand	Real Madrid	2009/10	65
Edinson Cavani, Uruguay	SSC Neapel	Paris SG	2013/14	64,5
Radamel Falcao, Kolumbien	Atlético Madrid	AS Monaco	2013/14	60
Luís Figo, Portugal	FC Barcelona	Real Madrid	2000/01	60
Fernando Torres, Spanien	FC Liverpool	FC Chelsea	2010/11	58,5
Hernán Crespo, Argentinien	AC Parma	Lazio Rom	2000/01	55
Hulk, Brasilien	FC Porto	Zenit St. Petersburg	2012/13	55

Bayern-Trainer Jupp Heynckes (l.) und Sportchef Matthias Sammer Ende August 2008 bei der Vorstellung von Javier Martínez

Piqué, Gerard (*1987)
Spanien (seit 2009), FC Barcelona (1997–2004), Manchester United (2004–2008), Real Saragossa (2006/07, Leihe), FC Barcelona (seit 2008)

FIFA Weltmeister	1	2010
UEFA Europameister	1	2012
UEFA U-19-Europameister	1	2006
UEFA Champions League	4	2008, 2009, 2011, 2015
FIFA Klub-WM	2	2009, 2011
Spanischer Meister	5	2009, 2010, 2011, 2013, 2015
Spanischer Pokal	3	2009, 2012, 2015
Englischer Meister	1	2008
UEFA Euro All Star Team	1	2012

40 Millionen für die Bank?

Offensive Spieleröffnung von ganz hinten, strategisches Geschick, Spielsituationen lesen und Bälle abfangen, ehe es überhaupt zum Zweikampf kommt – das waren Fähigkeiten, die Martínez zum zentralen Spieler unter Erfolgscoach Jupp Heynckes machten. Doch nur zwei Monate nach dem Champions-League-Triumph der Münchner übernahm »Pep« Guardiola das Ruder an der Säbener

Piqué war schon im April 2009 dabei, als die Katalanen im Viertelfinale der Champions League den FC Bayern mit 4:0 heimschickten.

Neben Juan Mata (l.), derzeit bei Manchester United, war Martínez einer der Führungsspieler beim EM-Erfolg der spanischen U-21 im Sommer 2011.

Straße, und schon bald musste Martínez um seinen sicher geglaubten Stammplatz fürchten. Der ehemalige Barça-Erfolgscoach ließ zunächst mit nur einem 6er spielen und beorderte dann auch noch Außenverteidiger Philipp Lahm in die Mitte. Martínez, der zudem immer wieder mit Verletzungen zu kämpfen hatte, pendelte in der Folge zwischen Mittelfeld, Innenverteidigung und Ersatzbank hin und her. Zuvor noch umjubelter Starspieler, musste er sich plötzlich mit einer Nebenrolle begnügen – ein ziemlich teures Vergnügen für 40 Mio. Euro ...

Mehr als ein Bollwerk

Durch eine Reihe von Regeländerungen hat sich der Fußball in den letzten Jahren und Jahrzehnten stark verändert.  Noch in den 1990er-Jahren – und erst recht im Jahrzehnt davor – waren Innenverteidiger oftmals »Manndecker«, die ihren Gegenspielern mit Nickligkeiten am laufenden Band und überharten Grätschen in gefährlichen Situationen das Leben mehr als schwer machten. Heute werden Stürmer viel besser geschützt und Eisenfüße der alten Schule würden ganz schnell mit Rot in die Katakomben geschickt. Das hat die Rolle des Innenverteidigers nachhaltig verändert. Die Kunst des fairen Zweikampfs sowie die Fähigkeit, den Ball in den eigenen Reihen zu halten, traten in den Vordergrund. Exemplarisch dafür stehen der FC Barcelona und die spanische Nationalmannschaft, die dieses Spiel bis zur Perfektion trieben. Mit brillantem Kurzpassspiel und perfekter Abwehrorganisation prägten Barça und die Selección eine Ära des Fußballs. Barças Innenverteidigung mit **Gerard Piqué** und **Carles Puyol** war ebenso zweikampf- wie kopfballstark, griff nur selten auf Fouls zurück und war dank hervorragender technischer Fähigkeiten der Ausgangspunkt der »Tiki-Taka«-Passmaschine. Dass diese Abwehrstrategen zudem torgefährlich sind, musste die DFB-Auswahl bei der WM 2010 in Südafrika schmerzhaft erfahren, als ausgerechnet Puyol im Halbfinale per Kopf das entscheidende Tor gelang.

Die Rolle des modernen Innenverteidigers

Puyol, Carles (*1978)
Spanien (2000–2013), FC Barcelona (1995–2014)

FIFA Weltmeister	1	2010
UEFA Europameister	1	2008
UEFA Champions League	3	2006, 2009, 2011
FIFA Klub-WM	2	2009, 2011
Spanischer Meister	6	2005, 2006, 2009, 2010, 2011, 2013
Spanischer Pokal	2	2009, 2012
FIFA WM All Star Team	1	2010
UEFA Euro All Star Team	1	2008

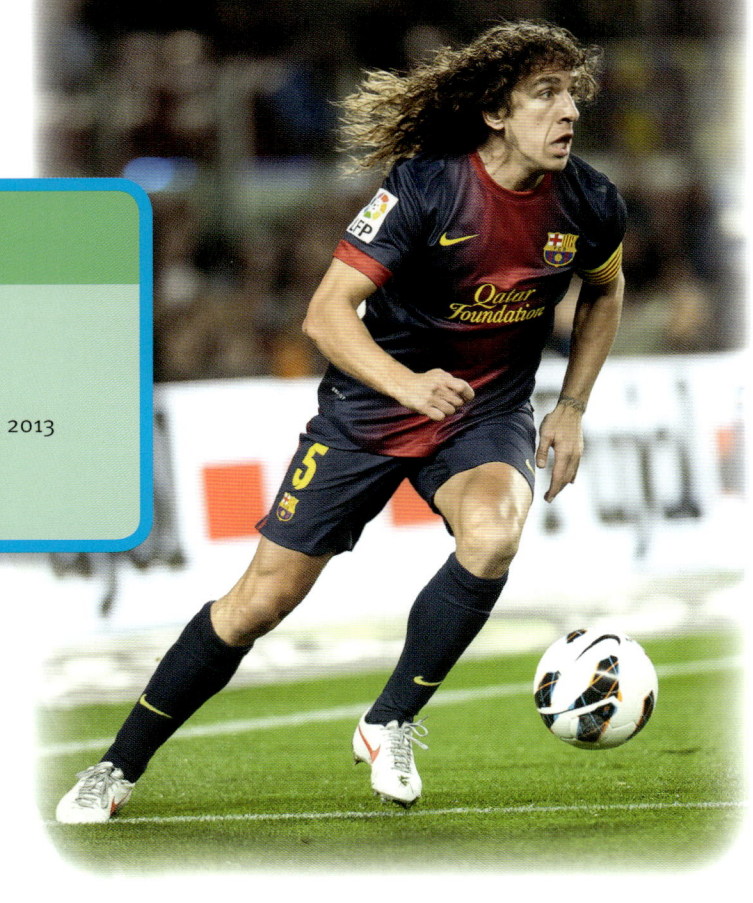

Puyol im März 2013 in einem Match der Primera División

»Der letzte Mann« als Spielmacher

Über Jahrzehnte galt im Fußball die Faustregel, Innenverteidiger seien Respekt einflößende Kanten, die gerne mal kräftig zulangen, um wendigen und dribbelstarken Angreifern den Schneid abzukaufen. Ihre technischen Fertigkeiten waren höchstens zweitrangig und im gegnerischen Strafraum tauchten sie nur bei Eckbällen oder Freistößen auf. Als kreative Spielgestalter waren sie schwer vorstellbar – doch schon Ende der 1960er-Jahre trat mit Franz Beckenbauer ein neuer Typus auf den Plan. Der »Libero« hatte keinen direkten Gegner und konnte so von hinten das Spiel gestalten. Beckenbauer zur Seite stand freilich mit Hans-Georg Schwarzenbeck ein »Vorstopper« der alten Schule, der seinem Partner das Grätschen und Bälleweghauen abnahm; ohne »Katsche« hätte er nicht so zaubern können. Zweimal als »Europas Fußballer des Jahres« ausgezeichnet, war Beckenbauer bis zu Fabio Cannavaros Wahl zum »Weltfußballer 2006« der einzige hochdekorierte Abwehrspieler Europas.

Angesichts der traditionell defensiven Taktik italienischer Mannschaften wundert es nicht, dass die Azzurri regelmäßig überdurchschnittlich gute Verteidiger hervorbrachten. Manche von ihnen wurden zu Nationalhelden – wie Franco Baresi, Libero des AC Mailand und der Squadra Azzurra in den 1980er- und 1990er-Jahren. In Anlehnung an Beckenbauer bekam er in seiner Heimat den Spitznamen »Franz« verpasst – auch weil er wie sein Vorgänger aus der Abwehr heraus ordnend in das Offen-

Carles Puyol, Gerard Piqué und Sergio Busquets (v.l.n.r., am 11. Juli 2010 vor dem WM-Finale) trugen dazu bei, dass die »Furia Roja« in den K.-o.-Spielen der WM 2010 in Südafrika kein Gegentor kassierte.

Bastian Schweinsteiger und Miroslav Klose können nur entsetzt zuschauen, als Carles Puyol im WM-Halbfinalspiel 2010 das Goldene Tor köpft.

Franz Beckenbauer

Ein Deutscher, der mit dem Ball zaubert wie sonst nur die Brasilianer – so etwas war undenkbar, bis der 1945 geborene Franz Beckenbauer bei der WM 1966 in England zum Weltstar aufstieg. Acht Jahre später wurde der größte Defensivspieler unter den Legenden des 20. Jahrhunderts in seiner Heimatstadt München Weltmeister. Als er 1982 seine Laufbahn beendete, konnte er eine unglaubliche Zahl von Titeln und Auszeichnungen aufweisen: Europameister 1972, viermal Sieger im Europapokal der Landesmeister, einmal Weltpokalsieger, fünfmal Deutscher Meister und viermal Pokalsieger. 1972 und 1976 war Beckenbauer »Europas Fußballer des Jahres«, gleich viermal (1966, 1968, 1972 und 1976) wurde er in Deutschland geehrt. Endgültig zur Legende wurde der »Kaiser«, nachdem er 1990 die Deutschen als Trainer zum Weltmeistertitel führte und als Leiter des Organisationskomitees die FIFA WM-Endrunde 2006 in sein Heimatland holte.

Beckenbauer (l.) und Schwarzenbeck im Frühjahr 1974 vor einem Länderspiel gegen Schottland

sivspiel seiner Teams eingriff. In den Jahren 1989, 1990 und 1994 holte der 1960 geborene Baresi mit Milan dreimal den Landesmeisterpokal bzw. die Champions League, und jedes Mal stand ihm eine weitere italienische Defensivlegende zur Seite: der acht Jahre jüngere **Paolo Maldini**, der 2003 und 2007 noch zwei CL-Trophäen errang und seine Karriere erst 2009 beendete.

Das Ende einer Tradition?

Im Finale der FIFA WM 2006 nahm neben Cannavaro der umstrittene »Held« der Partie die Rolle des zweiten Innenverteidigers ein: Marco Materazzi, der zunächst den Ausgleichstreffer gegen Frankreich erzielte und der kurz vor Ende der Verlängerung Zinédine Zidane zu dessen Kopfstoß verleitete. Unter normalen Umständen wäre Materazzi kaum dabei gewesen, denn der Platz neben Cannavaro war eigentlich an **Alessandro Nesta** vergeben, der sich jedoch im letzten Gruppenspiel gegen Tschechien schwer verletzte. Nesta war 2002 von Lazio Rom zu Milan gekommen und bildete dort mit dem alternden Maldini eines der weltbesten Abwehrduos des neuen Jahrtausends. Wie zu Zeiten von Baresi und Maldini war dieses Defensivbollwerk Hauptgarant der Milan-Erfolge im internationalen Fußball. In den Jahren nach der WM beendeten Maldini, Cannavaro und später Nesta ihre Karrieren – Letzterer zunächst nur in der Squadra Azzurra –, und es sieht momentan nicht so aus, als würden vergleichbar starke Innenverteidiger nachrücken. Vom Ende einer Tradition zu sprechen, wäre sicher verfrüht, aber das überraschend offensive Auftreten der Italiener bei der Euro 2012 und beim Konföderationenpokal 2013 könnte auch damit zusammenhängen, dass für Catenaccio, einen dichten Abwehrriegel, derzeit die geeigneten Kräfte fehlen. Trotz der kleinen Erfolge bei beiden Turnieren war auffällig, wie viele Gegentore sich die einstigen »Maurer« einfingen.

Maldini dirigiert im Champions-League-Finale 2003 gegen Juventus Turin die Milan-Abwehr.

Maldini, Paolo (*1968)
Italien (1988–2002), AC Mailand (1978–2009)

UEFA Champions League (Europapokal der Landesmeister)	5	1989, 1990, 1994, 2003, 2007
Weltpokal/FIFA Klub-WM	3	1989, 1990, 2007
Italienischer Meister	7	1988, 1992, 1993, 1994, 1996, 1999, 2004
Italienischer Pokal	1	2003
FIFA WM All Star Team	2	1990, 1994
UEFA Euro All Star Team	2	1996, 2000

Franco Baresi und Paolo Maldini – Abwehrlegenden des AC Mailand

Anders als Fabio Cannavaro konnten sich weder Paolo Maldini noch Franco Baresi die Krone des Weltfußballs aufsetzen: Baresi gehörte 1982 zum Kader des Weltmeisterteams, blieb aber ohne Einsatz. 1990 und 1994 war für die Squadra Azzurra im Elfmeterschießen des Halb- bzw. des Finales Schluss – 1994 gehörte ausgerechnet er zu den Fehlschützen. Als Italien 2006 den Titel holte, war Paolo Maldini zwar noch aktiv, hatte seine internationale Karriere jedoch vier Jahre zuvor beendet. Seine Trikotnummer 6 wird ebenso wie Baresis 3 bei Milan nicht mehr vergeben – ein deutliches Zeichen höchster Wertschätzung.

Marco Materazzi schrieb noch einmal Geschichte, als er 2010 mit Inter Mailand gegen die Bayern den bislang letzten großen Titel für Italien holte. Allerdings wurde er erst in der Nachspielzeit des CL-Finals eingewechselt – und war damit der einzige Italiener, der überhaupt zum Einsatz kam. Milan holte ein Jahr darauf mit einem starken Abwehrduo wieder den italienischen Meistertitel und den italienischen Super Cup, Nestas Partner war der Brasilianer Thiago Silva.

Baresi (l.) und der 20-jährige Maldini Ende 1988 in einem Europapokalmatch gegen Roter Stern Belgrad

Giorgio Chiellini (M.) und Andrea Barzagli stoppen den Japaner Ryōichi Maeda. Das Gruppenspiel des FIFA Confederations Cup 2013 gewannen die Italiener mit 4:3, einem für sie eher untypischen Ergebnis.

Alessandro Nesta im Frühjahr 2007, kurz vor seinem zweiten Champions-League-Titel mit dem AC Mailand

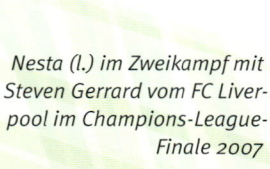

Nesta (l.) im Zweikampf mit Steven Gerrard vom FC Liverpool im Champions-League-Finale 2007

Nesta, Alessandro (*1976)
Italien (1996–2006), Lazio Rom (1985–2002), AC Mailand (2002–2012), Montreal Impact (2012–2013)

FIFA Weltmeister	1	2006
UEFA U-21-Europameister	1	1996
UEFA Champions League	2	2003, 2007
FIFA Klub-WM	1	2007
Europapokal der Pokalsieger	1	1999
Italienischer Meister	3	1999, 2004, 2011
Italienischer Pokal	3	1998, 2000, 2003
UEFA Euro All Star Team	1	2000

Mailands Alessandro Nesta, im Jubel eingekesselt von den Brasilianern Ronaldinho (l.) und Thiago Silva

Gemeinsam nehmen Thiago (l.) und Dante beim 4:2 Brasiliens im Vorrundenspiel des Konföderationenpokals Italiens Starstürmer Mario Balotelli in die Zange.

Defensivstrategen von der Copacabana

Pelé, Ronaldo, Ronaldinho und in jüngerer Zeit Neymar: Brasiliens Volkshelden stehen für Kunststückchen am Ball, schnelle Dribblings und Tore – viele Tore. Fünfmal holte die Seleção den Weltmeistertitel, zwei weitere Male stand sie in der Finalrunde (1950) bzw. im Finale (1998). Bei den übrigen dreizehn Austragungen ging sie fast immer als Favorit ins Turnier. Selten scheiterte sie so unglücklich wie 1982. Trotz Superstars wie Zico, Sócrates und Falcão unterlag Brasilien im entscheidenden Match der zweiten Finalrunde Italien mit 2:3. Wieder einmal zauberten die Samba-Kicker, vernachlässigten darüber jedoch die Defensive – und zwar selten so folgenschwer wie damals.

Seit den 1990er-Jahren legen die Trainer der Seleção verstärkt Wert darauf, dass die Gegner nicht im Rausch des schönen Spiels zum Toreschießen eingeladen werden. Beim letzten WM-Sieg 2002 sorgten Ronaldo oder Rivaldo für die Glanzpunkte, doch hinten standen mit Cafu, Roberto Carlos und Lúcio Defensivkräfte, die nicht zuletzt durch Engagements in Europa auf taktische Disziplin eingeschworen waren. Als Brasilien 2013 nach Jahren des Schwächelns überzeugend den Konföderationenpokal gewann, war die Viererkette gespickt mit internationalen Superstars: außen Dani Alves und Marcelo, in der Innenverteidigung David Luiz und **Thiago Silva**. Auf der Bank saß mit Dante ein frischgebackener Champions-League-Sieger, und vor der Superabwehr fungierte dessen damaliger Kollege Luiz Gustavo als Abfangjäger. Unverwundbar war auch diese Defensive nicht, aber verdammt schwer zu überwinden. Ein Jahr später, im WM-Halbfinale gegen Deutschland, fehlte Thiago Silva gelbgesperrt und der ehedem hochgelobte Defensivverband brach völlig auseinander. Während Brasilien 1982 immerhin mit wehenden Fahnen untergegangen war, ließ die Seleção 2014 die größte Demütigung ihrer Geschichte beinahe wehrlos über sich ergehen.

Silva, Thiago (Emiliano da) (*1984)
Brasilien (seit 2008), EC Juventude (2003–2004), FC Porto (2004–2005), Dynamo Moskau (2005), Fluminense FC (2006–2009), AC Mailand (2009–2012), Paris Saint-Germain (seit 2012)

FIFA Konföderationenpokal	1	2013
Italienischer Meister	1	2011
Französischer Meister	3	2013, 2014, 2015
Französischer Pokal	1	2015
Brasilianischer Pokal	1	2007

Brasiliens Kapitän Thiago Silva präsentiert die Trophäe des Konföderationenpokals nach dem 3:0 der Seleção am 30. Juni 2013 gegen Spanien.

Die Rolle des modernen Innenverteidigers

Lúcio (Carlos Cajueiro Scuza) (*1978)
Brasilien (2000–2011), SC Internacional (1998–2000), Bayer 04 Leverkusen (2000–2004), Bayern München (2004–2009), Inter Mailand (2009–2012), Juventus Turin (2012), FC São Paulo (2013), Palmeiras São Paulo (2014–2015), FC Goa (seit 2015)

FIFA Weltmeister	1	2002
FIFA Konföderationenpokal	2	2005, 2009
UEFA Champions League	1	2010
FIFA Klub-WM	1	2010
Deutscher Meister	3	2005, 2006, 2008
Deutscher Pokal	3	2005, 2006, 2008
Italienischer Meister	1	2010
Italienischer Pokal	2	2010, 2011

Brasilien International

Von 23 Spielern, die Trainer Luiz Felipe Scolari für die Heim-WM 2014 berief, spielten nur vier in der heimischen Liga: die Ersatztorhüter sowie die beiden glücklosen Stürmer Jô und Fred. Ein Großteil des Kaders verdiente seine Brötchen in Europa, vor allem in den großen Ligen. Das Campeonato Brasileiro de Futebol, die erste brasilianische Liga, ist längst kaum mehr als ein Sprungbrett für Samba-Kicker, die rund um den Globus für Vereine aus aller Herren Länder spielen. Seit dem Bosman-Urteil 1995, das nach und nach zum Fall der Ausländerbegrenzungen geführt hat, gibt es kaum ein europäisches Spitzenteam, in dem nicht mindestens ein Brasilianer spielt. Holte man früher bevorzugt die südamerikanischen Künstler und Zauberer, während die Grätscher und Dauerläufer hausgemacht waren, so drängen in den letzten Jahren immer häufiger defensive Samba-Kicker in die großen Ligen. **Lúcio**, Weltmeister 2002, gewann zwischen 2004 und 2009 dreimal mit den Bayern das Double. Als sein Trainer Louis van Gaal ihn aussortierte, rächte er sich auf seine Weise: Mit Inter Mailand triumphierte er im Jahr darauf in der Champions League, durch ein 2:0 im Finale ausgerechnet gegen Bayern München. Weshalb van Gaal den Brasilianer nicht mehr wollte, blieb sein Geheimnis – wahrscheinlich war Lúcio einfach zu unberechenbar für den Disziplin-Fanatiker, denn immer wieder stürmte er ungeachtet aller taktischer Vorgaben ab durch die Mitte ins Sturmzentrum und brachte damit ein ums andere Mal die defensive Grundordnung durcheinander.

Lúcio (l.) im Zweikampf mit Bayerns Ivica Olič im Finale der Champions League 2010

Pepe (Képler Laveran Lima Ferreira) (*1983)
Portugal (seit 2007), Marítimo Funchal (2001–2004), FC Porto (2004–2007), Real Madrid (seit 2007)

UEFA Champions League	1	2014
Weltpokal/FIFA Klub-WM	2	2004, 2014
Portugiesischer Meister	2	2006, 2007
Portugiesischer Pokal	1	2006
Spanischer Meister	2	2008, 2012
Spanischer Pokal	2	2011, 2014
UEFA Euro All Star Team	1	2004

Robert Lewandowski (l.) wurde beim 4:1 der Dortmunder gegen Real Madrid im Halbfinale der Champions-League-Saison 2012/13 zum Albtraum für Innenverteidiger Pepe.

Ein Blick in die Ahnengalerie

Zu Zeiten strengerer Regelungen der Kontingente für ausländische Kicker hatte Südeuropa einen historisch bedingten Vorteil: Es gab zahlreiche Spieler aus Argentinien oder Uruguay, in deren Stammbäumen sich Vorfahren aus Italien oder Spanien nachweisen ließen. Bei Brasilianern ließen sich durch gezielte Recherchen meist Verbindungen zur einstigen Kolonialmacht Portugal herstellen. Im Jahr 2003 übernahm Brasiliens WM-Trainer von 2002, Luiz Felipe Scolari, die portugiesische Nationalmannschaft, die er bis zur Euro 2008 betreute. Einer seiner Stars während dieser Jahre war Mittelfeldspieler Deco,

Angstgegner Deutschland: Bei der EM 2008 unterlag Pepe mit Portugal im Viertelfinale Lukas Podolski (r.) und Co. mit 2:3, bei der EM 2012 im Auftaktspiel mit 0:1, und bei der WM 2014 setzte es, erneut im ersten Spiel, eine deftige 0:4-Klatsche.

gebürtiger Brasilianer, der mit 19 Jahren zum FC Porto wechselte und ab 2003 nicht für die brasilianische, sondern die portugiesische Seleção auflief. Ab 2007 spielte auch der in Maceió an der brasilianischen Atlantikküste geborene **Képler Laveran Lima Ferreira** alias **Pepe** für das Land am westlichen Ende Europas. Kurz zuvor hatte er den FC Porto verlassen und war zu Real Madrid gewechselt. Pepe gehört zu den besten, zugleich aber auch umstrittensten Innenverteidigern der Gegenwart. Im Gegensatz zu anderen Vertretern seiner Zunft wie Piqué oder Thiago Silva sind seine spielerischen Fähigkeiten begrenzt, ein Meister der Spieleröffnung ist er nicht. Zudem fiel er immer wieder durch Ausraster auf, was ihm schon mehrfach lange Sperren eintrug. Zuletzt musste er bei der WM 2014 gegen Deutschland nach einer Tätlichkeit frühzeitig zum Duschen. Dennoch ist er seit Jahren Stammspieler bei Real Madrid und in der portugiesischen Nationalmannschaft, denn mit aggressivem Zweikampfverhalten hat er den Ballvirtuosen seiner Teams oft genug den Rücken freigehalten.

Deutsche Tugenden

Hans-Georg Schwarzenbeck, Karlheinz Förster, Jürgen Kohler: Wenn es in Deutschland an Kräften von Weltformat keinen Mangel gab, dann auf der Position des »Vorstoppers« – Verteidiger, an denen man kaum vorbeikam und die schmerzhafte Erinnerungen hinterließen. Und das keineswegs nur im übertragenen Sinne. Spielerische Defizite durch Kampfkraft aufzuwiegen, unbändiger Siegeswillen und die Bereitschaft, über die eigene Schmerzgrenze hinauszugehen, galten als »deutsche Tugenden«. Über den Klee gelobt wurden sie vor allem hierzulande, anderswo war die rustikale Spielweise wenig beliebt. Schon 2006 änderte sich das, und spätestens seit der WM 2010 spielen die Deutschen wenn nicht brasilianisch, so doch mindestens niederländisch. Jogi Löw, zunächst im Schatten Jürgen Klinsmanns, hat die deutsche Fußballkultur gründlich umgekrempelt. Während die Welt den deutschen Fußball seither liebt wie selten zuvor, beklagten in der Heimat zwischenzeitlich einige Kritiker das Fehlen »echter« Arbeiter und Kämpfer, die, wie ein Reporter einst bemerkte, auch eine Kiste Bier ohne Bedenken aus dem Strafraum köpfen würden. Spätestens seit der WM 2014 ist der Ruf nach den guten alten Tugenden endgültig verstummt.

Mit Pepe (r.) bildete Ricardo Carvalho (l.) viele Jahre lang die portugiesische Innenverteidigung. Von 2010 bis 2013 trug auch Carvalho das weiße Trikot der Königlichen und versuchte mehr als einmal, Lionel Messi zu stoppen.

Die Rolle des modernen Innenverteidigers

Mats Hummels (l.) und Bayern-Spieler Holger Badstuber 2012 im Trikot der DFB-Auswahl. Durch Badstubers schwere Verletzungen wurde das Innenverteidigerpaar der Nationalelf im Jahr 2013 vorerst auseinandergerissen.

das »Dream Team« des Turniers gewählt. Ungleich unauffälliger agierte sein Partner Jérôme Boateng. Und das war zugleich Zeichen seiner Effektivität: Der sanfte Riese stand stets richtig, ließ sich nie aus der Ruhe bringen und glänzte mit einer Zweikampfstärke, die ihresgleichen sucht. Ehedem ein Bruder Leichtfuß, hat sich Boateng bei Bayern München zu einem der konstantesten und sichersten Innenverteidiger des Fußballuniversums gemausert.

Mittendrin statt nur dabei: Jérôme Boateng stemmt am 1. Juni 2013 den DFB-Pokal in die Höhe – nach dem 3:2 gegen den VfB Stuttgart ist das erste Triple der Vereinsgeschichte perfekt.

Hummels, Mats (*1988)
Deutschland (seit 2010), Bayern München (1996–2008), Borussia Dortmund (seit 2008)

FIFA Weltmeister	1	2014
UEFA U-21-Europameister	1	2009
Deutscher Meister	3	2008, 2011, 2012
Deutscher Pokal	1	2012
Top 11/Dream Team WM	1	2014

Die intensive Nachwuchsförderung nach dem Debakel bei der Euro 2000 hat dem DFB-Team eine unglaubliche Fülle von Kreativkräften beschert. Bei den Innenverteidigern ist die Luft dünner, einige Spieler haben aber eindeutig Weltformat, darunter der Dortmunder **Mats Hummels** sowie Bayern-Spieler **Jérôme Boateng**. Zusammen bilden sie zurzeit eines der besten Innenverteidigerduos überhaupt. Hummels geht bei Standards immer wieder gerne nach vorne, um seine Kopfballstärke auszuspielen. Beim WM-Triumph in Brasilien traf er zum 2:0 gegen Portugal und 1:0 gegen Frankreich. Und da er zugleich hinten eine Bank war, wurde er am Ende sowohl in die »Top 11« als auch in

Boateng, Jérôme (*1988)
Deutschland (seit 2009), Hertha BSC (2002–2007), Hamburger SV (2007–2010), Manchester City (2010–2011), Bayern München (seit 2011)

FIFA Weltmeister	1	2014
U-21-Europameister	1	2009
UEFA Champions League	1	2013
FIFA Klub-WM	1	2013
UEFA Super-Cup	1	2013
Deutscher Meister	3	2013, 2014, 2015
Deutscher Pokal	2	2013, 2014
Englischer Pokal	1	2011

Wie in dieser Szene gegen Mario Mandžukić hatten die Dortmunder Neven Subotić, Marcel Schmelzer und Mats Hummels (v.l.n.r.) auch am Ende des Champions-League-Finales 2013 das Nachsehen gegen die Bayern.

Jérôme (l.) und Kevin-Prince Boateng (r.) bei der WM 2014. Die Halbbrüder lernten das Kicken bei Hertha BSC, Kevin-Prince entschied sich für Ghana, Jérôme für die deutsche Elf.

Nemanja Vidić grätscht Ende 2007 kompromisslos gegen den nigerianischen Stürmer Emmanuel Adebayor. Am Ende der Saison wird ManU Meister und gewinnt die Champions League.

Nach der 1:4-Niederlage gegen Deutschland im Achtelfinalspiel war für John Terry (l.) und Wayne Rooney die WM in Südafrika vorzeitig beendet.

Vidić, Nemanja (*1981)
Serbien (2002–2011, bis 2006 Serbien & Montenegro), Roter Stern Belgrad (1996–2004), Spartak Moskau (2004–2005), Manchester United (2006–2014), Inter Mailand (seit 2014)

UEFA Champions League	1	2008
FIFA Klub-WM	1	2008
Englischer Meister	5	2007, 2008, 2009, 2011, 2013
Serbischer Meister	1	2004
Serbischer Pokal	1	2004
Serbiens Fußballer d. J.	2	2005, 2008

Die Panzer ... gibt es nicht mehr?

Zu den größten Kritikern des deutschen Fußballs zählen die Engländer, deren Regenbogenpresse gerne das Bild der »deutschen Panzer« beschwört. Zwischen beiden Fußballnationen steht das bis heute umstrittene Wembley-Tor des WM-Finales 1966, das bei der WM 2010 seine Entsprechung fand, als Frank Lampards Lattentreffer eindeutig hinter der Linie aufkam und nicht gegeben wurde. Dass die englische Presse danach trotzdem von einem verdienten 4:1 sprach, war vielleicht die größte Auszeichnung für Jogi Löws Truppe. Dass ausgerechnet Engländer den kampfbetonten deutschen Stil immer wieder kritisiert haben, ist ein wenig seltsam. Denn das englische Kick and Rush war selbst klassisch von mangelnder Kreativität, unbändigem Kampfgeist und herzlicher Härte geprägt. Durch die Globalisierung auch des Fußballs haben sich die traditionellen Grenzen jedoch aufgelöst. Die Deutschen sind keine Panzer mehr, die Engländer spielen nicht mehr Kick and Rush, und wenn man von einem kompromisslosen Innenverteidiger sprechen möchte, dann vielleicht von **Nemanja Vidić**, der bei Manchester United lange an der Seite von **Rio Ferdinand** den harten Knochen gab und seine Gegenspieler im »Panzer-Style« abräumte. Aber auch bei ManU sind heute technisch versierte Abwehrrecken gefragt, und so zog Vidić zu Inter Mailand weiter, wo bekanntlich einst der ebenfalls nicht gerade zimperliche Catenaccio erfunden wurde ...

Auf Vorarbeit von Lukas Podolski münzt Nemanja Vidić seine Kopfballstärke im Januar 2015 gegen den FC Genua 1893 in sein erstes Tor für Inter Mailand um.

Terry, John (*1980)
England (2003–2012), Chelsea London (seit 1998)

UEFA Champions League	1	2012
UEFA Europa League	1	2013
Englischer Meister	4	2005, 2006, 2010, 2015
Englischer Pokal	5	2000, 2007, 2009, 2010, 2012
FIFA WM All Star Team	1	2006
Englands Fußballer d. J.	1	2005

John Terry (l.) bejubelt mit Didier Drogba Chelseas Sieg gegen die Bayern im Münchner Champions-League-Finale 2012.

Die Rolle des modernen Innenverteidigers

Lilian Thuram, Bixente Lizarazu und Marcel Desailly (v.l.n.r.) feiern ihren letzten gemeinsamen Triumph, den Erfolg im FIFA Konföderationenpokal 2003.

Ferdinand, Rio (*1978)
England (1997–2013), West Ham United (1992–2000), Leeds United (2000–2002), Manchester United (2002–2014), Queens Park Rangers (2014–2015)

UEFA Champions League	1	2008
FIFA Klub-WM	1	2008
Englischer Meister	6	2003, 2007, 2008, 2009, 2011, 2013

Thuram, Lilian (*1972)
Frankreich (1994–2008), AS Monaco (bis 1996), AC Parma (1996–2001), Juventus Turin (2001–2006), FC Barcelona (2006–2008)

FIFA Weltmeister	1	1998
UEFA Europameister	1	2000
FIFA Konföderationenpokal	1	2003
UEFA-Pokal	1	1999
Italienischer Meister	4	2001, 2002, 2005, 2006
Italienischer Pokal	1	1999
Französischer Pokal	1	1991
FIFA WM All Star Team	2	1998, 2006
UEFA Euro All Star Team	1	2000
Frankreichs Fußballer d. J.	1	1997
Italiens Fußballer d. J.	1	1997

Stürmer entscheiden Spiele, Verteidiger Turniere?

Rio Ferdinand war zweimal in Folge der seinerzeit teuerste englische Fußballer – und das als Verteidiger –, womit er vermutlich auf alle Zeiten hin in den Rekordbüchern des Fußballs Bestand haben wird. Seine Transfers datieren auf die Jahre 2000 und 2002, als der Wahnsinn der immer höheren Ablösen noch in den Kinderschuhen steckte – wenngleich der Franzose **Lilian Thuram** und Portugals Luís Figo fast zeitgleich für noch mehr Euro den Verein gewechselt hatten. Die Frage, ob man für einen Verteidiger so viel Geld zahlen muss, stand immer im Raum. Und das wird wohl auch so bleiben. Spanien wäre ohne Iniesta und Xavi kaum Europa- und Weltmeister geworden. Doch auch nicht ohne Puyol und Piqué … Wie wichtig eine starke Defensive ist, belegen nicht nur stets von Neuem die Italiener: Die großen Erfolge der Équipe Tricolore im Zeitraum von 1998 bis 2006 wären ohne Defensivstrategen wie Laurent Blanc, Didier Deschamps oder Marcel Desailly schwerlich vorstellbar gewesen. Sie alle beendeten ihre Laufbahnen in den ersten Jahren des neuen Jahrtausends – anders als ihre Kollegen Bixente Lizarazu und **Lilian Thuram**. Letzterer blieb – nach einer kurzen Unterbrechung – noch bis zur Euro 2008 für »Les Bleus« aktiv und ist mit 142 Partien französischer Rekordnationalspieler. Seinen letzten großen Titel errang er 2003, als er im Finale des Konföderationenpokals gegen Kamerun spät eingewechselt wurde.

Rio Ferdinand (l.) und David Beckham 2002 im Trikot der »Three Lions«

Rio Ferdinand 2007 im Kopfballduell mit dem damaligen Chelsea-Spieler Claudio Pizarro (l.)

Lilian Thuram bei der Heim-WM 1998, die »Les Bleus« als Sieger beendeten

Eröffnen statt »zerstören«

Sol Campbell im Trikot der »Three Lions« bei der WM 2002 in Japan und Südkorea

Der erfolgreichste englische Verein in der Champions League bzw. dem Landesmeisterpokal ist – trotz ManU und Alex Ferguson – noch immer der FC Liverpool. Letztmals triumphierten die »Reds« 2005. Zu den Helden damals zählten der defensive Spanier Xabi Alonso als Torschütze und ein finnischer Verteidiger, der 2011 seine große Karriere bei Bayer 04 Leverkusen beendete und den Klub danach auch trainierte: **Sami Hyypiä**! Als Angehöriger des Jahrgangs 1973 zählt er noch zu den Verteidigern der »alten Schule«. Franz Beckenbauer freilich, das Vorbild der spielstarken Defensivkräfte, stand damals bereits kurz vor dem Höhepunkt seiner Laufbahn ...

Robin van Persie (Manchester United) ist mit 1,83 m bestimmt kein kleiner Stürmer, aber neben Arsenals Per Mertesacker wirkt er nicht gerade wie ein Riese.

Campbell, Sol (*1974)
England (1996–2007), Tottenham Hotspur (1992–2001), Arsenal London (2001–2006), FC Portsmouth (2006–2009), Notts County (2009), Arsenal London (2010), Newcastle United (2010–2011)

Englischer Meister	2	2002, 2004
Englischer Pokal	4	2002, 2003, 2005, 2008
UEFA U-18-Europameister	1	1993
FIFA WM All Star Team	1	2002
UEFA Euro All Star Team	1	2004

Defense! Defense! Oder: The times they are a-changin'

Die Stunde großer und kopfballstarker Innenverteidiger schlägt vor allem dann, wenn die gegnerischen Teams über entsprechende Stürmer verfügen und diese mit Flanken füttern; gegen kleine und wendige Angreifer wie Lionel Messi sehen sie dagegen oft »alt« aus. Im Land des »Kick and Rush« sind Hünen wie der 1,91 m große Niederländer Jaap Stam oder der Deutsche Per Mertesacker, der fast zwei Meter misst, deshalb stärker gefragt als etwa in der Primera División. In diese Kategorie gehört mit knapp unter 1,90 m auch **Sol Campbell**, der 2002 ins All Star Team der FIFA WM gewählt wurde und zu Beginn des neuen Jahrtausends mit dem FC Arsenal mehrere Titel holte. Die Krönung blieb dem Team jedoch verwehrt, im Champions-League-Finale 2006 unterlagen die Engländer dem FC Barcelona mit 1:2 – auch weil ihr deutscher Torhüter Jens Lehmann schon früh wegen einer Notbremse vom Platz flog.

Sami Hyypiä gegen Ende seiner Karriere 2010 im Trikot von Bayer 04 Leverkusen

Hyypiä, Sami (*1973)
Finnland (1992–2010), kleinere finnische Vereine (bis 1995), Willem II Tilburg (1995–1999), FC Liverpool (1999–2009), Bayer 04 Leverkusen (2009–2011)

UEFA Champions League	1	2005
UEFA-Pokal	1	2001
Englischer Pokal	2	2001, 2006
Finnischer Pokal	2	1992, 1995
Finnlands Fußballer d. J.	9	1999, 2001, 2002, 2003, 2005, 2006, 2008, 2009, 2010

Die Ära der »Furia Roja«
Der globale Siegeszug des »Totalen Fußballs«

Höhenflug und tiefer Fall der »Furia Roja«

Fast ein Jahr nach Spaniens 4:0-Triumph über Italien bei der Euro 2012 spielten die Juniorenteams beider Länder erneut um einen Europameistertitel. Wie das A-Team behielt auch die U-21 der »Furia Roja« mit 4:2 die Oberhand. Die besten Spieler kamen jeweils vom FC Barcelona: 2012 Andrés Iniesta, 2013 Thiago Alcántara. Torschützenkönig bei den Senioren war Fernando Torres, beim Nachwuchsturnier Álvaro Morata. Wurden 2012 gleich zehn Spanier ins 23-köpfige All Star Team des Turniers gewählt, so konnte die Auswahl von 2013 dieses Ergebnis sogar noch toppen, als gleich elf Iberer in das Team der U-21-EM gewählt wurden, darunter Asier Illarramendi und Isco, die nach dem Turnier für je 30 Millionen Euro zu Real Madrid wechselten, sowie Thiago Alcántara, den es für vergleichsweise günstige 25 Millionen zum FC Bayern München zog.

Ihnen gegenüber standen mit Marco Verratti, Lorenzo Insigne, Ciro Immobile und anderen ebenfalls viele Talente, denen zweifelsohne die Zukunft gehört. Während Verratti schon mit 20 Jahren für eine zweistellige Millionensumme zum neureichen Paris Saint-Germain gewechselt war, war Immobile vor der WM 2014 heiß begehrt und entschied sich schließlich für Borussia Dortmund, wo er den abgewanderten Stürmerstar Robert Lewandowski ersetzen sollte.

Zwei Jahre nach der Europameisterschaft 2012 und ein Jahr nach dem wichtigsten kontinentalen Junioren-Turnier reisten die beiden großen Fußballnationen, die alle großen Titel seit 2006 gewonnen hatten, mit dem gleichen Ziel über den großen Teich nach Brasilien: Die »Azzurri« peilten unter dem Zuckerhut ihren fünften WM-Triumph an, die »Furia Roja« war heiß auf ihren vierten Titel in Folge. Doch es sollte ganz anders kommen: Spanien, das vorwiegend auf seine Altmeister setzte, kam gleich in seinem Auftaktspiel mit 1:5 unter die Räder des »Oranje«-Express, verlor auch Spiel zwei gegen Chile und musste den Bankrott seines kurz zuvor noch übermächtigen Kurzpassspiels eingestehen. Den hoffnungsfrohen Italienern erging es nicht besser.

Die spanische Startelf beim Finale der UEFA U-21-Europameisterschaft 2013 gegen Italien am 18. Juni 2013 (v.l.n.r.): hinten: David de Gea, Asier Illarramendi, Marc Bartra, Inigo Martinez, Álvaro Morata; vorne: Cristian Tello, Alberto Moreno, Isco, Martín Montoya, Thiago Alcántara, Koke

Munir El Haddadi (*1995) gehört zu den wertvollsten Juwelen des spanischen Fußballs. Mit 18 Jahren debütierte der Stürmer im Dress des FC Barcelona, eine Woche nach seinem 19. Geburtstag im Trikot der spanischen Nationalelf.

Die Kronprinzen des spanischen Fußballs unter sich: Isco (l.) im weißen Trikot der Königlichen und Koke (r.) vom Stadtrivalen Atlético wurden beide 1992 geboren und sind die beiden heißesten Eisen im Feuer bei der Nachfolge von Xavi und Iniesta.

Zwar gewannen sie das packende Erstrundenmatch gegen England, hatten damit ihr Pulver aber schon verschossen. Gegen den vorherigen Megaaußenseiter und späteren Gruppensieger Costa Rica sowie die wiedererstarkte Fußballgroßmacht Uruguay blieben die Italiener tor- und punktlos und mussten – wie auch Spanien – bereits nach der Vorrunde die Segel streichen.

Dass es meistens anders kommt, als man vorher denkt, bestätigte sich auch 2014 wieder. Der spanische Titelhunger war offensichtlich vorerst gestillt und die typische Turniermannschaft Italien konnte ihrem Ruf nach 2010 schon zum zweiten Mal in Folge nicht gerecht werden. Beide Mannschaften befinden sich im Umbruch, und man darf gespannt sein, ob die jüngere Generation in die übergroßen Fußstapfen von Xavi, Iniesta und Casillas, Pirlo, De Rossi und Buffon wird treten können.

Titel und Auszeichnungen spanischer Welt- und Europameister im Jugendbereich

Spieler	Titel
Raúl Albiol	UEFA U-19-Europameister 2004
Iker Casillas	FIFA U-20-Weltmeister 1999
Andrés Iniesta	UEFA U-19-Europameister 2002
	UEFA U-17-Europameister 2001
Javi Martínez	UEFA U-21-Europameister 2011
	UEFA U-19-Europameister 2007
Juan Mata	UEFA U-21-Europameister 2011
	UEFA U-19-Europameister 2006
Gerard Piqué	UEFA U-19-Europameister 2006
Sergio Ramos	UEFA U-19-Europameister 2004
David Silva	UEFA U-19-Europameister 2002
Fernando Torres	UEFA U-19-Europameister 2002
	UEFA U-17-Europameister 2001
Xavi	FIFA U-20-Weltmeister 1999

Talente ohne Ende, aber das Ende der Titel?

Thiago Alcántara, Asier Illarramendi, Isco, Koke, David de Gea, Marc Bartra, Martín Montoya und, und, und … Der spanische Pool an Talenten scheint schier unermesslich und 2016 wird eine erneuerte »Furia Roja« möglicherweise wieder Furcht und Schrecken verbreiten. Doch auch vor ihrem Titel-Hattrick zwischen 2008 und 2012 hatte die spanische »Selección« regelmäßig zu den ganz großen Anwärtern auf den EM- oder

Zuletzt scheiterte die spanische U-20 bei der WM 2013 im Viertelfinale an Uruguay. Mit Jungstars wie Barças Gerard Deulofeu (l., r. neben ihm David Villa) oder Jesé Rodríguez von Real Madrid war das Team als Favorit in die Türkei gereist.

Thiago Alcántara: U-17-Europameister 2008, U-19-EM-Zweiter 2010, U-21-Europameister 2011 und 2013 – kein Wunder, dass Pep Guardiola vor der Saison 2013/14 in puncto Neuverpflichtungen für seine Bayern sagte: »Der oder keiner!« Der Edeltechniker war bei der WM 2014 verletzt – und prompt fehlte der »Furia Roja« der spielerische Zündstoff.

Spanische Erfolge bei Junioren-Europameisterschaften seit 2000

UEFA U-21-Europameisterschaft	2	2011, 2013
UEFA U-19-Europameisterschaft	7	2002, 2004, 2006, 2007, 2011, 2012, 2015
Finalniederlagen	1	2010
UEFA U-17-Europameisterschaft	3	2001, 2007, 2008
Finalniederlagen	3	2003, 2004, 2010

UEFA U-19-Europameisterschaften seit 2000*

Jahr/Gastgeber	Sieger	Zweiter
2000/Deutschland	Frankreich	Ukraine
2001/Finnland	Polen	Tschechien
2002/Norwegen	Spanien	Deutschland
2003/Liechtenstein	Italien	Portugal
2004/Schweiz	Spanien	Türkei
2005/Nordirland	Frankreich	England
2006/Polen	Spanien	Schottland
2007/Österreich	Spanien	Griechenland
2008/Tschechien	Deutschland	Italien
2009/Ukraine	Ukraine	England
2010/Frankreich	Frankreich	Spanien
2011/Rumänien	Spanien	Tschechien
2012/Estland	Spanien	Griechenland
2013/Litauen	Serbien	Frankreich
2014/Ungarn	Deutschland	Portugal
2015/Griechenland	Spanien	Russland

* 2000 und 2001 noch U-18

dischem Vorbild lehrte er schon damals Ballbesitz und Kurzpassspiel als die obersten Tugenden – das Konzept, mit dem Barça Jahrzehnte später seine größten Erfolge feierte. Ende der 1970er-Jahre entstand die heute weltberühmte Jugendakademie »La Masia«, und 1988 übernahm Johan Cruyff, der in der Ära Michels selbst für die Katalanen gekickt hatte, das Traineramt. Wie bei Ajax Amsterdam schon lange üblich, führte er eine systemorientierte Jugendarbeit mit fixen Positionen von den ganz Kleinen bis zur Profimannschaft ein. Ein Langzeitprojekt, das viele Jahre später reiche Früchte trug: In der Saison 2008/09 gewann der Klub unter Josep »Pep« Guardiola alle nationalen und internationalen Titel und zwischen 2008 und 2012 stellte Spanien die wohl dominanteste Nationalelf der Fußballgeschichte.

WM-Titel gehört – und ebenso regelmäßig die Erwartungen enttäuscht. Nur einen einzigen Titel hatte sie gewinnen können: Vor mehr als einem halben Jahrhundert, in der grauen Vorzeit des Fußballs, gewann Spanien die EM 1964. Die Wurzeln der spanischen Erfolge auf Nationalmannschaftsebene im neuen Millennium liegen lange zurück. 1971 übernahm der niederländische Meistercoach Rinus Michels die Mannschaft des FC Barcelona. Nach hollän-

Doch nach den Champions-League-Halbfinals 2013, als Bayern München Barcelona mit 4:0 und 3:0 demütigte und Borussia Dortmund Real Madrid im Hinspiel schwindelig spielte, sowie dem frühen Vorrunden-K.o. bei der WM 2014 ist die beispiellose Ära der hohen spanischen Fußballkunst zweifelsohne vorbei. Und auch in der Jugendarbeit kriselt es. Nachdem die spanischen U-Mannschaften in den zurückliegenden Jahren Titel um Titel gesammelt haben, folgte ein Einbruch: Für die Finalturniere der U-17- und U-19-Europameisterschaft 2014 sowie der U-21-EM 2015 konnten sich die spanischen Auswahlmannschaften nicht qualifizieren. Ob die »Rote Furie« ihren Beutezug fortsetzen wird, steht in den Sternen. Die Talente sind, wie der U-19-Titel 2015 beweist, immer noch im Übermaß vorhanden, aber eine neue große Mannschaft muss sich erst noch finden.

Barças Pedro war weltweit der erste Fußballer, dem es gelang, innerhalb eines Jahres in sechs großen Wettbewerben als Torschütze erfolgreich zu sein: 2009 traf er in der Primera División, der Copa del Rey, dem spanischen Super Cup, der Champions League, dem UEFA Super Cup und zuletzt bei der FIFA WM.

*Trainer Johan Cruyff (l.) holte Josep »Pep« Guardiola (r., *1971), der 13-jährig Schüler von »La Masia« geworden war, 1990 in die erste Mannschaft von Barça und machte ihn zum Weltklassespielmacher. Cruyff setzte verstärkt auf den katalanischen Nachwuchs – durch ihn erlangte »La Masia« erst den Stellenwert, der sie später zur Titelschmiede werden ließ.*

»La Masia«, das »Landhaus«, die berühmte Fußballschule des FC Barcelona, war früher tatsächlich in einem malerischen Gebäude aus dem Jahr 1702 untergebracht. Seit 2011 werden die Fußballlehrlinge in einem Neubau mit modernsten Mitteln auf den Profifußball vorbereitet.

La Masia – mehr als eine Fußballschule

»Més que un club«, »Mehr als ein Verein«, lautet das Motto des 1899 von dem Schweizer Hans Gamper ins Leben gerufenen FC Barcelona, der seit jeher auch Symbolträger für das nach Unabhängigkeit strebende Katalonien ist und dies vor allem zu Zeiten der Franco-Diktatur war. Die traditionelle Rivalität mit dem Hauptstadtklub Real Madrid, insbesondere in den jährlichen »Clásicos«, hat also auch einen politisch-historischen Hintergrund. In der Ära der spanischen Dominanz im Weltfußball spielte bei Real eine Vielzahl ausländischer Stars, allen voran Cristiano Ronaldo. Zwar stammte mit Lionel Messi auch der größte Barça-Star nicht aus Spanien, dafür aber viele andere tragende Säulen der Nationalelf, vor allem Xavi und Andrés Iniesta, die bei den EM- und WM-Erfolgen die Fäden im spanischen Spiel zogen. In der Saison 2008/09, als die Katalanen unter Trainerneuling Pep Guardiola ihren dritten Titel in der europäischen Königsklasse nach 1992 und 2006 gewannen, standen im Endspiel gegen Manchester United gleich acht »Eigengewächse« aus »La Masia« auf dem Platz: die Spanier Víctor Valdés, Carles Puyol, Gerard Piqué, Sergio Busquets, Xavi, Andrés Iniesta, Pedro und der Argentinier Lionel Messi. Zwar hatte Spanien auch vorher immer eine Vielzahl Fußballtalente besessen, aber für den Höhenflug der »Furia Roja« zwischen 2008 und 2012 war die systematische Ausbildung in »La Masia« zentral. Längst hat das spanische Vorbild rund um den Fußballglobus Schule gemacht, und viele große Vereine, aber auch die nationalen Verbände setzen mehr denn je auf die gut organisierte Ausbildung in Jugendakademien und Leistungszentren. Der Vorsprung, den sich Spanien mit holländischer Unterstützung zwischenzeitlich erarbeitet hatte, ist daher wieder ein wenig zusammengeschrumpft.

Reals Nachwuchs bekommt bei Real Madrid Castilla, der Talentschmiede der Königlichen, Spielpraxis. Zunehmend werden kommende Stars aber auch verliehen. Außenverteidiger Daniel Carvajal (l., im Duell mit Julian Draxler) kickte 2012/13 für Bayer Leverkusen, ging dann zurück und setzte sich bei Real durch.

2010 gewann Lionel Messi den »FIFA Ballon d'Or«. Andrés Iniesta und Xavi belegten die Plätze zwei und drei – alle drei entstammen der Jugendakademie »La Masia«.

Der 1993 geborene Jesé Rodríguez kam mit 14 Jahren nach Madrid und war in der Saison 2012/13 für Real Madrid Castilla Torschützenkönig der Segunda División.

UEFA U-17-Europameisterschaften seit 2000*

Jahr/Gastgeber	Sieger	Zweiter
2000/Israel	Portugal	Tschechien
2001/England	Spanien	Frankreich
2002/Dänemark	Schweiz	Frankreich
2003/Portugal	Portugal	Spanien
2004/Frankreich	Frankreich	Spanien
2005/Italien	Türkei	Niederlande
2006/Luxemburg	Russland	Tschechien
2007/Belgien	Spanien	England
2008/Türkei	Spanien	Frankreich
2009/Deutschland	Deutschland	Niederlande
2010/Liechtenstein	England	Spanien
2011/Serbien	Niederlande	Deutschland
2012/Slowenien	Niederlande	Deutschland
2013/Slowakei	Russland	Italien
2014/Malta	England	Niederlande
2015/Bulgarien	Frankreich	Deutschland

* 2000 und 2001 noch U-16

Totaler Fußball

Sein System sei ganz einfach, soll der neue Bayern-Trainer Pep Guardiola im Sommer 2013 gesagt haben: »Laufen, laufen, laufen ... Bei eigenem Ballbesitz sollen alle angreifen, bei gegnerischem Ballbesitz alle verteidigen ...« Zu den größten Erfolgen des Spielers Guardiola gehörte der Sieg im Landesmeisterpokal 1991/92. Barça-Trainer war damals Johan Cruyff, der vor allem auf Spieler aus der eigenen Schule setzte. Während seiner Amtszeit von 1988 bis 1996 begann die eigentliche Erfolgsgeschichte des Fußballs in Barcelona und Spanien im Allgemeinen.

Cruyff, der Star des niederländischen Vizeweltmeisterteams von 1974, spielte von 1973 bis 1978 für Barça – hauptsächlich unter seinem Landsmann Rinus Michels. Gemeinsam standen sie für das erfolgreiche Konzept des »Totalen Fußballs«, das alles andere als statisch war. Jeder Spieler sollte in jedem Augenblick jede Position einnehmen können – eben noch Sturmspitze, Sekunden später schon Verteidiger, je nachdem, was die Spielsituation gerade erforderte.

Bei Ajax wurde schon in den 1960er-Jahren nicht nur landesweit nach Talenten gefahndet, sondern sie wurden von Beginn an nach einem einzigen System – dem 4-3-3 – geschult, inklusive dem Einstudieren sämtlicher Lauf- und Passwege. Spieler, die es ins A-Team schafften, mussten sich so nicht auf eine neue Spielweise einstellen. Als Ajax erstmals nach den großen Zeiten von Cruyff

V.l.n.r.: Johan Cruyff, Johan Neeskens, Trainer Rinus Michels und Ruud Krol – bis auf Krol, der Ajax Amsterdam treu blieb, gingen die drei wichtigsten Protagonisten des »Totalen Fußballs« zwischen 1971 und 1974 zum FC Barcelona.

Das Ende von Tiki-Taka? Iker Casillas kann nur noch zuschauen, wie Arjen Robben mit seinem 5:1 das Schicksal der »Furia Roja« besiegelt. Mit überfallartigem Konterfußball läuteten die Holländer bei der WM 2014 das Ende der Dominanz des spanischen Ballbesitzfußballs ein.

Die katalanisch-argentinische Interpretation des Totalen Fußballs: Pep Guardiola (h.) setzte Lionel Messi schon bald nach Amtsantritt positionsfremd als Mittelstürmer ein. Die berühmt-berüchtigte »Falsche 9« war geboren. Oder besser wiedergeboren, denn Johann Cruyff in den 1970er-Jahren oder der Ungar Nándor Hidegkuti in den 1950er-Jahren hatten bereits ähnlich gespielt.

Jean-Marc Bosman posiert als Fußball-Justitia mit Waage. Mit seiner Klage gegen die bis dahin gültigen Wechselmodalitäten im Fußball behielt er 1995 vor dem Europäischen Gerichtshof recht. Das Bosman-Urteil führte dazu, dass die Ausländerbeschränkungen nicht nur im Fußball hinfällig wurden.

Keine Regel ohne Ausnahme: 2004 gewann Griechenland mit Defensivfußball alter Schule sensationell die Europameisterschaft. Und Hellas-Trainer Otto Rehhagel erklärte süffisant: »Modern spielt, wer gewinnt.«

& Co. die Champions League gewann, kamen von elf Spielern der Startformation sage und schreibe neun aus der Ajax-Nachwuchsschule. Der Trainer hieß Louis van Gaal, der zwischen 1997 und 2003 vier Spielzeiten lang bei Barça verantwortlich gewesen war.

Die Globalisierung des Fußballs

Seit den Anfängen des organisierten Fußballs im 19. Jahrhundert entwickelten sich in den verschiedenen Ländern charakteristische Spielstile. England war für »Kick and Rush« berühmt, Italien für den »Catenaccio«, Brasilien für »Joga Bonito«, das »schöne Spiel«, Deutschland für die »Deutschen Tugenden« – und die Niederlande für den »Totalen Fußball«.

Mit dem Bosman-Urteil von 1995 änderte sich das grundlegend. Nachdem nun nicht mehr höchstens drei ausländische Spieler eingesetzt werden durften, mischten sich überall bunt die Spielkulturen, die landestypischen Traditionen verblassten und es kam zur Globalisierung des Fußballs.

Zugleich wurden die Regeln des Fußballs Schritt für Schritt offensivfreundlicher: Das Grätschen wurde härter geahndet, der Torwart durfte Pässe vom eigenen Mann nicht mehr aufnehmen und die Abseitsregel wurde gelockert.

Durch die Vermischung der Spielstile und die Regeländerungen entstand im neuen Jahrtausend ein ganz neuer Fußball, der zugleich schneller, angriffsfreudiger und attraktiver war. Ein Vierteljahrhundert nach seiner Entstehung setzte sich sozusagen der »Totale Fußball« der niederländischen Schule überall durch – nicht nur in Spanien, sondern beispielsweise auch in Deutschland, das 2014 seinen WM-Titel ganz ohne die berühmt-berüchtigten »Deutschen Tugenden« gewann.

An die Stelle der alten nationalen Fußballtraditionen ist im modernen Fußball des neuen Jahrtausends global eine einzige Alternative getreten: Alle Mannschaften spielen entweder ballbesitzorientiert oder mithilfe schneller Konter – in beiden Varianten müssen alle Spieler dynamisch und flexibel agieren, wie es der holländische »Totale Fußball« in den 1970er-Jahren vorgemacht hat.

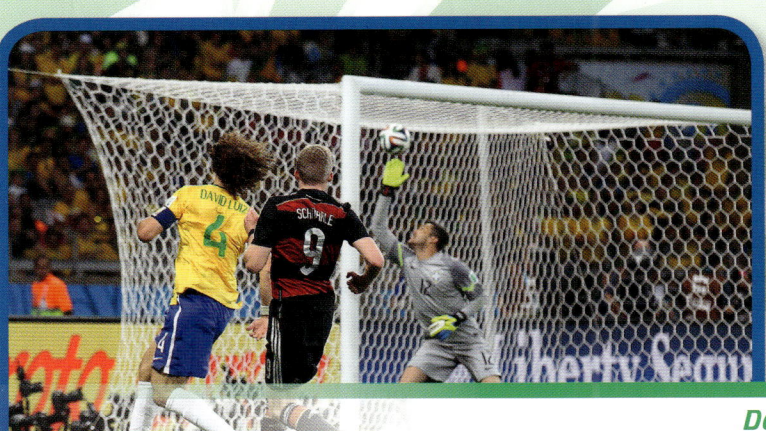

Sieben auf einen Streich: Ganz ohne »Deutsche Tugenden«, dafür aber mit Traumkombinationen im Minutentakt besiegte Deutschland bei der WM 2014 Gastgeber Brasilien. André Schürrles (v.) Treffer zum zwischenzeitlichen 7:0 war der deutsche Schlussakkord eines Spiels, das früher völlig undenkbar gewesen wäre.

Der globale Siegeszug des »Totalen Fußballs«

Dauerläufer und Flankengeber
Defensive Außenbahnspieler der Gegenwart

Die nächste Generation

Das Ziel bei der WM im eigenen Land sei der Titel, erklärte der neue Bundestrainer Jürgen Klinsmann kurz nach seinem Amtsantritt Ende Juli 2004. Das war, vorsichtig ausgedrückt, mutig: Einen Monat zuvor war das DFB-Team zum zweiten Mal in Folge bei einer Euro in der Vorrunde ausgeschieden. Auch das vorwiegend einem überragenden Torhüter Oliver Kahn zu verdankende Vordringen ins Finale der WM 2002 hatte nicht übertünchen können, dass sich der deutsche Fußball in der Krise befand. Als Hoffnungsträger von internationaler Klasse galt neben den 1973 bzw. 1976 geborenen und in der DDR ausgebildeten Mittelfeldspielern Bernd Schneider und Michael Ballack allenfalls der verletzungsanfällige Sebastian Deisler (*1980) – nicht gerade beste Voraussetzungen, nach der Krone im Weltfußball zu greifen. Dass Teamchef Rudi Völler 2004 in Portugal drei Nachwuchsspieler der Jahrgänge 1983 bis 1985 in den EM-Kader berufen hatte, die Hoffnung auf Besserung versprachen, wurde damals eher am Rande registriert. Beim »Sommermärchen« 2006, das mit einem ansehnlichen dritten Platz endete, spielten **Philipp Lahm**, Bastian Schweinsteiger und Lukas Podolski bereits tragende Rollen in »Klinsis« Team.

Wichtige Tore, späte Erfolge

Ganze fünf Tore hat Außenverteidiger **Philipp Lahm** in 113 Länderspielen geschossen, darunter allerdings drei eminent wichtige: 2006 leitete er mit dem 1:0 gegen Costa Rica im WM-Eröffnungsspiel das »Sommermärchen« ein; 2008 machte er durch seinen späten Treffer zum 3:2 gegen die Türkei das Finale der Euro klar; und 2012 ebnete der Kapitän der DFB-Elf mit dem Führungstreffer beim 4:2 gegen Griechenland den Einzug ins Halbfinale. Dennoch langte es nie zum Titel, und nachdem die Bayern kurz zuvor zum zweiten Mal nach 2010 ein Champions-League-Finale verloren hatten, wurde geunkt, die »Generation Lahm« werde ohne internationalen Titel bleiben. Ein Jahr später gewann Lahm mit den Bayern das Triple und 2014 beendete er mit dem WM-Titel seine Karriere in der Nationalelf. Ehre, wem Ehre gebührt: Anlässlich der Weltfußballerwahl 2014 adelte ihn Jogi Löw kurzerhand zum »Spieler des Jahrzehnts«.

Lahm, Philipp (*1983)
Deutschland (2004–2014), Bayern München (1995–2003), VfB Stuttgart (2003–2005), Bayern München (seit 2005)

FIFA Weltmeister	1	2014
UEFA Champions League	1	2013
FIFA Klub-WM	1	2013
Deutscher Meister	6	2006, 2008, 2010, 2013, 2014, 2015
Deutscher Pokal	5	2006, 2008, 2010, 2013, 2014
FIFA WM All Star Team/Top 11	3	2006, 2010, 2014
UEFA Euro All Star Team	2	2008, 2012

Am (Etappen-)Ziel: Philipp Lahm am 25. Mai 2013 mit der Champions-League-Trophäe

Philipp Lahm (l.) bei seinem 1:0 2006 gegen Costa Rica

Franck Ribéry (l.) und David Alaba, der am 2. April 2013 sein frühes 1:0 im Champions-League-Viertelfinalspiel gegen Juventus Turin bejubelt

Paul Breitner und Berti Vogts

Mit 21 Jahren Europa-, mit 23 Weltmeister und Gewinner des Landesmeisterpokals: Seine größten Erfolge feierte Paul Breitner (*1951) als Außenverteidiger, ehe er bei Real Madrid und – nach einem Intermezzo bei Eintracht Braunschweig – abermals bei Bayern München zu einem der besten Mittelfeldspieler der Jahre um 1980 reifte. Bei der WM 1974 erzielte er im ersten Gruppenspiel der Deutschen das Goldene Tor gegen Chile und verwandelte im Finale den Strafstoß zum 1:1-Ausgleich des späteren Siegers gegen die Niederlande.

Breitners Pendant als Rechtsverteidiger war Hans-Hubert »Berti« Vogts (ganz r., am 7. Juli 1974 neben Breitner, der den Pokal hält) von Borussia Mönchengladbach, dessen Spitzname »Terrier« bereits verriet, dass er als bissiger Kämpfer dribbelstarken Stürmern den Schneid abkaufte und von seiner Kampfkraft lebte. Der 96-malige Nationalspieler errang mit Mönchengladbach fünf Meisterschaften (1970, 1971, 1975, 1976, 1977) und gewann zweimal den UEFA-Pokal (1975, 1979).

nach München und debütierte im März 2010 unter Louis van Gaal zunächst in der Bundesliga, kurz darauf in der Champions League. Nachdem er im tragischen »Finale dahoam« 2012 wegen einer Gelbsperre gefehlt hatte, holte er im Jahr darauf – als erster Österreicher überhaupt – den höchsten Titel im europäischen Vereinsfußball. Mit Franck Ribéry bildet er eine der aktuell stärksten linken Außenbahnen im Weltfußball und wurde trotz der übermächtigen Ski-Alpin-Konkurrenz bereits zweimal Sportler des Jahres in Österreich.

Wir sehen uns wieder …!?

Wenig gute Erinnerungen an den FC Bayern dürfte Alabas Linksverteidigerkollege **Jordi Alba** haben: Als die Münchner in der Champions League 2013 zu Hause den FC Barcelona mit 4:0 bezwangen, erzielte sein Gegenspieler Arjen Robben das 3:0 – auch, weil Thomas Müller Alba nicht regelkonform am Eingreifen gehindert hatte. Dass der »Bodychecker« auch noch das 4:0 nachlegte, auf Vorlage von Alaba, war für den Spanier dann zu viel: Kurz vor dem Abpfiff warf er Robben den Ball ins Gesicht und musste beim Rückspiel in Barcelona zuschauen.
Obwohl Jordi Alba seit 1998 in »La Masia« ausge-

Das Wunderkind aus Wien

In Bayerns Saison der Rekorde 2012/13 agierte Philipp Lahm auf der rechten Seite, sein Pendant links war der fast zehn Jahre jüngere **David Alaba**, 1992 als Sohn einer Philippinin und eines Nigerianers in Wien geboren. Im Sommer 2008 kam er als Jugendlicher von Austria Wien

Alaba, David (*1992)
Österreich (seit 2009), Austria Wien (2002–2008), Bayern München (seit 2008), 1899 Hoffenheim (2011, Leihe)

UEFA Champions League	1	2013
FIFA Klub-WM	1	2013
Deutscher Meister	4	2010, 2013, 2014, 2015
Deutscher Pokal	3	2010, 2013, 2014
Österreichs Fußballer d. J.	4	2011, 2012, 2013, 2014

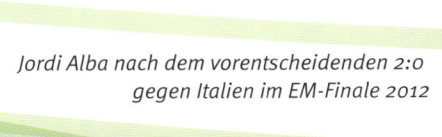

Jordi Alba nach dem vorentscheidenden 2:0 gegen Italien im EM-Finale 2012

David Alaba im Februar 2013 nach seiner zweiten Auszeichnung zu Österreichs »Fußballer des Jahres«

Alba (i Ramos), Jordi (*1989)
Spanien (seit 2011), FC Barcelona (1998–2005), UE Cornellà (2005–2007), FC Valencia (2007–2012), FC Barcelona (seit 2012)

UEFA Europameister	1	2012
UEFA Champions League	1	2015
Spanischer Meister	2	2013, 2015
Spanischer Pokal	1	2015
UEFA Euro All Star Team	1	2012

Defensive Außenbahnspieler der Gegenwart

Robben (l.) überwindet Víctor Valdés zum 3:0, der von Müller geblockte Alba muss tatenlos zuschauen.

Nílton und Djalma Santos

Die nicht miteinander verwandten Außenverteidiger Nílton (1925–2013, l.) und Djalma Santos (1929–2013, r. vor Torhüterlegende Gilmar) waren tragende Säulen der brasilianischen WM-Teams von 1958 und 1962. War Djalma vor allem durch seine Einwürfe, die oft Flanken glichen, gefürchtet, so gilt Nílton als früher Vertreter des stürmenden Verteidigers. Wie Carlos Alberto, der Kapitän der Weltmeisterelf von 1970, wurden beide von Pelé in die FIFA-100-Liste aufgenommen.

bildet wurde, gehört er zu den wenigen Barça-Stars, die mit dem Klub noch keinen internationalen Titel errungen haben; denn von 2005 bis 2012 stand er bei UE Cornellà und dem FC Valencia unter Vertrag und kehrte erst 2012 zu seinem Ausbildungsverein zurück – allerdings als frischgebackener Europameister mit der »Furia Roja«.

Nicht nur beste Freunde

Dass der Partner im Verein zum Kontrahenten bei Aufeinandertreffen der Nationalteams werden kann, gehört zum Alltag im Weltfußball – für Südamerikaner noch stärker als für Europäer, da kaum ein Argentinier oder Brasilianer in seinem Heimatland zum Weltstar wird. Selbst Pelé wäre »seinem« FC Santos nie von 1956 bis 1974 treu geblieben, hätten ihm nicht autoritäre Regimes seinerzeit einen Wechsel nach Europa verwehrt. Beschränkungen dieser Art gibt es heute nicht mehr, und so treten Barças **Dani Alves** (*1983 im brasilianischen Juazeiro) und sein Landsmann **Marcelo** (*1988 in Rio) mit der Seleção gemeinsam gegen Jordi Alba und andere defensive Außenbahnspieler vom FC Barcelona oder von Real Madrid an.

Alves hat im Vereinsfußball Triumphe wie nur wenige Spieler überhaupt eingefahren, vor allem mit dem FC Barcelona seit 2008, davor aber auch schon mit dem FC Sevilla im UEFA Cup. Anders sieht es in der Seleção aus, wo er bei seinen beiden WM-Endrunden nicht viel zu jubeln hatte.

Alves, Daniel (da Silva) (*1983)
Brasilien (seit 2006), ES Bahia (2001–2002), FC Sevilla (2003–2008), FC Barcelona (seit 2008)

FIFA Konföderationenpokal	2	2009, 2013
Südamerikameister	1	2007
FIFA U-20-Weltmeisterschaft	1	2003
UEFA Champions League	3	2009, 2011, 2015
FIFA Klub-WM	2	2009, 2011
UEFA-Pokal	2	2006, 2007
Spanischer Meister	5	2009, 2010, 2011, 2013, 2015
Spanischer Pokal	4	2007, 2009, 2012, 2014

Stürmerblut

Zu den Qualitäten des rechten Außenverteidigers Alves zählt, dass er seine Rolle sehr offensiv interpretiert. Als Flankengeber ist er genauso gefürchtet wie als Freistoßexperte mit hartem und präzisem Schuss. Nicht ganz so stürmisch agiert sein zwei Jahre älterer Landsmann **Maicon**, der bis kurz nach der WM 2010 Alves' härtester Konkurrent um den Rechtsverteidigerplatz in der Seleção war. In Südafrika wurde Alves deshalb von Trainer Carlos Dunga ins Mittelfeld vorgezogen, sodass Maicon und er in sämtlichen fünf Partien Brasiliens gemeinsam zum Einsatz kamen. Im WM-Viertelfinale scheiterte die Seleção mit 1:2 gegen die Niederlande, ansonsten aber war 2010 Maicons bestes Jahr, gewann er doch mit Inter Mailand das Triple aus Champions League, Meisterschaft in der Serie A und italienischem Pokal.

Dani Alves nach dem Champions-League-Finale 2011 gegen Manchester United

Maicon im Mai 2010 nach dem Gewinn der Champions League

Marcelo (da Silva Júnior) (*1988)
Brasilien (seit 2006), Fluminense FC (2001–2006), Real Madrid (seit 2006)

UEFA Champions League	1	2014
FIFA Klub-WM	1	2014
Spanischer Meister	3	2007, 2008, 2012
Spanischer Pokal	2	2011, 2014
FIFA Konföderationenpokal	1	2013

Maicon (Douglas Sisenando) (*1981)
Brasilien (2003–2011), Cruzeiro EC (bis 2004), AS Monaco (2004–2006), Inter Mailand (2006–2012), Manchester City (2012–2013), AS Rom (seit 2013)

FIFA Konföderationenpokal	2	2005, 2009
Südamerikameister	2	2004, 2007
UEFA Champions League	1	2010
FIFA Klub-WM	1	2010
Italienischer Meister	4	2007, 2008, 2009, 2010
Italienischer Pokal	2	2010, 2011
Brasilianischer Meister	1	2003
Brasilianischer Pokal	1	2003
FIFA WM All Star Team	1	2010

Fliegender Wechsel

Maicons Trainer bei Inter war der exzentrische Portugiese José Mourinho, der den Außenverteidiger angeblich mitnehmen wollte, als er 2010 zu Real Madrid ging. Der Wechsel kam nicht zustande, wodurch ein innerbrasilianischer Wettbewerb auf der linken Außenbahn der Königlichen ausblieb. Diese Position besetzte 2010 der 22-jährige Marcelo, der bereits seit 2007 bei Real war und dort eine Legende der Samba-Kicker ersetzte: In besagtem Sommer hatte **Roberto Carlos**, der vielleicht beste linke Außenverteidiger der jüngeren Vergangenheit, mit 34 Jahren seinen Abschied genommen und war in die Türkei gewechselt. Der kleine Verteidiger, der lange Zeit den Weltrekord für den härtesten gemessenen Schuss hielt, stand zwischen 1996 und 2002 mit der Seleção in zwei WM- und drei Südamerikameisterschafts-Endspielen sowie 1997 im Finale des Konföderationenpokals. Vier dieser Partien beendete er siegreich; unter den zahlreichen Titeln mit seinen Vereinen ragen die Champions-League-Triumphe mit Real in den Jahren 1998, 2000 und 2002 heraus.

Zudem wurde er ins All Star Team der WM-Endrunde gewählt – als einziger Brasilianer in die diesmal nur elf Spieler umfassende Auswahl.

Marcelo Anfang 2013 im Trikot der Königlichen

Wesley Sneijder und Maicon feiern mit José Mourinho (v.l.n.r.) Inters Triumph.

Die fünf teuersten Transfers von Außenverteidigern seit 2000

Spieler	Verkäufer	Käufer	Saison	Summe in €
Lilian Thuram	FC Parma	Juventus Turin	2001/02	41,5 Mio.
Luke Shaw	FC Southampton	Manchester United	2014/15	37,5 Mio.
Dani Alves	FC Sevilla	FC Barcelona	2008/09	35,5 Mio.
Fábio Coentrão	Benfica Lissabon	Real Madrid	2011/12	30,0 Mio.
Aleksandar Kolarov	Lazio Rom	Manchester City	2010/11	22,7 Mio.

Defensive Außenbahnspieler der Gegenwart

Carlos, Roberto (da Silva) (*1973)
Brasilien (1992–2006), União São João (1990–1993), SE Palmeiras (1993–1995), Inter Mailand (1995–1996), Real Madrid (1996–2007), Fenerbahçe Istanbul (2007–2009), SC Corinthians Paulista (2010–2011), Anschi Machatschkala (2011–2012)

FIFA Weltmeister	1	2002
Südamerikameister	2	1997, 1999
FIFA Konföderationenpokal	1	1997
UEFA Champions League	3	1998, 2000, 2002
Weltpokal	2	1998, 2002
Spanischer Meister	4	1997, 2001, 2003, 2007
Brasilianischer Meister	2	1993, 1994
FIFA WM All Star Team	2	1998, 2002

Willkommen im Hunderter-Klub

Am 22. März 2013, acht Tage vor seinem 27. Geburtstag, führte **Sergio Ramos** die »Furia Roja« im WM-Qualifikationsspiel gegen Finnland anstelle von Iker Casillas als Kapitän aufs Feld. Es hätte ein perfekter Tag werden können, denn der Abwehrspieler von Real bestritt seinen 100. Einsatz für Spanien – womit er nach neun Monaten Lukas Podolski als jüngsten Europäer im Hunderter-Klub ablöste – und brachte sein Team früh in Führung. Doch die Finnen verdarben ihm den Spaß und glichen in der Schlussphase aus. Ein 1:0-Auswärtssieg vier Tage später in Frankreich sorgte allerdings dafür, dass die Qualifikation für das Turnier 2014 nicht ernsthaft gefährdet war. In Brasilien trug Ramos dann in Spiel drei wiederum die Kapitänsbinde – diesmal hätte er darauf freilich gerne verzichtet, denn zu dieser Ehre kam er nur deshalb, weil der amtierende Weltmeister nach zwei Spielen bereits ausgeschieden war. Der erfolgsverwöhnte Ramos, der bei allen drei EM- und WM-Erfolgen eine tragende Säule gewesen und als frischgebackener Champions-League-Sieger nach Brasilien gefahren war, musste diesmal alle Hoffnungen unerwartet früh begraben.

Zu den Vorzügen des kopfball- und zweikampfstarken Ramos zählt seine Vielseitigkeit: Agierte er bei der EM 2008 und der WM 2010 als rechter Außenbahnspieler, so rückte er ab der Saison 2010/11 zunehmend nach innen und spielt seither sowohl bei Real als auch in der Nationalelf fast ausschließlich in die Innenverteidigung – und das mindestens so gut wie außen.

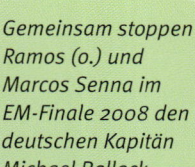

Linksfuß Roberto Carlos (2003 im Real-Trikot) holt zu einem seiner gefürchteten Schüsse aus.

Obwohl Marcelo mit den Königlichen 2014 erstmals die Champions League gewann, ist er von einer Titelsammlung, wie sie Roberto Carlos zu Buche stehen hat, noch ein ganzes Stück entfernt. Zwar konnte er 2013 mit dem Konföderationenpokal seinen ersten Nationalmannschaftstitel feiern, jedoch verpasste er mit der Seleção den heiß ersehnten WM-Titel 2014 deutlich. Der Confed-Cup-Fluch geht also weiter – noch nie hat ein Sieger daraufhin auch den Weltmeistertitel holen können.

Giacinto Facchetti

Das Vorbild des modernen, stürmenden Außenverteidigers stammt aus der Zeit, als Helenio Herrera (1910–1997), Trainer von Inter Mailand, den Catenaccio schuf, ein unüberwindliches Abwehrbollwerk, das über lange Zeit auch stilbildend für die Spielweise der Squadra Azzurra war. Eine zentrale Rolle in diesem System spielte der gelernte Stürmer Giacinto Facchetti (1942–2006), der sich als Linksverteidiger bei überfallartigen Kontern in die Angriffe seines Teams einschaltete. Mit Inter holte Facchetti vier italienische Meistertitel (1962/63, 1964/65, 1965/66, 1970/71) sowie je zweimal den Europapokal der Landesmeister und den Weltpokal (1963/64, 1964/65). Als Mannschaftskapitän führte er Italien 1968 zum bislang einzigen Europameistertitel.

Gemeinsam stoppen Ramos (o.) und Marcos Senna im EM-Finale 2008 den deutschen Kapitän Michael Ballack.

Ramos, Sergio (*1986)
Spanien (seit 2005), FC Sevilla (1996–2003, 2004–2005), Sevilla Atlético (2003–04), Real Madrid (seit 2005)

FIFA Weltmeister	1	2010
UEFA Europameister	2	2008, 2012
UEFA U-19-Europameister	1	2004
UEFA Champions League	1	2014
FIFA Klub-WM	1	2014
Spanischer Meister	3	2007, 2008, 2012
Spanischer Pokal	2	2011, 2014
FIFA WM All Star Team	1	2010
UEFA Euro All Star Team	1	2012

Sergio Ramos köpft im Champions-League-Finale 2014 in allerletzter Sekunde den Ausgleich gegen Atlético. In der Verlängerung siegt Real deutlich mit 4:1.

Eine 15-minütige Ehrenrunde

Je zweimal Welt- und Südamerikameister, dazu ein Titel im FIFA Konföderationenpokal – mit der Seleção hat der Kapitän des WM-Teams 2002 gewonnen, was es zu gewinnen gibt. Als einziger Spieler überhaupt stand **Cafu** in drei WM-Endspielen. Die Triumphe in europäischen Wettbewerben sind eher dünn gesät, auch weil Brasiliens Rekordnationalspieler von 1997 bis 2003 beim AS Rom spielte, der es in dieser Zeit gerade mal auf eine nationale Meisterschaft brachte. Danach spielte Cafu für den AC Mailand – und konnte so zumindest nominell einen Sieg in der Champions League feiern; allerdings stand er im Finale 2007 gegen den FC Liverpool nicht auf dem Platz.
Als Milan Ende 2007 im Finale der FIFA Klub-WM nach gut 70 Minuten 4:1 gegen die CA Boca Juniors führte, bekam der 37-Jährige eine 15-minütige Ehrenrunde geschenkt: Er ersetzte Filippo »Pippo« Inzaghi, der beim 2:0 gegen Liverpool beide Treffer erzielt und auch in diesem Finale zweimal eingenetzt hatte. Und so konnte Cafu doch noch angemessen den Abschluss einer einmaligen Karriere feiern ...

Man sieht sich immer zweimal

Es gab Zeiten, da wusste man nicht, ob man gerade ein Spiel des FC Barcelona oder der niederländischen Nationalelf verfolgte: Am Ende von Louis van Gaals erster Amtszeit als Barça-Trainer (1997 bis 2000) standen acht Holländer bei den Katalanen unter Vertrag, unter ihnen die Zwillinge Frank und Ronald de Boer und der Torjäger Patrick Kluivert, allesamt Champions-League-Sieger 1995 mit Ajax Amsterdam unter van Gaal. Als die Katalanen 2006 den Titel holten, waren mit Mark

Cafu 2002 mit der WM-Trophäe

Cafu (Marcos Evangelista de Moraes) (*1970)
Brasilien (1990–2006), FC São Paulo (1998–1994), EC Juventude (1995), Real Saragossa (1995), SE Palmeiras (1995–1997), AS Rom (1997–2003), AC Mailand (2003–2008)

FIFA Weltmeister	2	1994, 2002
Südamerikameister	2	1997, 1999
FIFA Konföderationenpokal	1	1997
UEFA Champions League	1	2007
Weltpokal/FIFA Klub-WM	3	1992, 1993, 2007
Copa Libertadores	2	1992, 1993
Brasilianischer Meister	1	1991
Italienischer Meister	2	2001, 2004
Südamerikas Fußballer d. J.	1	1994

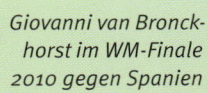

Giovanni van Bronckhorst im WM-Finale 2010 gegen Spanien

Defensive Außenbahnspieler der Gegenwart

van Bronckhorst, Giovanni (*1975)
Niederlande (1996–2010), Feyenoord Rotterdam (1982–1998), Glasgow Rangers (1998–2001), Arsenal London (2001–2003), FC Barcelona (2003–2007), Feyenoord Rotterdam (2007–2010)

UEFA Champions League	1	2006
Niederländischer Pokal	2	1995, 2008
Schottischer Meister	2	1999, 2000
Schottischer Pokal	2	1999, 2000
Englischer Meister	1	2002
Englischer Pokal	2	2002, 2003
Spanischer Meister	2	2005, 2006

van Bommel und **Giovanni van Bronckhorst** nur noch zwei Oranjes dabei – auf der Bank saß ihr Landsmann Frank Rijkaard. Unter ihm feierten beide die größten Erfolge ihrer Laufbahnen, gemeinsam mit dem damals 22-jährigen Andrés Iniesta, der in der zweiten Halbzeit eingewechselt wurde. Van Bommel ging kurz danach zu den Bayern, van Bronckhorst kehrte 2007 zu Feyenoord Rotterdam in die Heimat zurück.

Vier Jahre nach ihrem Erfolg gegen Arsenal London sahen die drei sich wieder, in einer schicksalsträchtigen Partie: Durch sein spätes 1:0 in der Verlängerung des WM-Finales 2010 zerstörte Iniesta die Hoffnung der Niederländer, ihre Karrieren mit dem WM-Titel krönen zu können. Van Bronckhorst hörte sofort nach der WM auf. Van Bommel gewann noch zwei Titel mit dem AC Mailand in Italien, ehe auch er 2012/13 in Eindhoven seine letzte Saison spielte. Ein weiteres Kapitel in der niederländisch-spanischen Fußballgeschichte ...

Immer wieder Barça

Wie die niederländische Eredivisie war die französische Ligue 1 zuletzt im internationalen Vergleich mit den Topligen in England, Spanien, Deutschland und Italien zweitklassig. Was zur Folge hatte, dass die meisten französischen Spitzenspieler ins Ausland gingen. Inwieweit sich das durch den von Scheichs oder russischen Milliardären ermöglichten Kaufrausch von Paris Saint-Germain oder AS Monaco in den kommenden Jahren ändert, bleibt abzuwarten.

Abidal, Éric (*1979)
Frankreich (2004–2013), AS Monaco (2000–2002), OSC Lille (2002–2004), Olympique Lyon (2004–2007), FC Barcelona (2007–2013), AS Monaco (2013–2014), Olympiakos Piräus (2014)

UEFA Champions League	2	2009, 2011
FIFA Klub-WM	2	2009, 2011
Spanischer Meister	4	2009, 2010, 2011, 2013
Spanischer Pokal	2	2009, 2012
Französischer Meister	3	2005, 2006, 2007

Mit **Éric Abidal** kehrte im Sommer 2013 einer der besten defensiven Außenbahnspieler der letzten Jahre zurück zum AS Monaco, wo seine Karriere 2000 begonnen hatte – in erster Linie deshalb, weil der FC Barcelona, mit dem er seit 2007 vier spanische Meistertitel und zweimal die Champions League gewonnen hatte, seinen Vertrag nicht verlängerte. Mit 34 Jahren stand er zudem am Ende seiner Laufbahn, die zuletzt von schweren Krebserkrankungen überschattet war. Die erste überwand er im Frühjahr 2011 erstaunlich schnell und stand Ende Mai in der Startelf des Teams, das – wie schon 2009 – im Finale der Champions League Manchester United dominierte. Kurz vor dem Abpfiff reichte Carles Puyol die Kapitänsbinde an ihn weiter, sodass der Genesene die Trophäe als Erster entgegennehmen durfte. 2013 erkrankte Abidal erneut, kehrte aber nach einer Lebertransplantation auf die Fußballbühne zurück und hängte 2014 die Schuhe dann an den Nagel. Bleibt zu hoffen, dass er seinen schwersten Kampf damit endgültig gewonnen hat ...

Mark van Bommel (r.) tätschelt den Kopf des niederländischen Kapitäns van Bronckhorst.

Víctor Valdés, Sergio Busquets, Xavi und Éric Abidal (v.l.n.r.) 2011 mit dem »Henkelpott«

Éric Abidal 2011 im Trikot von Barça

Dauerläufer und Flankengeber

Ab in den Süden!

Im selben Jahr, als Abidal Monaco verließ, heuerte sein langjähriger Nationalmannschaftskollege **Patrice Evra** dort an, ehe er 2006 nach Manchester weiterzog. Ihre Vereinsteams, Barça und ManU, trafen 2009 und 2011 in zwei CL-Endspielen aufeinander, beide Male mit dem besseren Ende für die Katalanen. In der Saison 2007/08 standen sie sich im Halbfinale gegenüber – und dieses Mal triumphierte Evra. Im rein englischen Finale gegen den FC Chelsea gewann ManU zum dritten Mal den Pott – für Evra trotz fünf Titeln in der Premier League sicher der größte Erfolg seiner Laufbahn. In der Nationalmannschaft lief es für ihn weniger gut – beim peinlichen Auftritt der »Bleus« 2010 in Südafrika stand er als Kapitän im Mittelpunkt einer Revolte gegen Trainer Raymond Domenech und wurde anschließend für fünf Länderspiele gesperrt.

Höchste Marktwerte von Außenverteidigern im Sommer 2015*

Rang	Spieler	Land	Verein	Mio. €
1	David Alaba	Österreich	Bayern München	35
2	Philipp Lahm	Deutschland	Bayern München	30
3	Ricardo Rodríguez	Schweiz	VfL Wolfsburg	28
4	Marcelo	Brasilien	Real Madrid	25
=	Jordi Alba	Spanien	FC Barcelona	25
6	Luke Shaw	England	Manchester United	22
=	Daniel Carvajal	Spanien	Real Madrid	22
8	César Azpilicueta	Spanien	FC Chelsea	20
9	Leighton Baines	England	FC Everton	19
=	Pablo Zabaleta	Argentinien	Manchester City	19

* Ermittelt von der Website transfermarkt.de

Evras Gegenpart auf der linken Außenbahn im CL-Finale 2008 war Chelseas **Ashley Cole**, der den zweifelhaften Rekord hält, in 107 Länderspielen kein einziges Tor erzielt zu haben. Auch seine Karriere drohte unvollendet zu bleiben, denn mit der unglücklichen Niederlage im Elfmeterschießen 2008 gegen ManU schien Chelseas Experiment, mit Milliardeninvestitionen des Russen Roman Abramowitsch Titel zu erkaufen, zumindest international gescheitert zu sein. Bis der Klub vier Jahre später die Bayern bezwang. Unverdient – aber das war die Niederlage 2008 auch gewesen ... 2014 verließen übrigens sowohl Evra als auch Cole das regnerische England, um ihre Karrieren im sonnigen Süden, in Bella Italia, ausklingen zu lassen.

Evra, Patrice (*1981)
Frankreich (seit 2004), OGC Nizza (2000–2002), AS Monaco (2002–2006), Manchester United (2006–2014), Juventus Turin (seit 2014)

UEFA Champions League	1	2008
FIFA Klub-WM	1	2008
Englischer Meister	5	2007, 2008, 2009, 2011, 2013
Italienischer Meister	1	2015
Italienischer Pokal	1	2015

Ashley Cole (r.) und Bayern Münchens Toni Kroos 2012 im »Finale dahoam«

Evra feierte 2013 seine fünfte und letzte englische Meisterschaft mit Manchester United.

Cole, Ashley (*1980)
England (2001–2014), FC Arsenal (1997–1999), Crystal Palace (1999–2000), FC Arsenal (1999–2006), FC Chelsea (2006–2014), AS Rom (2014–2015)

UEFA Champions League	1	2012
UEFA Europa League	1	2013
Englischer Meister	3	2002, 2004, 2010
Englischer Pokal	7	2002, 2003, 2005, 2007, 2009, 2010, 2012

Defensive Außenbahnspieler der Gegenwart

Balleroberer und Strategen
Defensive Mittelfeldspieler: die 6er und 8er

Die Fußballwelt sieht rot

Als der Siegeszug der spanischen Nationalmannschaft 2008 mit der Europameisterschaft begann, stellte das Team eine bunt gemischte Truppe dar: Neben drei Aktiven des FC Barcelona (Xavi, Iniesta, Puyol) und zwei Real-Spielern (Casillas, Ramos) kamen im Finale gegen Deutschland mit den England-Legionären Fàbregas und Xabi Alonso, den FC-Valencia-Stars Marchena und Silva, Capdevila, Senna und Cazorla vom FC Villarreal sowie Güiza vom RCD Mallorca noch neun Fußballer zum Einsatz, die nicht bei einem der beiden dominierenden Klubs unter Vertrag standen. Schon beim WM-Finale 2010 standen sechs Barça- und drei Real-Vertreter in der Startelf. Piqué, Busquets und Pedro waren neu gegenüber 2008, Xabi Alonso arbeitete inzwischen für Real. Neben Capdevila lief noch Villa vom FC Valencia auf – und wechselte nach dem Turnier ebenfalls zum FC Barcelona. Fàbregas (er kehrte dann 2011 zu Barça zurück), Torres und Navas (FC Sevilla) wurden eingewechselt. 2012 startete die »Rote Furie«, wie Spaniens Team seit 1920 genannt wird, mit sechs Barça- und vier Real-Spielern. David Silva – inzwischen bei Manchester City – komplettierte das Team. Neu waren gegenüber 2010 Alba und Arbeloa, Puyol fehlte verletzungsbedingt, Pedro und Torres wurden eingewechselt, außerdem Juan Mata vom FC Chelsea.

Tiki-Taka – made in La Masia

Tragende Säulen der spanischen Erfolge bei sämtlichen drei Turnieren waren neben Torhüter Casillas und Abwehrspieler Ramos insbesondere die beiden Mittelfeldspieler von Barça: Andrés Iniesta (*1984) und Xavi (*1980), die an der Jugendakademie La Masia ausgebildet wurden. Zu den alles beherrschenden Gestaltern des Tiki-Taka, des legendären Kurzpassspiels, für das Barça wie Spanien berühmt ist, wurden sie nach 2008 unter Pep Guardiola. Seitdem Vicente del Bosque 2008 Luis Aragonés als Nationaltrainer beerbte, setzte sich dieser Stil auch in der »Furia Roja« durch. Der zentral agierende Xavi war dabei der »Kopf« der Siegerteams, ohne wie ein klassischer 10er aufzutreten, ein Spielmacher wie beispielsweise Italiens Andrea Pirlo. In der Barça-Philosophie gibt es diese Position nicht – so wie ja auch auf den Mittelstürmer, den traditionellen 9er, häufig verzichtet wird. Bei den Champions-League-Endspielen 2009 und 2011, die überlegen gegen

Xavi (Xavier Hernández i Creus) (*1980)
Spanien (2000–2014), FC Barcelona (1991–2015), Sadd Sports Club (seit 2015)

FIFA Weltmeister	1	2010
UEFA Europameister	2	2008, 2012
FIFA U-20-Weltmeister	1	1999
UEFA Champions League	4	2006, 2009, 2011, 2015
FIFA Klub-WM	2	2009, 2011
Spanischer Meister	8	1999, 2005, 2006, 2009, 2010, 2011, 2013, 2015
Spanischer Pokal	3	2009, 2012, 2015
FIFA WM All Star Team	1	2010
UEFA Euro All Star Team	2	2008, 2012

Xavi am 11. Juli 2010 im WM-Finale gegen die Niederlande

Xavi (l.) und Xabi Alonso bei der Euro 2012 neben Cesc Fàbregas, der sich im Gruppenspiel gegen Italien den Ball für einen Freistoß zurechtlegt

Busquets, Sergio (*1988)
Spanien (seit 2009), FC Barcelona (seit 2005)

FIFA Weltmeister	1	2010
UEFA Europameister	1	2012
UEFA Champions League	3	2009, 2011, 2015
FIFA Klub-WM	2	2009, 2011
Spanischer Meister	5	2009, 2010, 2011, 2013, 2015
Spanischer Pokal	3	2009, 2012, 2015
UEFA Euro All Star Team	1	2012

Bei der WM 2010 gehörte Sergio Busquets zu den wichtigsten Spielern seiner Teams. Am 1. Juli 2012 hielt er auch die Europameisterschaftstrophäe in den Händen.

Der schwäbische Königliche und der baskische Bayer

Der größte spanische Trumpf des neuen Jahrtausends im defensiv orientierten Mittelfeld ist jedoch **Xabi Alonso**. Seine Ruhe, Übersicht und Ballsicherheit haben ihn zu einem der besten Abräumer und Spieleröffner nicht nur der letzten Jahre werden lassen. Als Vicente del Bosque bei der Euro 2012 in Polen und der Ukraine häufiger ohne echte Sturmspitze beginnen ließ, rückten ohnehin offensive Mittelfeldspieler wie Cesc Fàbregas, David Silva oder Andrés Iniesta noch weiter nach vorne, weswegen die »Furia Roja« mit zwei Felsen in der Brandung antrat. Zusammen mit Busquets füllte Alonso diese Rolle perfekt aus und wurde ins Team des Turniers gewählt.

Als neuer Partner in der Defensivzentrale von Real kam nach der WM 2010 in Südafrika der deutsche Nationalspieler **Sami Khedira** nach Madrid – im Doppelpack mit dem kreativen Mesut Özil. Mit seinem körperlich intensiven Spiel konnte Khedira sich bei Real jedoch nicht immer in Szene setzen, weil er mehrmals von leichten und schweren Verletzungen zurückgeworfen wurde. Bei den Turnieren 2010 bis 2014 war er jedoch verletzungsfrei oder soeben genesen. Immer eine tragende Säule der deutschen Elf, ragte er besonders 2012 heraus und stand neben seinem

Manchester United gewonnen wurden, spielten im Mittelfeld neben Xavi der offensive Andrés Iniesta, der leicht auch zum Flügelspieler mutieren kann, und der Abräumstratege **Sergio Busquets**, ein Balleroberer und 6er par excellence – Xavi gab den 8er oder, wie man heute sagt, den Zwischenspieler, gleich wichtig in der Defensive und Offensive. Inwieweit sich solche Systeme auf andere Teams als Barcelona übertragen lassen, hängt letztlich von den individuellen Fähigkeiten der jeweiligen Spieler ab.

Volltreffer! Xabi Alonso wechselte 2014 ziemlich überraschend zum deutschen Rekordmeister und wurde sofort die neue Schaltzentrale der Bayern. In seinem fünften Ligaspiel stellte er gegen den 1. FC Köln mit 206 Ballkontakten einen neuen Ligarekord auf.

Khedira, Sami (*1987)
Deutschland (seit 2009), VfB Stuttgart (1995–2010), Real Madrid (2010–2015), Juventus Turin (seit 2015)

FIFA Weltmeister	1	2014
UEFA U-21-Europameister	1	2009
UEFA Champions League	1	2014
FIFA-Klub-WM	1	2014
Deutscher Meister	1	2007
Spanischer Meister	1	2012
Spanischer Pokal	2	2011, 2014
UEFA Euro All Star Team	1	2012

Alonso, Xabi (*1981)
Spanien (2003–2014), Real Sociedad (bis 2004), FC Liverpool (2004–2009), Real Madrid (2009–2014), Bayern München (seit 2014)

FIFA Weltmeister	1	2010
UEFA Europameister	2	2008, 2012
UEFA Champions League	2	2005, 2014
Spanischer Meister	1	2012
Spanischer Pokal	2	2011, 2014
Englischer Pokal	1	2006
UEFA Euro All Star Team	1	2012
Spaniens Fußballer d. J.	1	2003

Sami Khedira im September 2010 bei einem EM-Qualifikationsspiel der DFB-Auswahl gegen Aserbaidschan

Defensive Mittelfeldspieler: die 6er und 8er

Belo Horizonte, 8. Juli 2014 – ein Tag, den Sami Khedira nie vergessen wird. Nach nicht einmal einer halben Stunde erzielt der Schwabe das 5:0 im WM-Halbfinale gegen Brasilien. Im Finale fehlte der Defensivspezialist mit Offensivqualitäten dann tragischerweise, weil er sich beim Aufwärmen an der Wade verletzte.

Vereinskameraden Alonso im UEFA All Star Team. 2014 trennten sich die Wege des Schwaben und des Basken, als Alonso ausgerechnet nach Bayern ging, um unter Pep Guardiola nun in Lederhosen auf Titeljagd zu gehen.

Ángel Di María grätscht, was das Zeug hält, Bastian Schweinsteiger tanzt auf und davon. Beim deutschen 4:0-Erfolg über die »Gauchos« bei der WM 2010 zeigte Bastian Schweinsteiger eine absolute Weltklasseleistung, meldete Lionel Messi völlig ab, bereitete zwei Tore vor und wurde zum »Man of the Match« gewählt.

Die bayerische Schaltzentrale

In seiner ersten Saison bei den Bayern 2009/10 stellte der niederländische Trainer Louis van Gaal **Bastian Schweinsteiger**, bis dahin meist als Außenbahnspieler eingesetzt, neben den erfahrenen Mark van Bommel ins zentrale defensive Mittelfeld. Nach Anlaufschwierigkeiten kamen die Bayern mit dem neuen System ins Rollen, holten das Double und unterlagen in der Champions League erst im Finale mit 0:2 gegen Inter Mailand. Bei der WM in Südafrika spielte Schweinsteiger dann sein stärkstes Turnier – die Deutschen wurden Dritter, ihr System war mit dem der Münchner fast identisch. Der Bayern-Star hatte sein »Schweini«-Image des Supertalents, das sein Potenzial immer nur kurzfristig abrufen konnte, abgelegt. Nach zwei Spielzeiten mit Höhen und Tiefen folgte 2012/13 unter Jupp Heynckes das vielleicht beste Jahr des Münchners: Mit der Verpflichtung des Basken Javier Martínez, ein Spielertyp wie Busquets, bekam er den idealen Partner im defensiven Mittelfeld. Am Ende stand eine Saison der Superlative, mit dem »Henkelpott« als Krönung und Schweinsteigers Wahl zum »Fußballer des Jahres«.

Seinen aber wohl größten Erfolg feierte Bastian Schweinsteiger 2014 in Brasilien, als er an der Seite von Philipp Lahm, Sami Khedira und **Toni Kroos** die weltmeisterliche deutsche Schaltzentrale bildete. Letzterer wurde mit glänzender Übersicht und feinem Passspiel zu einem der besten Spieler des Turniers. Der Greifswalder, der schon mit 16 Jahren von Hansa Rostock in die bayerische Nachwuchsschule wechselte, debütierte bereits ein Jahr später in der Bundesliga. Zunächst oft in der Rolle eines offensiven Mittelfeldspielers, spielte er sowohl bei Bayern als auch in der Nationalelf sowie seit 2014 bei Real Madrid einen etwas defensiveren Part, ob auf der »6« oder »8« – kein Wunder, angesichts des offensiven Überangebots seiner Mannschaften. Nach einer überragenden WM setzte sich Kroos im Starensemble der Königlichen auf Anhieb durch und gehört jetzt schon zu den ganz Großen seines Fachs. In Madrid wird er seine imposante Titelsammlung fraglos ausbauen können ...

Schweinsteiger, Bastian (*1984)
Deutschland (seit 2004), Bayern München (1998–2015), Manchester United (seit 2015)

FIFA Weltmeister	1	2014
UEFA Champions League	1	2013
FIFA Klub-WM	1	2013
Deutscher Meister	8	2003, 2005, 2006, 2008, 2010, 2013, 2014, 2015
Deutscher Pokal	7	2003, 2005, 2006, 2008, 2010, 2013, 2014
FIFA WM All Star Team	1	2010
Deutschlands Fußballer d. J.	1	2013

Im dritten Anlauf nach 2010 und 2012 holte Bastian Schweinsteiger am 25. Mai 2013 endlich den »Henkelpott«.

Lothar Matthäus

Sieben deutsche Meisterschaften und zwei Siege im UEFA-Pokal stehen – neben vielen anderen Titeln – für den 1961 geborenen Lothar Matthäus (hier 1990 nach dem gewonnenen WM-Finale gegen Argentinien) zu Buche, seine beiden Champions-League-Endspiele mit dem FC Bayern gingen jedoch 1987 gegen den FC Porto und 1999 gegen Manchester United unglücklich verloren. Bereits mit 20 Jahren stand er 1980 im Kader der Europameisterelf, zehn Jahre später erfolgte die Krönung: Damals bei Inter Mailand unter Vertrag, führte der defensiv wie offensiv einsetzbare Mittelfeldstar die DFB-Auswahl als Kapitän zu ihrem dritten WM-Titel in Italien und wurde am Jahresende mit dem »Ballon d'Or« als »Europas Fußballer des Jahres« ausgezeichnet. Ein Jahr später war er der erste – und bislang einzige deutsche – von der FIFA gewählte »Weltfußballer«. Matthäus beendete seine Karriere erst im Jahr 2000 mit einem Gastspiel bei den New York/New Jersey MetroStars.

Überglücklich: In seinem erst fünften Länderspiel überhaupt schnuppert Toni Kroos erstmals WM-Luft, als er für Bastian Schweinsteiger ins Spiel kommt. Nach dem 1:0 gegen Ghana bei der Endrunde 2010 zieht die deutsche Elf ins Achtelfinale ein. Weitere dreimal wurde Kroos während des Turniers eingewechselt und am Ende WM-Dritter.

Daumen hoch! In seinem ersten Ligaspiel für Real Madrid leitet Toni Kroos mit seiner Vorlage zum 1:0 den Sieg ein und wird sofort Stammspieler.

nicht unerheblichen Beitrag, indem sie Angriffe der Kontrahenten frühzeitig unterbanden. Eine Konstante im Defensivverbund der Squadra Azzurra war in Deutschland **Gennaro Gattuso** vom AC Mailand, ein verbissener und oft kräftig zupackender Zerstörer, der den Zauberern auf Seiten der Gegner die Lust am Dribbeln und Dirigieren nahm. Im Finale machte Zinédine Zidane des Öfteren Bekanntschaft mit dem kleinen, giftigen Italiener.

Nach einer Stunde kam in Berlin mit **Daniele De Rossi** für den Angreifer Francesco Totti ein weiterer Abfangjäger

Kroos, Toni (*1990)
Deutschland (seit 2010), Bayern München (2006–2009), Bayer Leverkusen (2009–2010), Bayern München (2010–2014), Real Madrid (seit 2014)

FIFA Weltmeister	1	2014
UEFA Champions League	1	2013
UEFA Super-Cup	2	2013, 2014
FIFA Klub-WM	2	2013, 2014
Deutscher Meister	3	2008, 2013, 2014
Deutscher Pokal	3	2008, 2013, 2014
WM Top 11/Dream Team	1	2014

De Rossi, Daniele (*1983)
Italien (seit 2004), AS Rom (seit 2000)

FIFA Weltmeister	1	2006
UEFA U-21-Europameister	1	2004
Italienischer Pokal	2	2007, 2008
UEFA Euro All Star Team	1	2012

Italien lässt nichts zu

Ganze zwei Gegentore kassierte Italien 2006 auf dem Weg zum vierten WM-Erfolg. Verantwortlich dafür waren in erster Linie Torwart Gianluigi Buffon und die starke Abwehr um Fabio Cannavaro, aber die Mittelfeldspieler leisteten einen

Daniele De Rossi auf den Schultern von Mario Balotelli, der im Gruppenspiel des Konföderationenpokals 2013 gegen Mexiko den 2:1-Siegtreffer erzielt hat

ins Team, um die Angriffswellen der Franzosen zu brechen. Der damals 23-jährige Römer verfügt zweifellos über größeres fußballerisches Talent als Gattuso, doch seine Stärke besteht darin, den Spielfluss des Gegners zu unterbinden. Dennoch hat er in bislang 100 Spielen für die Azzurri 17-mal getroffen, Gattuso schoss in seinen 73 Länderspielen ein einziges Tor.

Wie im Fall der Innenverteidiger fällt auch bei den defensiven Mittelfeldspielern auf, dass Italien, das Land des Catenaccio, in letzter Zeit offenbar unter Nachwuchsmangel leidet. Der neben De Rossi auffälligste Serie-A-Akteur in der defensiven Zentrale war zuletzt der Chilene **Arturo Vidal** bei Juventus Turin. Er schaffte den Durchbruch während seiner Zeit bei Bayer Leverkusen von 2007 bis 2011. In seiner letzten Saison dort erwies sich der beinharte Zweikämpfer zudem als torgefährlich. Sein damaliger Trainer Jupp Heynckes hätte Vidal gerne mit zum FC Bayern genommen, doch der Chilene zog das Turiner Angebot vor und gehörte in den Meisterjahren 2012, 2013 und 2014 zu Juves absoluten Führungsspielern. 2015 zog es ihn dann doch zum deutschen Rekordmeister.

Vidal, Arturo (*1987)
Chile (seit 2007), CSD Colo-Colo (bis 2007), Bayer 04 Leverkusen (2007–2011), Juventus Turin (2011–2015), FC Bayern München (seit 2015)

Chilenischer Meister	2	2006, 2007
Italienischer Meister	4	2012, 2013, 2014, 2015
Italienischer Pokal	1	2015

Im Hinspiel des Champions-League-Viertelfinales 2012/13 traf Vidal (v., im Hintergrund Andrea Pirlo) auf die Bayern, die in München mit 2:0 gewannen. Beim Rückspiel fehlte er wegen seiner dritten Gelben Karte.

Leverkusens Vidal (l.) im Zweikampf mit Anatolij Tymoschtschuk vom FC Bayern; auch »Tymo« zählt zu den stärksten 6ern der letzten Jahre.

Gennaro Gattuso und Trainer Carlo Ancelotti 2007 nach ihrem Champions-League-Erfolg mit Milan

Gattuso, Gennaro (*1978)
Italien (2000–2010), AC Perugia (1994–1997), Glasgow Rangers (1997–1998), Salernitana Calcio (1998–1999), AC Mailand (1999–2012), FC Sion (2012–2013)

FIFA Weltmeister	1	2006
UEFA U-21-Europameister	1	2000
UEFA Champions League	2	2003, 2007
FIFA Klub-WM	1	2007
Italienischer Meister	2	2004, 2007
Italienischer Pokal	1	2003
FIFA WM All Star Team	1	2006

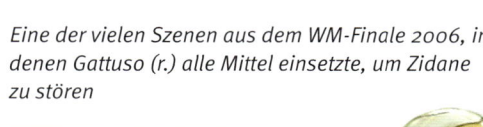

Eine der vielen Szenen aus dem WM-Finale 2006, in denen Gattuso (r.) alle Mittel einsetzte, um Zidane zu stören

Der König der Könige

Zweimal gewann Gennaro Gattuso mit dem AC Mailand die Champions League, beide Male lief er zusammen mit zwei Kollegen auf, die diesen Wettbewerb häufiger gewannen als jeder andere seit der Herrschaft Reals von 1956 bis 1960: Paolo Maldini holte die Trophäe fünfmal – zweimal zu Zeiten des Landesmeisterpokals –, **Clarence Seedorf** viermal. Was den Niederländer zum »König der Könige« macht, ist die Leistung, dass er seine Erfolge mit drei verschiedenen Teams feierte: 1995 als 19-Jähriger mit Ajax Amsterdam, 1998 mit Real Madrid, 2003 und 2007 dann mit Milan. Mit den Lombarden holte er 2011 noch einmal die Meisterschaft in der Serie A, 18 Jahre nach seinem ersten Titel, dem Pokal mit Ajax 1993. Wie bei Xavi oder Bastian Schweinsteiger könnte der technisch brillante Spielmacher auch bei den zentralen offensiven Mittelfeldspielern eingereiht werden – dort würde er ebenfalls zu den Besten der letzten Jahre zählen.

Ähnlich schwierig ist die Einordnung des Brasilianers **Zé Roberto**, der mit den Bayern 2003, 2005, 2006 und 2008 viermal das deutsche Double gewann. Das einzige Champions-League-Finale seiner Karriere verlor er allerdings 2002 mit Bayer Leverkusen. Als er 1998 mit 24 Jahren nach Deutschland kam, galt er als offensive Spielmacher-Hoffnung der damals aufstrebenden Leverkusener, zum Strategen vor der Abwehr wurde er erst in seiner zweiten Zeit bei den Bayern ab 2007 unter Ottmar

Seedorf, Clarence (*1976)
Niederlande (1994–2008), Ajax Amsterdam (1992–1995), Sampdoria Genua (1995–1996), Real Madrid (1996–1999), Inter Mailand (2000–2002), AC Mailand (2002–2012), Botafogo FR (2012–2014)

UEFA Champions League	4	1995, 1998, 2003, 2007
Weltpokal/FIFA Klub-WM	2	1998, 2007
Niederländischer Meister	2	1994, 1995
Niederländischer Pokal	1	1993
Spanischer Meister	1	1997
Italienischer Meister	2	2004, 2011
Italienischer Pokal	1	2003

Mit 37 Jahren noch immer nicht satt: 2013 gewann Clarence Seedorf mit Botafogo FR das »Campeonato Carioca«, die Staatsmeisterschaft von Rio de Janeiro.

Seedorf nach dem CL-League-Finale 1998 mit dem damaligen Real-Trainer Jupp Heynckes, der 15 Jahre später zum dritten Coach nach Ottmar Hitzfeld und José Mourinho wurde, die zwei Vereine zum Sieg im Wettbewerb führten

Zé Roberto 2006 im Trikot des FC Bayern München

Zé Roberto (da Silva Júnior) (*1974)
Brasilien (1995–2006), Portuguesa (1994–1997), Real Madrid (1997), CR Flamengo (1998), Bayer 04 Leverkusen (1998–2002), Bayern München (2002–2006), FC Santos (2006–2007), Bayern München (2007–2009), Hamburger SV (2009–2011), Al-Gharafa SC (2011–2012), Grêmio Porto Alegre (2012–2014), Palmeiras São Paulo (seit 2015)

Südamerikameister	2	1997, 1999
FIFA Konföderationenpokal	2	1997, 2005
Spanischer Meister	1	1997
Deutscher Meister	4	2003, 2005, 2006, 2008
Deutscher Pokal	4	2003, 2005, 2006, 2008

Defensive Mittelfeldspieler: die 6er und 8er

Davids, Edgar (*1973)
Niederlande (1994–2005), Ajax Amsterdam (bis 1996), AC Mailand (1996–1997), Juventus Turin (1997–2004), FC Barcelona (2004), Inter Mailand (2004–2005), Tottenham Hotspur (2005–2007), Ajax Amsterdam (2007–2008), Crystal Palace (2010), FC Barnet (2012–2014)

UEFA Champions League	1	1995
Weltpokal	1	1995
UEFA-Pokal	1	1992
Niederländischer Meister	3	1994, 1995, 1996
Niederländischer Pokal	2	1993, 2007
Italienischer Meister	3	1998, 2002, 2003
Italienischer Pokal	1	2005

Edgar Davids kurz vor Beginn der Euro 1996 in England im Gespräch mit Bondscoach Guus Hiddink: Während des Turniers kam es zu heftigen Auseinandersetzungen zwischen den beiden, und Davids musste abreisen, nachdem er dem Trainer vorgeworfen hatte, die dunkelhäutigen Spieler im Kader zu benachteiligen.

Hitzfeld. Seine Karriere in der Seleção war da bereits beendet; immerhin brachte es Zé Roberto zwischen 1995 und 2006 auf 84 Berufungen, doch als sein Land 2002 zum bislang letzten Mal den Titel holte, stand er nicht im Kader.

Forever young

Seit den frühen 1970er-Jahren gilt Ajax Amsterdam als eine der größten Talentschmieden im Weltfußball. Von 1971 bis 1973 konnte der Verein dreimal in Folge den Landesmeisterpokal holen, zählte danach aber nur noch selten zu den Besten Europas: 1995 holte Ajax zum vierten Mal den »Henkelpott« und stand im Jahr darauf letztmals im Finale, unterlag jedoch Juventus Turin. Clarence Seedorf spielte da bereits in Italien, andere Stars wie Marc Overmars, die De-Boer-Zwillinge oder Patrick Kluivert wanderten in den Jahren danach ebenfalls quer durch Europa. Mit Real holte Seedorf 1998 seinen zweiten Titel und traf dabei auf einen guten Bekannten: Bei Juventus stand **Edgar Davids** unter Vertrag, ein defensiver Mittelfeldspieler, der sich wegen seiner giftigen Attacken in Zweikämpfen den Spitznamen »Pitbull« eingehandelt hatte.

Angesichts der Vielzahl europäischer Spitzenfußballer, die über Jahrzehnte hinweg aus den Niederlanden kamen, ist schwer zu erklären, weshalb die Elftal nur bei der Euro 1988 ein großes Turnier gewinnen konnte. Eine zentrale Rolle spielten immer wieder Streitigkeiten zwischen Gruppierungen im Team, 1996 unter direkter Beteiligung Davids'.

In den letzten Jahren seiner Laufbahn wechselte Davids mehrfach den Verein und arbeitete zuletzt als Spielertrainer beim viertklassigen FC Barnet im Norden Londons.

Nur wenige Monate jünger als Davids ist der 1973 geborene Argentinier **Javier Zanetti**, der fast zwei Jahrzehnte bei Inter Mailand spielte und mit 618 Partien der Ausländer mit den meisten Einsätzen in der italienischen Serie A ist. Mitte 2013 verlängerte Zanetti, der Inter 2010 mit knapp 37 Jahren als Kapitän zum Champions-League-Erfolg führte, seinen Vertrag noch einmal um ein Jahr, obwohl er Ende April eine schwere Verletzung erlitt und mehrere Monate pausieren musste. Der Traum des für seine faire Spielweise gerühmten Defensivakteurs, nach 1998 und 2002 zum dritten Mal mit Argentinien bei einer WM dabei zu sein, ging nicht in Erfüllung. 2006 und 2010 wurde er unerwartet nicht berücksichtigt, 2014 war seine Zeit abgelaufen.

Javier Zanetti im April 2013 im Inter-Trikot

Zanetti, Javier (*1973)
Argentinien (1994–2011), CA Banfield (1993–1995), Inter Mailand (1995–2014)

UEFA Champions League	1	2010
FIFA Klub-WM	1	2010
UEFA-Pokal	1	1998
Italienischer Meister	5	2006, 2007, 2008, 2009, 2010
Italienischer Pokal	4	2005, 2006, 2010, 2011

Essien, Michael (*1982)
Ghana (seit 2002), SC Bastia (2000–2003), Olympique Lyon (2003–2005), FC Chelsea (2005–2012), Real Madrid (2012–2013), FC Chelsea (2013–2014), AC Mailand (2014–2015), Panathinaikos Athen (seit 2015)

UEFA Champions League	1	2012
Englischer Meister	2	2006, 2010
Englischer Pokal	3	2007, 2009, 2012
Französischer Meister	2	2004, 2005
Ghanas Fußballer d. J.	1	2008

Michael Essien feierte 2012 doch noch einen Erfolg in der Champions League, saß allerdings beim Münchner Finale gegen den FC Bayern München 120 Minuten auf der Bank.

Doppelte Pechvögel

Kurz vor der WM 2010 foulte der Deutsch-Ghanaer Kevin-Prince Boateng im englischen Pokalfinale zwischen dem FC Portsmouth und Chelsea London dessen Mittelfeldstar **Michael Ballack**, der sich schwer verletzte und für das Turnier in Südafrika ausfiel. Wenige Wochen später kam es im letzten Gruppenspiel zu einem entscheidenden Match zwischen Deutschland und Ghana, das die DFB-Auswahl 1:0 gewann und sich so den Gruppensieg vor den Afrikanern sicherte. Im defensiven Mittelfeld der »Black Stars« überzeugte ausgerechnet Boateng, der kurz zuvor für das Herkunftsland seines Vaters debütiert hatte. In Südafrika sollte auf seiner Position ursprünglich **Michael Essien** agieren, Ballacks Mitspieler beim FC Chelsea. Der hatte sich jedoch bereits im Januar 2010 bei der Afrikameisterschaft in Angola eine schwere Knieverletzung zugezogen.
Zwei Jahre zuvor hatten Ballack und Essien schon einmal gemeinsam gelitten – nach dem Aus im Elfmeterschie-

In diesem Moment ahnte Michael Ballack (v.) noch nicht, dass das Foul von Kevin-Prince Boateng das Ende seiner Länderspielkarriere bedeutete.

Ballack, Michael (*1976)
Deutschland (1999–2010), Chemnitzer FC (1988–1997), 1. FC Kaiserslautern (1997–1999), Bayer 04 Leverkusen (1999–2002), Bayern München (2002–2006), Chelsea London (2006–2010), Bayer 04 Leverkusen (2010–2012)

Deutscher Meister	4	1998, 2003, 2005, 2006
Deutscher Pokal	3	2003, 2005, 2006
Englischer Meister	1	2010
Englischer Pokal	3	2007, 2009, 2010
FIFA WM All Star Team	2	2002, 2006
UEFA Euro All Star Team	2	2004, 2008
Deutschlands Fußballer d. J.	3	2002, 2003, 2005

Mit 21 Jahren konnte Michael Ballack 1998 seine erste Meisterschale mit dem 1. FC Kaiserslautern holen. Bei den Bayern gewann er 2003, 2005 und 2006 jeweils das Double, 2010 feierte er mit dem FC Chelsea den Titel in der Premier League.

Defensive Mittelfeldspieler: die 6er und 8er

ßen des Champions-League-Endspiels 2008 gegen Manchester United. Im Gegensatz zu dem Ghanaer, der bei Chelseas Sieg 2012 in München immerhin im Kader stand, konnte Ballack die höchste Trophäe im europäischen Fußball nie gewinnen; denn noch 2010 war er zu Bayer 04 Leverkusen zurückgekehrt, dem Verein, mit dem er 2002 sein erstes Champions-League-Finale gegen Real Madrid verloren hatte. Wenige Wochen danach wurde der neben Oliver Kahn und Philipp Lahm größte deutsche Weltstar der Jahre nach 2000 endgültig zur tragischen Figur: Er schoss sein Team beim 1:0 gegen Südkorea ins WM-Finale, konnte gegen Brasilien aber nicht dabei sein, weil er nach einem taktischen Foul Gelb sah und damit gesperrt war.

Vielseitigkeit ist Trumpf

Michael Essien lief 2008 gegen Manchester United als rechter Außenbahnspieler auf, die Mittelfeldzentrale vor der Abwehr besetzte der in Zaire geborene Franzose Claude Makélélé, vor ihm agierten Ballack und **Frank Lampard** als Zwischenspieler, wie Barças Xavi Pendler zwischen Defensive und Offensive. In der Nationalmannschaft spielte Lampard meistens vor der Abwehr, war dabei jedoch äußerst torgefährlich. Bei der WM in Südafrika mussten das auch die Deutschen erfahren, als der gebürtige Londoner kurz nach dem 1:2-Anschlusstreffer einen Weitschuss im Tor versenkte; einzig das Schiedsrichtergespann hatte nicht gesehen, dass sein Lattenknaller hinter der Linie aufschlug. Die »Three Lions« unterlagen mit 1:4 und beschwerten sich dennoch nicht, zu deutlich war die Überlegenheit der DFB-Elf gewesen.

Wie Essien gewann schließlich auch Lampard die Champions League: Nach dem Sieg gegen die Bayern im Elfmeterschießen 2012 konnte er am Ende mit zahlreichen Pechvögeln von 2008 doch noch gemeinsam feiern.

(Noch) unvollendete Geschichten

Michael Ballack ist nicht der einzige Star der ersten Dekade des neuen Jahrtausends, dem große internationale Vereinstitel versagt blieben. Auch der ebenfalls 1976 geborene Franzose **Patrick Vieira**, mit 25 bereits Welt- und Europameister sowie Sieger im Konföderationenpokal 2001, konnte die Champions League nie gewinnen. Von 1996 bis 2005 war er beim FC Arsenal, der in dieser Zeit dreimal die Premier League gewann; als der Londoner Klub ein Jahr später im Stade de France in Paris Saint-Denis dem FC Barcelona mit 1:2 unterlag, spielte Vieira bei Juventus Turin, wanderte aber schon nach einem Jahr weiter zu Inter Mailand, weil die »Alte Dame« wegen der Verstrickung einiger Offizieller in den Wettskandal in die Zweite Liga strafversetzt worden war. Mit den Mailändern holte Vieira weitere drei Meistertitel, doch als die sich 2010 nach 45 Jahren wieder die Krone des europäischen Fußballs aufsetzten, war er nicht mehr dabei: Seit Januar des Jahres spielte er bei Manchester City und ließ dort seine Karriere ausklingen.

Seinen letzten Titel, den FA Cup 2011, verdankte der kurz vor Spielende eingewechselte Franzose einem Spieler, der auf zahlreichen Positionen eingesetzt werden kann, aber seine größten Stärken im defensiven zentralen Mittelfeld hat: Der Ivorer **Yaya Touré** erzielte eine Viertelstunde

Lampard, Frank (*1978)
England (1999–2014), West Ham United (1994–2001), FC Chelsea (2001–2014), Manchester City (2014–2015), New York City FC (seit 2015)

UEFA Champions League	1	2012
UEFA Europa League	1	2013
Englischer Meister	3	2005, 2006, 2010
Englischer Pokal	4	2007, 2009, 2010, 2012
UEFA Euro All Star Team	1	2004
Englands Fußballer d. J.	1	2005

Claude Makélélé (r.) und Frank Lampard 2008 im Duell mit dem Brasilianer Deivid de Souza von Fenerbahçe Istanbul

Chelseas Frank Lampard 2006 in einem Spiel der Premier League

Vieira, Patrick (*1976)
Frankreich (1997–2009), AS Cannes (1993–1995), AC Mailand (1995–1996), Arsenal London (1996–2005), Juventus Turin (2005–2006), Inter Mailand (2006–2010), Manchester City (2010–2011)

FIFA Weltmeister	1	1998
UEFA Europameister	1	2000
FIFA Konföderationenpokal	1	2001
Englischer Meister	3	1998, 2002, 2004
Englischer Pokal	5	1998, 2002, 2003, 2005, 2011
Italienischer Meister	5	1996, 2006, 2007, 2008, 2009
FIFA WM All Star Team	1	2006
UEFA Euro All Star Team	1	2000
Frankreichs Fußballer d. J.	1	2001

Carles Puyol (l.) und Yaya Touré hindern ManUs Cristiano Ronaldo im CL-Finale 2009 an einer Wiederholung des Triumphs von 2008.

Patrick Vieira (l.) und Zlatan Ibrahimović 2006 nach dem Gewinn des italienischen Super Cups mit Inter Mailand

vor Abpfiff das Goldene Tor gegen Stoke City. Dasselbe Kunststück hatte er bereits im Halbfinale gegen Citys Lokalrivalen United vollbracht. Zu dem von einem arabischen Scheich finanzierten Klub war Touré 2010 gewechselt – vom FC Barcelona, mit dem er 2009 sechs Titel gewonnen hatte.

Ob Manchester City nach den jüngsten zwei englischen Meisterschaften endlich auch internationale Erfolge feiern wird – in den letzten Jahren schied das teuer zusammengekaufte Team in der Gruppenphase oder im Achtelfinale der Champions League aus –, ist schwer zu sagen; wenn ja, könnte Yaya Touré einer der Schlüsselspieler sein.

Mit der Nationalmannschaft hat Touré weiterhin große Ziele: Zwar war er mit der Elfenbeinküste bei den WM-Endrunden 2006 bis 2014 dabei, doch schied das Team jeweils in der Gruppenphase aus. Die Afrikameisterschaft gewann der Allrounder, der 2011 bis 2014 viermal als »Afrikas Fußballer des Jahres« geehrt wurde, 2015 im vierten Anlauf endlich.

Touré, Yaya (*1983)
Elfenbeinküste (seit 2003), KSK Beveren (2001–2003), Metalurh Donezk (2003–2005), Olympiakos Piräus (2005–2006), AS Monaco (2006–2007), FC Barcelona (2007–2010), Manchester City (seit 2010)

UEFA Champions League	1	2009
FIFA Klub-WM	1	2009
Afrikameister	1	2015
Englischer Meister	2	2012, 2014
Englischer Pokal	1	2011
Spanischer Meister	2	2009, 2010
Spanischer Pokal	1	2009
Griechischer Meister	1	2006
Griechischer Pokal	1	2006
Afrikas Fußballer d. J.	4	2011, 2012, 2013, 2014
Ivorischer Fußballer d. J.	1	2009

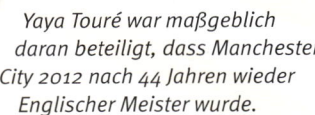

Yaya Touré war maßgeblich daran beteiligt, dass Manchester City 2012 nach 44 Jahren wieder Englischer Meister wurde.

Defensive Mittelfeldspieler: die 6er und 8er

Fußballnachwuchs aus Hogwarts
Der deutsche Talenteboom seit 2000

Am Nullpunkt

Die DFB-Auswahl sei auf Jahre hin unschlagbar, erklärte Franz Beckenbauer nach dem deutschen WM-Sieg 1990 und angesichts des Zustroms hervorragend ausgebildeter DDR-Spieler infolge der bevorstehenden Wiedervereinigung des Landes. Die Nachfolger des Teamchefs hatten diese kühne Prognose auszubaden: Berti Vogts konnte sechs Jahre später immerhin noch die Euro in England gewinnen, musste jedoch 1998 nach dem zweiten Aus in einem WM-Viertelfinale gehen. Weitere zwei Jahre darauf war der Nullpunkt erreicht: Unter Bundestrainer Erich Ribbeck flog die Elf bei der Euro in Belgien und den Niederlanden bereits in der Vorrunde raus – mit einem erzielten Tor und einem Punkt aus drei Spielen. Im Kader standen damals zwei Spieler, die noch keine 25 waren: der 1976 geborene Michael Ballack und sein vier Jahre jüngerer Kollege Sebastian Deisler, der als größtes deutsches Talent seit Beckenbauer gehandelt wurde. Zahlreiche Verletzungen und psychische Erkrankungen führten dazu, dass Deisler bereits mit 27 Jahren seine Karriere beendete. Nicht zu Unrecht beklagte er sich später über den unmenschlichen Druck, der damals auf ihm lastete: »Ich war 19, 20, als die Deutschen meinten, ich könnte ihren Fußball retten. Ich allein. Heute gibt es fünf, sechs Spieler, auf die sich alle Hoffnungen verteilen und die Aufmerksamkeit der Medien. Damals? Gab es noch Michael Ballack, aber der war vier Jahre älter und spielte im idyllischen Kaiserslautern.«

Sebastian Deisler 1999 vor seinem Wechsel zu Hertha BSC. Von 2002 bis 2007 stand er bei den Bayern unter Vertrag und holte mit ihnen dreimal das Double (2003, 2005, 2006). Die WM-Endrunden 2002 und 2006 verpasste er wegen Verletzungen, bereits in der Saison 2003/04 hatte er wegen Depressionen eine Auszeit genommen. Im Januar 2007 erklärte er seinen Rücktritt.

Die »Väter« des Desasters

Wurden um 1980 herum weniger talentierte Fußballer geboren als in anderen Generationen? Das ist wenig wahrscheinlich. Die große Krise des deutschen Fußballs um die Jahrtausendwende hatte diverse Ursachen. Neben Überheblichkeit im Siegesrausch von 1990 spielten die Konsequenzen des Bosman-Urteils Ende 1995 eine entscheidende Rolle. Der weitgehende Wegfall der Ausländerbeschränkungen hatte zur Folge, dass Talente immer weniger Gelegenheit bekamen, Spielpraxis zu sammeln. Als Bayern München 2001 zum vierten Mal die Champions League gewann, standen gerade mal drei Aktive um die zwanzig im Kader. 2010 waren es bereits fünf, 2012 gar sieben – die meisten von ihnen im Verein ausgebildet, darunter Leistungsträger wie David Alaba, Toni Kroos oder Thomas Müller. Ein Vergleich der Dortmunder Kader in den Meisterjahren 2002 und 2011 führt zu ähnlichen Ergebnissen: 2002 standen Sebastian Kehl und Christoph Metzelder ziemlich allein auf weiter

Leonardo Bittencourt (vorn) und Moritz Leitner gehören zu den hoffnungsvollen Nachwuchsspielern. Bei Borussia Dortmund konnten sie sich nicht durchsetzen und wurden 2013 zu Hannover 96 transferiert bzw. an den VfB Stuttgart verliehen. Leonardo ist der Sohn des Brasilianers Franklin Bittencourt, der 2001 in dem Team von Energie Cottbus stand, das als erstes bei einer Bundesligapartie mit elf Ausländern auflief.

İlkay Gündoğan, André Schürrle, Mario Götze, Marc-André ter Stegen und Julian Draxler (v.l.n.r.) als Auswechselspieler beim WM-Qualifikationsspiel in Österreich am 11. September 2012 – eine »Bank« vom Feinsten

Christoph Metzelder (l.) und Sebastian Kehl (im Zweikampf mit dem Stuttgarter Sean Dundee), beide wie Deisler Jahrgang 1980, gehörten zu den wenigen Aktiven ihrer Generation, die sich schon früh durchsetzen konnten.

Halil (l.) und Hamit Altıntop, gebürtig 1982 in Gelsenkirchen, im Sommer 2003 vor einem Spiel mit der türkischen U-21-Auswahl

Flur, 2011 waren Mario Götze und Nuri Şahin nur die Anführer von Jürgen Klopps »Kindergarten«-Meisterteam. Während in den letzten Jahren auf systematische Nachwuchsförderung gesetzt wird, wurden früher bevorzugt erfahrene Stars eingekauft – und dem DFB fehlte der Nachwuchs. Zudem kam die Integration talentierter Migrantenkinder nur äußerst schleppend in Gang, und bis heute durchlaufen viele Söhne türkischer Einwanderer zwar die deutschen U-Mannschaften, entscheiden sich dann aber gegen den Adler und für Halbmond und Stern – andere Länder, wie Frankreich oder die Niederlande, sind diesbezüglich immer noch Lichtjahre voraus.

In der Saison 2010/11 spielten İlkay Gündoğan (l.) und Mehmet Ekici (beide *1990) gemeinsam beim 1. FC Nürnberg. In der folgenden Saison trafen sie in den Trikots von Werder Bremen und Borussia Dortmund aufeinander. International können die Mittelfeldspieler ebenfalls aufeinandertreffen, denn Ekici entschied sich für die Türkei.

Mesut Özil (l.) und Nuri Şahin 2010 beim EM-Qualifikationsspiel Deutschland gegen die Türkei (3:0). Wie Özil kam Şahin im Herbst 1988 als Kind türkischer Einwanderer in Westfalen zur Welt – ähnlicher und zugleich unterschiedlicher können Fußballerbiografien kaum sein.

Ausbildungsvereine aktueller Stars: Bayern München

Name	Jg.	Ausbildungsverein(e)
Lahm, Philipp	1983	Bayern München (seit 1995, 2003–2005 ausgeliehen an VfB Stuttgart)
Neuer, Manuel	1986	Schalke 04 (1991–2011)
Boateng, Jérôme	1988	Tennis Borussia (1998–2002), Hertha BSC (2002–2007)
Badstuber, Holger	1989	VfB Stuttgart (2000–2002), Bayern München (seit 2002)
Müller, Thomas	1989	TSV Pähl (1993–2000), Bayern München (seit 2000)
Rode, Sebastian	1990	FC Alsbach (1998–2002), SC Viktoria Griesheim (2002–2004), SV Darmstadt 98 (2004–2005), Kickers Offenbach (2005–2010), Eintracht Frankfurt (2010–2014)
Alaba, David	1992	Austria Wien (2002–2008), Bayern München (seit 2008, 2011 ausgeliehen an TSG Hoffenheim 1899)
Götze, Mario	1992	Borussia Dortmund (2001–2013)
Kimmich, Joshua	1995	VfB Bösingen (–2007), VfB Stuttgart (2007–2013), RB Leipzig (2013–2015)

Der deutsche Talenteboom seit 2000

Fritz-Walter-Medaille in Gold*

Jahr	U 19	U 18	U 17
2005	Florian Müller (FC Bayern München)	Marc-André Kruska (Borussia Dortmund)	Sergej Evljuskin (VfL Wolfsburg)
2006	Kevin-Prince Boateng (Hertha BSC)	Sergej Evljuskin (VfL Wolfsburg)	**Lars Bender (1860 München)**
2007	**Benedikt Höwedes (Schalke 04)**	Marko Marin (Borussia Mönchengladbach)	Patrick Funk (VfB Stuttgart)
2008	Dennis Diekmeier (Werder Bremen)	Toni Kroos (Bayern München)	Manuel Gulde (1899 Hoffenheim)
2009	**Lewis Holtby (Schalke 04)**	Marco Terrazzino (1899 Hoffenheim)	**Mario Götze (Borussia Dortmund)**
2010	Peniel Mlapa (1860 München)	**Mario Götze (Borussia Dortmund)**	Timo Horn (1. FC Köln)
2011	**Marc-André ter Stegen (Borussia Mönchengladbach)**	Julian Draxler (Schalke 04)	Emre Can (Bayern München)
2012	Antonio Rüdiger (VfB Stuttgart)	Matthias Ginter (SC Freiburg)	Leon Goretzka (VfL Bochum)
2013	Matthias Ginter (SC Freiburg)	Kevin Akpoguma (1899 Hoffenheim)	Timo Werner (VfB Stuttgart)
2014	Niklas Stark (1. FC Nürnberg)	Julian Brandt (Bayer 04 Leverkusen)	Benedikt Gimber (1899 Hoffenheim)
2015	Jonathan Tah (Bayer 04 Leverkusen)	nicht vergeben	Felix Passlack (Borussia Dortmund)

* Mit der Fritz-Walter-Medaille werden seit 2005 je drei Spieler in den Altersstufen U19, U18 und U17 ausgezeichnet. Unter den Geehrten finden sich zahlreiche Aktive, die mittlerweile in der A-Nationalmannschaft zum Einsatz kamen (fett markiert). Weitere heutige Stammkräfte der DFB-Auswahlen wie Manuel Neuer, Sven Bender oder André Schürrle wurden mit Silber- oder Bronzemedaillen ausgezeichnet.

Das Milliarden-Projekt

Die Wende kam mit dem Euro-Desaster 2000: Im Februar 2001 beschloss eine Versammlung der 36 Erst- und Zweitligisten, die Lizenzvergabe künftig von der Einrichtung sogenannter Nachwuchsleistungszentren abhängig zu machen, in denen Kinder und Jugendliche professionell betreut werden. Eigene Internate und Kooperationen mit Schulen verhinderten eine einseitige Konzentration der Jugendlichen auf den Sport und eröffneten die Möglichkeit, begabte Nachwuchskicker in die Förderprogramme zu integrieren. Schließlich wurden über das Bundesgebiet hinweg DFB-Stützpunkte eingerichtet, in denen mindestens mit der B-Lizenz ausgestattete Fußballlehrer Talente sichten und trainieren.

Laut einem »SPIEGEL«-Artikel von Anfang 2012 haben die an dem Projekt beteiligten Vereine bis zur Spielzeit 2010/11 in neun Jahren 620 Millionen Euro in die Zentren investiert, im Schnitt 69 Millionen pro Spielzeit. Auf den ersten Blick eine gigantische Summe – doch zum Vergleich: Bayern München bezahlte innerhalb eines Jahres allein für die Verpflichtung von Javier Martínez, Mario Götze und Thiago Alcántara 102 Millionen Euro. Die systematische Jugendarbeit hat in jeder Hinsicht Früchte

Ausbildungsvereine aktueller Stars: Borussia Dortmund und Schalke 04

Name	Jg.	Ausbildungsverein(e)
Hummels, Mats	1988	Bayern München (1995–2008)
Schmelzer, Marcel	1988	1. FC Magdeburg (2002–2005), Borussia Dortmund (seit 2005)
Şahin, Nuri	1988	Borussia Dortmund (2001–2011, 2007/08 ausgeliehen an Feyenoord Rotterdam)
Höwedes, Benedikt	1988	TuS Haltern (1994–2000), SG Herten-Langenbochum (2000–2001), Schalke 04 (seit 2001)
Reus, Marco	1989	Borussia Dortmund (1995–2005), RW Ahlen (2005–2009)
Bender, Sven	1989	SpVgg Unterhaching (1999–2002), 1860 München (2002–2009)
Gündoğan, İlkay	1990	Schalke 04 (1998–1999), SV Gelsenkirchen-Hessler 06 (1999–2004), SSV Buer (2004–2005), VfL Bochum (2005–2009)
Durm, Erik	1992	SG Rieschweiler (1997–2008), 1. FC Saarbrücken (2008–2010), 1. FSV Mainz 05 (2010–2011)
Ginter, Matthias	1994	SC March (1998–2005), SC Freiburg (2005–2014)
Goretzka, Leon	1995	VfL Bochum (2001–2013)
Meyer, Max	1995	Rot-Weiß Oberhausen (2002–2004), MSV Duisburg (2004–2009), Schalke 04 (seit 2009)
Sané, Leroy	1996	SG Wattenscheid 09 (2001–2005), Schalke 04 (2005–2008, seit 2011), Bayer 04 Leverkusen (2008–2011)

Frisch mit der Fritz-Walter-Medaille für U-17-Spieler ausgezeichnet, wurde der 17-jährige Stürmer Timo Werner (*1996, im Hintergrund Trainer Bruno Labbadia) mit seinem Einsatz gegen Bayer Leverkusen am 17. August 2013 zum jüngsten Stuttgarter Bundesligaspieler aller Zeiten.

Flügelflitzer Karim Bellarabi (l., *1990) und Innenverteidiger Robin Knoche (*1992) schenken sich nichts – beide haben das Zeug, das Gesicht der deutschen Elf in den kommenden Jahren zu prägen.

getragen. Nicht nur die Klubs profitierten von den fast 400 Stützpunkten zur Talentförderung, auch die Krise des deutschen Fußballs ist längst Geschichte. Nach der katastrophalen EM 2004, als die Spieler mit dem Adler auf der Brust nicht einmal gegen Fußballzwerg Lettland siegreich den Platz verließen, übernahm Joachim Löw, zunächst als Co-Trainer, das Ruder bei der Auswahlmannschaft des DFB. Schon 2006, bei der Weltmeisterschaft im eigenen Land, war die Mannschaft auf der Höhe des zeitgemäßen Fußballs. Die berühmt-berüchtigten »Deutschen Tugenden« traten in den Hintergrund, die rundumerneuerte deutsche Elf hatte den Anschluss an den modernen Offensivfußball gesucht und gefunden. Eine wahre Talenteflut brachte den deutschen Fußball wieder an die Weltspitze, und insbesondere auf den kreativen Mittelfeldpositionen verfügt die Nationalmannschaft seit Jahren über so viele Ausnahmespieler wie vielleicht nie zuvor – eine Entwicklung, die ohne die Reformation der Jugendarbeit wohl nicht möglich gewesen wäre.

Schalker Boygroup: Julian Draxler (l., *1993) entschied sich 2015 zum Wechsel nach Wolfsburg. Mit den Mittelfeldspielern Max Meyer (M.) und Leon Goretzka (beide *1995) hat Schalke aber zwei weitere große deutsche Talente in der Hinterhand. Beide erreichten 2012 bei der U-17-EM das Finale, Meyer war Torschützenkönig und »Goldener Spieler« des Turniers.

Wer spricht noch von Panzern?

Geachtet und gefürchtet waren deutsche Nationalmannschaften immer, geliebt nur selten – und nie so sehr wie 1972, als Franz Beckenbauer, Günter Netzer & Co. auf sehr »undeutsche«, spielerische Art die Europameisterschaft gewannen. Spätestens beim WM-Turnier 2010 in Südafrika entfachte die zweite große Liebe der Deutschen zu ihrer Elf. Sogar die Engländer, selbst eher selten mit großen Ballkünstlern gesegnet, aber die schärfsten Kritiker des deutschen Kampffußballs, ließen sich keinerlei Schmähtiraden über »Panzer« entlocken, obwohl ihnen beim 1:4 im Achtelfinale ein klares Tor verweigert wurde. Die Art und Weise, wie die Özils, Müllers und Schweinsteigers in dieser Partie gezaubert hatten und beim 4:0 gegen Argentinien noch eine Schippe drauflegten, versetzte die Fußballwelt in Erstaunen und Entzücken.

Gianluca Gaudino (M., *1996), Mitchell Weiser (l., *1994) und Sinan Kurt (*1996) hatten in der Spielzeit 2014/15 wenig zu lachen – gemeinsam liefen sie fast nur in Testspielen auf. Bei Bayern ist die Konkurrenz erdrückend groß, ihren Durchbruch werden die Youngster woanders versuchen müssen.

Doch nicht nur der deutsche Spielstil hatte sich geändert, noch etwas anderes war nicht mehr wie früher: Die Männer in Schwarz und Weiß holten auch keine Titel mehr. Die Europameisterschaft 1996 unter Berti Vogts war der letzte Triumph des »alten« deutschen Fußballs, die Mannen von Jogi Löw waren zwar Stammgast in den Halbfinals der großen Turniere und stießen bei der EM 2008 bis ins Finale vor, aber bis ganz nach oben aufs Treppchen langte es nicht mehr. Spätestens vor der EM 2012 wuchs der Druck, endlich den siebten Titel bei Welt- und Europameisterschaften zu gewinnen. Entsprechend groß war die Enttäuschung, als die Deutschen im Halbfinale von nicht gerade übermächtigen Italienern am Nasenring durch die Arena geführt wurden. In der Folge wehte der heißen Liebe der Deutschen zu ihrer spielstarken Nationalelf ein mitunter eisiger Wind entgegen. Die Kritik galt nicht zuletzt Joachim Löw, der wegen fragwürdiger taktischer Entscheidungen am überraschenden Halbfinalaus nicht ganz unschuldig war. So viel war klar: Die Uhr tickte herunter. Viele Chancen durfte die Löw-Elf nicht mehr

UEFA U-21-Europameisterschaften seit 2000*

Jahr/Gastgeber	Sieger	Zweiter
2000/Slowakei	Italien	Tschechien
2002/Schweiz	Tschechien	Frankreich
2004/Deutschland	Italien	Serbien und Mont.
2006/Portugal	Niederlande	Ukraine
2007/Niederlande	Niederlande	Serbien
2009/Schweden	Deutschland	England
2011/Dänemark	Spanien	Schweiz
2013/Israel	Spanien	Italien
2015/Tschechien	Schweden	Portugal

* Der Austragungsrhythmus wurde 2006/07 geändert, damit das U-21-Turnier alle vier Jahre direkt vor den Olympischen Spielen stattfindet und so auch eine Qualifikation zu deren U-23-Turnieren darstellt.

Showdown an der Copacabana

2014 in Brasilien passte alles zusammen – der spektakuläre Fußball und der ganz große Erfolg. Der deutsche Talenteboom des neuen Jahrtausends zahlte sich endlich aus und die Zauberschüler fuhren die Ernte ein. Das Halbfinalspiel gegen Gastgeber Brasilien hatte schon in der Halbzeitpause seinen Platz in den Geschichtsbüchern sicher. 5:0 stand es für den kommenden Weltmeister, und jedem, der das Spiel sah, war klar, Zeuge von etwas ganz Besonderem zu sein. Nach dem Trauma von 1950, als die Seleção die WM im Maracanã gegen Uruguay verloren hatte, war dies für die stolze Fußballnation der zweite schmerzhafte Niederschlag.
Nicht nur die deutschen Anhänger sahen dagegen eines der atemberaubendsten Spiele der bisherigen WM- und Fußballgeschichte. Berauscht von der eigenen Leistung, spielten die Hogwarts-Absolventen die brasilianische Abwehr im Minutentakt schwindelig und ließen keinen

Wer ist hier der Brasilianer? – Mario Götze (*1992) trumpfte beim 3:2-Sieg im August 2011 gegen die Seleção groß auf und war der beste Samba-Kicker auf dem Platz. Ein Vorgeschmack auf die damals noch ferne Endrunde am Zuckerhut.

vergeben, denn so schön ihr Spiel sein mochte, unter dem Strich werden große Mannschaften immer an ihren Titeln gemessen. Mit ungebrochenem Elan und fest entschlossen nahmen Jogi Löw und seine Auswahl das Projekt Brasilien 2014 in Angriff. Doch ausgerechnet in Südamerika, von wo noch nie eine europäische Mannschaft den WM-Titel hatte entführen können, musste es gelingen – der lang ersehnte vierte Stern.

Alles im Griff? – Christoph Kramer (*1991), der jüngste deutsche Spieler in der Startaufstellung des WM-Endspiels von Rio de Janeiro, musste in seinem erst fünften Länderspiel nach einer halben Stunde vom Platz, als er nach einem harten Zusammenprall nicht mehr Herr seiner Sinne war und den Schiedsrichter freundlich um Auskunft bat, ob dies das WM-Finale sei.

Zweifel, wer alleine Weltmeister werden sollte. Das Finale wurde zur großen Schlacht mit glücklichem Ausgang, als Mario Götze auf Geheiß des Bundestrainers zeigte, dass er – diesmal – der bessere Messi war. Bis zur U-21-Weltmeisterschaft 2015 in Tschechien hat Joachim Löw auf eine Reihe nachdrängender Talente verzichtet, im Zuge der Turniere 2016 in Frankreich und 2018 in Russland wird sich das Gesicht der A-Nationalmannschaft verändern. Die Jahrgänge der 1990er-Jahre drängen in der Bundesliga und auch in anderen europäischen Spitzenligen nach vorne und bekleiden längst Hauptrollen. Nichts spricht dagegen, dass die systematische deutsche Nachwuchsarbeit auch in den kommenden Jahren reiche Früchte tragen wird. Talente wie Max Meyer, Maximilian Arnold oder Kevin Volland, Timo Werner, Julian Brandt oder Joshua Kimmich haben zweifelsohne das Zeug, dem DFB auch in Zukunft goldene Zeiten zu bescheren.

Zwar halten sich die Erfolge deutscher Vereine in der seit der Saison 2013/14 ausgetragenen UEFA Youth League (U 19) in Grenzen – nur Schalke 04 drang bis dato ins Halbfinale vor –, allerdings zeigt sich die besondere Stärke der deutschen Nachwuchsarbeit gerade in der Phase des Übergangs von den Jugendabteilungen in die Profimannschaften: Die Talente werden behutsam an höhere Aufgaben herangeführt und erhalten schließlich ihre Chance.

Ausbildungsvereine aktueller Stars: weitere Vereine

Name	Jg.	Ausbildungsverein(e)
Podolski, Lukas	1985	1. FC Köln (1995–2006)
Gómez, Mario	1985	SSV Ulm 1846 (2000–2001), VfB Stuttgart (2001–2009)
Khedira, Sami	1987	VfB Stuttgart (1995–2010)
Özil, Mesut	1988	Rot-Weiss Essen (2000–2005), Schalke 04 (2005–2009)
Bender, Lars	1989	SpVgg Unterhaching (1999–2002), 1860 München (2002–2009)
Bellarabi, Karim	1990	Werder Bremen (1998–2004), FC Oberneuland (2004–2008), Eintracht Braunschweig (2008–2011)
Kroos, Toni	1990	Hansa Rostock (2002–2006), Bayern München (2006–2014, 2009–2010 ausgeliehen an Bayer Leverkusen)
Schürrle, André	1990	Ludwigshafener SC (1995–2006), Mainz 05 (2006–2011)
Kramer, Christoph	1991	BV Gräfrath (1996–1999), Bayer 04 Leverkusen (1999–2006, 2008–2011), Fortuna Düsseldorf (2006–2008)
ter Stegen, Marc-André	1992	Borussia Mönchengladbach (seit 1996)
Leno, Bernd	1992	VfB Stuttgart (2003–2011)
Can, Emre	1994	Eintracht Frankfurt (2006–2009), Bayern München (2009–2013)

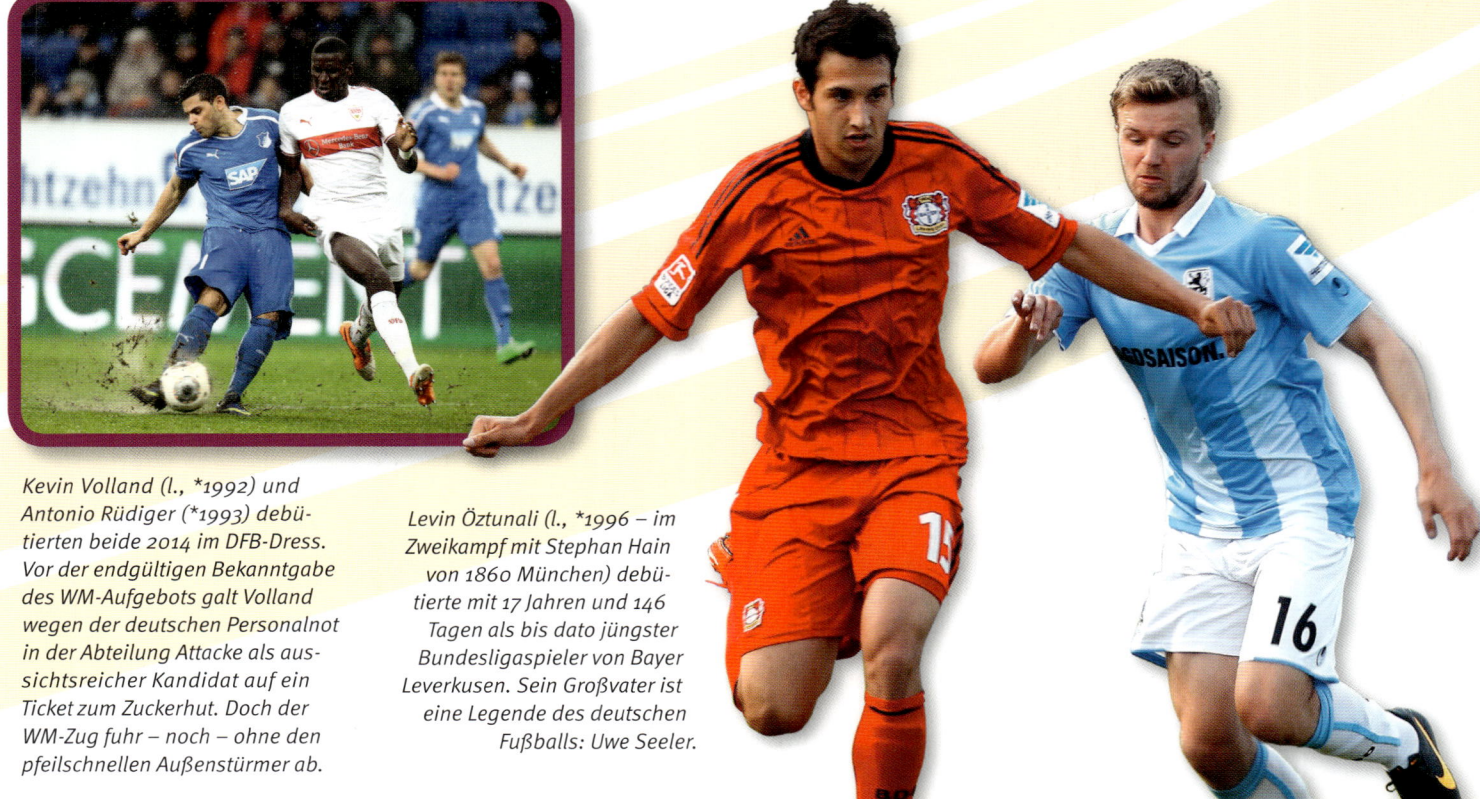

Kevin Volland (l., *1992) und Antonio Rüdiger (*1993) debütierten beide 2014 im DFB-Dress. Vor der endgültigen Bekanntgabe des WM-Aufgebots galt Volland wegen der deutschen Personalnot in der Abteilung Attacke als aussichtsreicher Kandidat auf ein Ticket zum Zuckerhut. Doch der WM-Zug fuhr – noch – ohne den pfeilschnellen Außenstürmer ab.

Levin Öztunali (l., *1996 – im Zweikampf mit Stephan Hain von 1860 München) debütierte mit 17 Jahren und 146 Tagen als bis dato jüngster Bundesligaspieler von Bayer Leverkusen. Sein Großvater ist eine Legende des deutschen Fußballs: Uwe Seeler.

Dirigenten und Zauberer
Offensive Mittelfeldspieler: die 10er

Die magische »10«

Ferenc Puskás, Diego Maradona, Michel Platini, Zinédine Zidane – die Namensliste der legendären 10er, der »Spielmacher« alter Schule, ist beeindruckend. Den Mythos der 10 begründete der Jahrhundertfußballer Pelé, als er 1958 in Schweden mit dieser Nummer auflief – sie bei großen Turnieren tragen zu dürfen, war über Jahrzehnte hinweg eine große Ehre für die besten Mittelfeldspieler. Dennoch war der letzte traditionelle 10er eines Weltmeisterteams 2002 der Brasilianer **Rivaldo**, der damals bereits 30 Jahre zählte und noch bis 2014 aktiv war. Seine Trophäensammlung erweiterte er zuletzt 2012 mit der Auszeichnung als bester Spieler der angolanischen Profiliga.

Als Italien 2006 den Titel holte, trug Außenstürmer Francesco Totti die 10; für die »Furia Roja« lief 2010 Cesc Fàbregas mit dieser Nummer auf, zwar ein zentraler Mittelfeldspieler, aber alles andere als ein typischer Spielmacher. Über einen solchen verfügten die Italiener

Pirlo, Andrea (*1979)
Italien (seit 2002), Brescia Calcio (bis 1998), Inter Mailand (1998–2001), AC Mailand (2001–2011), Juventus Turin (2011–2015), New York City FC (seit 2015)

FIFA Weltmeister	1	2006
UEFA U-21-Europameister	1	2000
UEFA Champions League	2	2003, 2007
FIFA Klub-WM	1	2007
Italienischer Meister	6	2004, 2007, 2012, 2013, 2014, 2015
Italienischer Pokal	2	2003, 2015
FIFA WM All Star Team	1	2006
UEFA Euro All Star Team	1	2012
Italiens Fußballer d. J.	3	2012, 2013, 2014

Schon bei der WM 2006 wurde Andrea Pirlo nach dem italienischen Halbfinalspiel gegen Deutschland zum »Man of the Match« gewählt, 2012 bei der Euro wiederholte er dieses Kunststück.

Rivaldo (Vítor Borba Ferreira) (*1972)
Brasilien (1993–2003), Corinthians São Paulo (1993–1994), Palmeiras São Paulo (1994–1996), Deportivo La Coruna (1996–1997), FC Barcelona (1997–2002), AC Mailand (2002–2003), Cruzeiro Belo Horizonte (2004), Olympiakos Piräus (2004–2007), AEK Athen (2007–2008), Bunjodkor Taschkent (2008–2010), Mogi Mirim EC (2011), FC São Paulo (2011), Kabuscorp (2012), AD São Caetano (2013–2014)

FIFA Weltmeister	1	2002
Südamerikameister	1	1999
FIFA Konföderationenpokal	1	1997
UEFA Champions League	1	2003
Spanischer Meister	2	1998, 1999
Spanischer Pokal	1	1998
Italienischer Pokal	1	2003
Griechischer Meister	3	2005, 2006, 2007
Griechischer Pokal	2	2005, 2006
Brasilianischer Meister	1	1994
Weltfußballer d. J.	1	1999
Europas Fußballer d. J.	1	1999
FIFA WM All Star Team	2	1998, 2002
Torschützenkönig UEFA CL	1	2000
Torsch. Südamerikameisterschaft	1	1999
Brasiliens Fußballer d. J.	2	1993, 1994

Rivaldo (M.) – hier im Duell mit Carsten Ramelow (l.) und Dietmar Hamann – bereitete im WM-Finale 2002 das 1:0 von Ronaldo vor.

schon, den vielleicht besten der Jahre nach 2000, doch **Andrea Pirlo** ist seit der Euro 2004 auf die Rückennummer 21 abonniert. Als Stratege mit genialer Übersicht, der jederzeit den »tödlichen« Pass spielen kann, erfüllt Pirlo das Profil des Spielmachers mehr als perfekt, was die DFB-Teams 2006 und 2012 schmerzhaft erfahren mussten. Erst in ihrer Supersaison 2012/13 gelang es den Bayern, den ausgewiesenen »Deutschenschreck« Pirlo in ihren zwei Champions-League-Spielen gegen Juventus Turin zu bändigen.

Bei der Euro in Polen und der Ukraine stellte Bundestrainer Joachim Löw im Halbfinale seine Taktik um: Toni Kroos (l.) sollte Spielmacher Andrea Pirlo neutralisieren, ein Versuch, der kräftig danebenging.

Die Bayern schalteten Pirlo im Frühjahr 2013 in beiden Champions-League-Partien weitgehend aus. Der Italiener wurde oft schon in der eigenen Hälfte von Angreifern wie Mario Mandžukić (l.) früh attackiert.

Europas Fußballer des Jahres seit 2000*

Jahr	Name	Land	Verein
2000	Luís Figo	Portugal	FC Barcelona – Real Madrid
2001	Michael Owen	England	FC Liverpool
2002	Ronaldo**	Brasilien	Inter Mailand – Real Madrid
2003	Pavel Nedvěd	Tschechien	Juventus Turin
2004	Andrij Schewtschenko	Ukraine	AC Mailand
2005	Ronaldinho**	Brasilien	FC Barcelona
2006	Fabio Cannavaro**	Italien	Juventus Turin – Real Madrid
2007	Kaká**	Brasilien	AC Mailand
2008	Cristiano Ronaldo**	Portugal	Manchester United
2009	Lionel Messi**	Argentinien	FC Barcelona
2010	Lionel Messi**	Argentinien	FC Barcelona
2011	Lionel Messi**	Argentinien	FC Barcelona
2012	Andrés Iniesta	Spanien	FC Barcelona
2013	Franck Ribéry	Frankreich	Bayern München
2014	Cristiano Ronaldo**	Portugal	Real Madrid
2015	Lionel Messi**	Argentinien	FC Barcelona

* **Bis 2009:** Seit 1956 vergab die französische Zeitschrift »France Football« den »Ballon d'Or« – auch bekannt als »Europas Fußballer des Jahres« – an den besten europäischen Fußballer, der auch für einen europäischen Verein spielte; ab den 1990er-Jahren konnten auch nichteuropäische Spieler gewählt werden, ab 2007 alle Spieler weltweit. **2010** verschmolz der »Ballon d'Or« mit dem von der FIFA vergebenen Titel »Weltfußballer des Jahres« zum »FIFA Ballon d'Or«, es gab nur eine Wahl. **Seit 2011** wird neben diesem Titel der »UEFA Best Player in Europe Award« vergeben, mit dem der beste Spieler bei einem europäischen Verein gekürt wird.

** Gleichzeitig FIFA Weltfußballer des Jahres

Der Spielmacher in der Krise

Andrea Pirlo spielte von 2001 bis 2011 beim AC Mailand, ehe er überraschend noch einmal zu Juventus Turin wechselte. Bei der »Alten Dame« wurde die Position des Spielmachers in den Jahren nach 2000 von dem Tschechen **Pavel Nedvěd** bekleidet, der ausgerechnet im Champions-League-Finale 2003 eine Gelbsperre absitzen musste. Juventus verlor das Spiel im Elfmeterschießen – gegen Milan und Pirlo. Der größte Erfolg für Europas Fußballer des Jahres 2003 blieb so der Triumph mit Lazio Rom bei der letzten Austragung des Europapokals der Pokalsieger 1998/99. Mit der Nationalmannschaft reichte es ebenfalls zu keinem Titel, bei der Euro 2004 verlor Tschechien im Halbfinale mit 0:1 gegen Griechenland.

Besser lief es für Deco, der als Anderson Luiz de Souza vor den Toren von São Paulo geboren wurde, im Verein. Kurz vor der Euro hatte er unter dem aufgehenden Trainerstern José Mourinho mit dem FC Porto sensationell die Champions League gewonnen. Ein Kunststück, das er

Griechenlands Theodoros Zagorakis (l.) versucht im Halbfinale der Euro 2004, Tschechiens Spielmacher Pavel Nedvěd zu stellen.

Nedvěd, Pavel (*1972)
Tschechien (1994–2006), Dukla Prag (1991–1992), Sparta Prag (1992–1996), Lazio Rom (1996–2001), Juventus Turin (2001–2009)

Europapokal der Pokalsieger	1	1999
Tschech(oslowak)ischer Meister	3	1993, 1994, 1995
Tschechischer Pokal	1	1996
Italienischer Meister	5	2000, 2002, 2003, 2005, 2006
Italienischer Pokal	2	1998, 2000
UEFA Euro All Star Team	1	2004
Europas Fußballer d. J.	1	2003
Italiens Fußballer d. J.	1	2003
Tschechiens Fußballer d. J.	4	1998, 2000, 2003, 2004

Vor dem Endspiel gab es nur einen Favoriten: Portugal um Luís Figo, Cristiano Ronaldo und **Deco**. Eine solche Konzentration von kreativer Fußballkunst hatte es im portugiesischen Fußball, wenn überhaupt, seit den Glanztagen von Eusébio nicht mehr gegeben. Kaum jemand im Lissaboner Estádio da Luz zweifelte daran, dass Portugals »Goldene Generation« den Titel holen würde. Doch es kam anders. Immer wieder prallten die Angriffe der Seleção an der griechischen Wand ab und auch Deco fand keine Lücke. Nachdem um die Jahrtausendwende der Libero aus der Mode gekommen war, geriet nun die Position des Spielmachers alter Schule in die Krise. Zum Spieler des Turniers wurde weder Nedvěd noch Deco gewählt, sondern der defensivstarke, aber nicht gerade für seine Kreativität berühmte Theodoros Zagorakis.

Pavel Nedvěd mit dem »Goldenen Ball« als »Europas Fußballer des Jahres 2003«

Starregisseur Deco (r.) und Altmeister Luís Figo feiern den Einzug ins EM-Finale 2004 vor heimischem Publikum. Die Tür zum Endspiel hatte Jungspund Cristiano Ronaldo mit seinem Treffer geöffnet, dennoch blieb dem phänomenalen Trio der Titel verwehrt.

Deco (Anderson Luiz de Souza) (*1977)
Portugal (2003–2010), FC Porto (1999–2004), FC Barcelona (2004–2008), FC Chelsea (2008–2010), Fluminense FC (2010–2013)

UEFA Champions League	2	2004, 2006
UEFA-Pokal	1	2003
Portugiesischer Meister	3	1999, 2003, 2004
Portugiesischer Pokal	3	2000, 2001, 2003
Spanischer Meister	2	2005, 2006
Englischer Meister	1	2010
Englischer Pokal	2	2009, 2010
Brasilianischer Meister	2	2010, 2012
UEFA Fußballer d. J.	1	2004
Portugals Fußballer d. J.	1	2004

zwei Jahre später mit dem FC Barcelona wiederholte – in beiden Spielzeiten wurde der Regisseur zum besten Mittelfeldspieler der europäischen Königsklasse gewählt.

Zahlen sind Schall und Rauch!?

In früheren Zeiten liefen die Spieler – abgesehen von großen Turnieren – immer mit den Nummern 1 bis 11 auf, die 5 war dem Libero vorbehalten, die 9 dem Mittelstürmer, die 10 eben dem »Halblinks« oder Spielmacher. Standen zwei Mittelstürmer im Aufgebot, die um den Platz in der Sturmspitze kämpften, war das bei Events wie Weltmeisterschaften problematisch, vor allem wenn beide auf dem Platz standen. So trug Uwe Seeler 1970 in Mexiko die 9, sein »Rivale« Gerd Müller nahm die »Unglücksnummer« 13. Mit ihr wurde er Torschützenkönig, was spätere Stars wie Michael Ballack oder zuletzt Thomas Müller dazu brachte, genau auf diese Zahl zu setzen, die vor 1970 niemand haben wollte. Aberglaube spielte auch eine Rolle, wenn ein Spieler partout nicht mit der ihm eigentlich zustehenden 10 auflaufen wollte: Johan Cruyff beharrte auf seiner 14. Die Argentinier nummerierten 1978 und 1982 die Trikots bei WM-

Fàbregas, Cesc (*1987)
Spanien (seit 2006), FC Barcelona (1997–2003), FC Arsenal (2003–2011), FC Barcelona (2011–2014), FC Chelsea (seit 2014)

FIFA Weltmeister	1	2010
UEFA Europameister	2	2008, 2012
FIFA Klub-WM	1	2011
Spanischer Meister	1	2013
Spanischer Pokal	1	2012
Englischer Meister	1	2015
Englischer Pokal	1	2005
UEFA Euro All Star Team	2	2008, 2012

Cesc Fàbregas im Juli 2010 mit der WM-Trophäe, neben ihm Raúl Albiol

Deco, der gebürtige Brasilianer, erhielt 2002 den portugiesischen Pass und erzielte am 29. März 2003 in seinem ersten Länderspiel sein erstes Tor – ausgerechnet gegen die Seleção seines Heimatlandes.

Offensive Mittelfeldspieler: die 10er

Iniesta, Andrés (*1984)
Spanien (seit 2006), FC Barcelona (seit 1996)

FIFA Weltmeister	1	2010
UEFA Europameister	2	2008, 2012
UEFA U-19-Europameister	1	2002
UEFA Champions League	4	2006, 2009, 2011, 2015
FIFA Klub-WM	2	2009, 2011
Spanischer Meister	7	2005, 2006, 2009, 2010, 2011, 2013, 2015
Spanischer Pokal	3	2009, 2012, 2015
FIFA WM All Star Team	1	2010
UEFA Euro All Star Team	2	2008, 2012
Bester Spieler UEFA EM	1	2012
Europas Fußballer d. J.	1	2012
Spaniens Fußballer d. J.	1	2009

2014 die Trikotnummern der Stammkräfte nicht – Xavi trug die 8, **Andrés Iniesta** die 6 und **Cesc Fàbregas** die 10. Bei Barça haben Xavi und Iniesta dieselben Stammzahlen, nur genau andersherum, während Fàbregas nach seiner Heimkehr aus London 2011 mit der 4 auflief. Mutet diese Zahlenspielerei auf den ersten Blick an wie eines der zahlreichen sinnlosen Informationsbombardements, mit denen TV-Kommentatoren ihre Zuhörer quälen, so wirft sie in den Fällen Spanien und Barça ein Schlaglicht auf tief greifende Veränderungen des Fußballs: Viele traditionelle Rollenverteilungen sind längst hinfällig geworden. Xavi ist gewiss kein defensiver Sechser, Iniesta noch weniger – aber auch kein sogenannter Zwischenspieler. Beide wechselten sich in diesen Rollen ständig ab, wenngleich Andrés Iniesta zweifellos der offensivere von beiden ist. Auch **David Silva** von Manchester City, der bei der Euro 2012 zum Stamm der »Furia

Silva, David (*1986)
Spanien (seit 2006), FC Valencia (2000–2010), Manchester City (seit 2010)

FIFA Weltmeister	1	2010
UEFA Europameister	2	2008, 2012
UEFA U-19-Europameister	1	2004
Spanischer Pokal	1	2008
Englischer Meister	2	2012, 2014
Englischer Pokal	1	2011
UEFA Euro All Star Team	1	2012

Roja« zählte, zeichnet vor allem seine Vielseitigkeit aus.

Lionel Messi trägt im Verein zwar die 10, ist aber kein Spielmacher wie einst Maradona, und Cesc Fàbregas ist dies noch viel weniger: Er kann vom defensiven über den offensiven zentralen Mittelfeldspieler bis hin zum verkappten Stürmer, dem »falschen Neuner«, nahezu alle Mittelfeldpositionen bekleiden. Beim FC Barcelona ist genau das die gültige Philosophie, spätestens seit Pep Guardiola 2008 den Trainerposten übernahm.

Andrés Iniesta im Champions-League-Finale 2011, das die Katalanen mit 3:1 gegen Manchester United gewannen

Endrunden alphabetisch, nur für Diego Maradona wurde die Regel außer Kraft gesetzt: Er trug 1982 – und auch später – die 10, egal, was das Alphabet sagte. In Spanien wechselten seit der Euro 2008 bis zur WM

Bereits in der 14. Minute des Euro-Finales 2012 netzte David Silva (r.) zum 1:0 ein. Am Ende stand ein historischer 4:0-Triumph der »Furia Roja«.

Besser als Messi?

Fußballer, die an Pelé oder Maradona erinnern, gibt es in jeder Generation, selten jedoch Spieler ihrer Klasse. Jahrhunderttalente wie Lionel Messi sind und bleiben die Ausnahme. Unbestritten ist der kleine Argentinier einer der größten Kicker der Fußballgeschichte, aber manchmal kann auch er nicht alles richten.

Im WM-Finale 2014 war er in den Händen der deutschen Abwehr gut aufgehoben und konnte keinen entscheidenden Punch gegen Manuel Neuer landen. Kurz vor Ende der regulären Spielzeit kam auf deutscher Seite ein Spieler in die Partie, der ebenfalls die Kunst der »falschen Neun« beherrscht und ein ständiger Pendler zwischen Mittelfeld und Sturm ist. **Mario Götze** wurde von Bundestrainer Jogi Löw mit den historischen Worten aufs Spielfeld geschickt: »Jetzt zeige der ganzen Welt, dass du besser bist als Messi!« Eine Viertelstunde später, kurz vor dem letzten Seitenwechsel in der Verlängerung, ging André Schürrle über die linke Seite auf und davon und bediente eben jenen Super-Mario, der im Strafraum den Messi gab und Deutschland eiskalt zum Titel schoss.

In seiner noch jungen Karriere hat Mario Götze schon eine beeindruckende Titelsammlung vorzuweisen, nur im Champions-League-Finale 2013 stand er auf der Verliererseite, als er mit dem BVB seinem kommenden Arbeitgeber Bayern München unterlag. Sowohl in der Kreativabteilung des Rekordmeisters als auch der Nati-

Als die DFB-Auswahl am 11. August 2011 die Seleção mit 3:2 bezwang, stand Mario Götze erstmals in der Startelf und erzielte seinen ersten Länderspieltreffer.

onalelf kann er nahezu jede Offensivposition einnehmen – und hat glänzende Aussichten auf weitere Titel, ob in der Bundesliga, der europäischen Königsklasse oder in Schwarz-Weiß bei den kommenden Turnieren in Frankreich und Russland.

Im Finale der WM 2014 erfüllen sich für Mario Götze alle Fußballerträume: In der Verlängerung des Finales schießt er das Siegtor und macht Deutschland zum Weltmeister.

Götze, Mario (*1992)
Deutschland (seit 2010), Borussia Dortmund (2001–2013), Bayern München (seit 2013)

FIFA Weltmeister	1	2014
FIFA Klub-WM	1	2013
Deutscher Meister	4	2011, 2012, 2014, 2015
Deutscher Pokal	2	2012, 2014

Offensive Mittelfeldspieler: die 10er

Mesut Özil (Nr. 8, im Hintergrund Marco Reus) beim 3:3 gegen Paraguay im August 2013

Özil und Isco (r., damals noch beim FC Málaga) trafen im Januar 2011 im spanischen Pokal aufeinander; ein paar Wochen waren die beiden Teamgefährten bei Real, dann wechselte Özil zum FC Arsenal.

Özil, Mesut (*1988)
Deutschland (seit 2009), Rot-Weiss Essen (2000–2005), Schalke 04 (2005–2008), Werder Bremen (2008–2010), Real Madrid (2010–2013), FC Arsenal (seit 2013)

FIFA Weltmeister	1	2014
UEFA U-21-Europameister	1	2009
Deutscher Pokal	1	2009
Spanischer Meister	1	2012
Spanischer Pokal	1	2011
Englischer Pokal	2	2014, 2015
UEFA Euro All Star Team	1	2012

In der DFB-Auswahl ist die Spielmacherposition seit der WM in Südafrika ziemlich fest an **Mesut Özil** vergeben. Dort agierte er auch bei Real Madrid und verdrängte unter José Mourinho sogar Kaká, den Weltfußballer 2007, auf die harte Ersatzbank. Bei der Euro 2012 spielte er überragend auf, ohne aber zum Titel greifen zu können. 2014 trat er einen Tick unauffälliger auf, jedoch mit einem deutlich erfolgreicheren Ergebnis. Im System von Arsène Wenger beim FC Arsenal aus London hat er längst die Position des Schlüsselspielers eingenommen, und mit ihm hoffen die »Gunners«, endlich wieder nach nationalen und internationalen Titeln greifen zu können. Mit dem Pokalerfolg 2014, dem elften für Arsenal, stellten Özil und Co. den Rekord von Manchester United ein – und das soll erst der Anfang sein ...

Zwischen Zentrum und Außenbahn

Für die Trainer von Nationalmannschaften ist es nicht immer reines Glück, auf zentralen Positionen über eine Auswahl gleich mehrerer Hochbegabter zu verfügen: In den 1970er-Jahren wurde in Deutschland leidenschaftlich gestritten, ob die Zehner Wolfgang Overath und Günter Netzer zusammen auflaufen könnten; bei den großen Turnieren jedenfalls blieb einer von beiden draußen – Netzer 1970 und 1974, Overath 1972. Heute ist die Situation eine andere: Mesut Özil ist kein »klassischer« Spielmacher, auf dessen Schultern allein die Bürde liegt, vielmehr wird das deutsche Spiel von vielen Beinen gemacht.

Auch in der holländischen Elftal passten in den vergan-

Günter Netzer und Wolfgang Overath

Gut 20 Minuten stand Günter Netzer (r.) bei der WM 1974 in Deutschland auf dem Platz: Bei dem historischen 0:1 gegen die DDR wurde er für Wolfgang Overath (Nr. 12) eingewechselt, doch in den Spielen danach erhielt wieder der 1943 geborene Kölner den Vorzug vor seinem knapp ein Jahr jüngeren Kollegen aus Mönchengladbach. Overath hatte bereits 1966 im WM-Finale gespielt und war auch 1970 in Mexiko der Spielmacher, Netzer stand damals gar nicht im Kader. Nur einmal konnte auch er mit dem DFB-Team jubeln – bei der Europameisterschaft 1972, bei der er gemeinsam mit Franz Beckenbauer der dominierende Gestalter war. Overath hatte damals allerdings das Pech, dass er verletzt war, als beim 3:1 gegen England im Wembley-Stadion die spielstärkste deutsche Mannschaft bis 2010 geboren wurde.

Wieder nur Zweiter: Rafael van der Vaart nach dem verlorenen WM-Finale 2010

Sneijder, Wesley (*1984)
Niederlande (seit 2003), Ajax Amsterdam (1991–2007), Real Madrid (2007–2009), Inter Mailand (2009–2013), Galatasaray Istanbul (seit 2013)

UEFA Champions League	1	2010
FIFA Klub-WM	1	2010
Spanischer Meister	1	2008
Italienischer Meister	1	2010
Italienischer Pokal	2	2010, 2011
Niederländischer Meister	1	2004
Niederländischer Pokal	2	2005, 2006
Türkischer Meister	2	2013, 2015
Türkischer Pokal	2	2014, 2015
UEFA Euro All Star Team	1	2008
FIFA WM All Star Team	1	2010

van der Vaart, Rafael (*1983)
Niederlande (seit 2001), Ajax Amsterdam (1993–2005), Hamburger SV (2005–2008), Real Madrid (2008–2010), Tottenham Hotspur (2010–2012), Hamburger SV (2012–2015), Betis Sevilla (seit 2015)

Niederländischer Meister	2	2002, 2004
Niederländischer Pokal	1	2002

Wesley Sneijder feiert den Gewinn des »Henkelpotts« 2010 mit seinem Sohn.

genen Jahren mehrere Spielmacher unter einen Hut: Sowohl **Rafael van der Vaart** als auch **Wesley Sneijder** waren im Dress von Oranje für die kreativen Momente zuständig. Bei der WM 2010 in Südafrika wich van der Vaart, der im Gegensatz zu seinem Nationalmannschaftskollegen keine internationalen Titel sammeln konnte, auf den linken Flügel aus – ein probates Mittel, um zwei eigentlich zentral spielende Kreativposten unterzubringen. Sneijder spielte am Kap ein großartiges Turnier. Kurz zuvor hatte er mit Inter Mailand das Triple gewonnen, was noch keiner italienischen Mannschaft bis dahin gelungen war. Im WM-Finale wollte er »sein« Jahr endgültig vergolden, doch Andrés Iniestas goldenes Tor für Spanien machte alle Hoffnungen zunichte.

Nach dem Champions-League-Finale tröstet Sneijder (l.) seinen Landsmann Arjen Robben, der mit den Bayern gegen Inter Mailand verloren hat. Wenige Wochen später litten beide nach dem verlorenen WM-Finale gemeinsam.

Rafael van der Vaart (am Boden) und Joris Mathijsen sind entsetzt, nachdem Andrés Iniesta (M.) Sekunden zuvor das 1:0 im WM-Finale 2010 erzielt hat.

Offensive Mittelfeldspieler: die 10er

Laufen, dribbeln, flanken
Offensive Außenbahnspieler, »hängende Spitzen«

Die magische 100-Millionen-Euro-Grenze

Umgerechnet 94 Millionen Euro zahlte Real Madrid 2009 für Cristiano Ronaldo – über 20 Millionen mehr, als die Königlichen acht Jahre zuvor für Zinédine Zidane hingelegt hatten. Kaum jemand mochte sich vorstellen, dass diese Rekordsumme in absehbarer Zeit ins Wanken geraten könnte, doch im Sommer 2013 geisterte eine dreistellige Millionensumme für den walisischen Außenstürmer **Gareth Bale** von Tottenham Hotspur durch die Medien. Am Ende waren es wohl »nur« etwa 91 Millionen, die die Königlichen an die »Spurs« überwiesen, aber dass die magische Grenze von 100 Millionen fallen würde, war nur noch eine Frage der Zeit.

Bales älterer Landsmann **Ryan Giggs** hatte im Sommer stets frei, denn die walisische Auswahl konnte bis dato nur einmal das Ticket zu einem großen Turnier lösen, nämlich zur WM 1958 in Schweden. Nach der Aufstockung der EM-Endrunde auf 24 Mannschaften änderte sich das allerdings schnell. Während Giggs nur im Verein im Rampenlicht stand, betritt Bale zur Euro 2016 erstmals auch im Nationaltrikot die große Bühne.

Ins Blickfeld der Weltöffentlichkeit trat Gareth Bale (r.) erstmals am 20. Oktober 2010 in Mailand: Im Gruppenspiel der Champions League 2010/11 lagen die Spurs nach 35 Minuten bei Inter 0:4 zurück und hatten einen Mann weniger auf dem Platz; dennoch verkürzten die Engländer in der zweiten Hälfte noch auf 3:4 – durch einen Hattrick von Bale, der seinen Gegenspieler Maicon schwindlig spielte.

Bale, Gareth (*1989)
Wales (seit 2006), FC Southampton (bis 2007), Tottenham Hotspur (2007–2013), Real Madrid (seit 2013)

UEFA Champions League	1	2014
FIFA Klub-WM	1	2014
Spanischer Pokal	1	2014
Englands Fußballer d. J.	1	2013
Wales' Fußballer d. J.	3	2010, 2011, 2013

Giggs, Ryan (*1973)
Wales (1991–2007), Manchester United (1987–2014)

UEFA Champions League	2	1999, 2008
Weltpokal/FIFA Klub-WM	2	1999, 2008
Englischer Meister	13	1993, 1994, 1996, 1997, 1999, 2000, 2001, 2003, 2007, 2008, 2009, 2011, 2013
Englischer Pokal	4	1994, 1996, 1999, 2004
Englands Fußballer d. J.	1	2009

Zwei ManU-Ikonen: Der Schotte Alex Ferguson (r.) trainierte das Team von 1986 bis 2013, der Waliser Ryan Giggs spielte ebenso viele Jahre im »Theater der Träume« in Old Trafford.

Beckham, David (*1975)
England (1996–2009), Manchester United (1991–2003), Real Madrid (2003–2007), Los Angeles Galaxy (2007–2012), AC Mailand (2009–2010), Paris Saint-Germain (2012–2013)

UEFA Champions League	1	1999
Weltpokal	1	1999
Englischer Meister	6	1996, 1997, 1999, 2000, 2001, 2003
Englischer Pokal	2	1996, 1999
Spanischer Meister	1	2007
US-Meister	2	2011, 2012
Französischer Meister	1	2013

David Beckham (l., neben ihm Zlatan Ibrahimović) beendete seine Karriere 2013 bei Paris Saint-Germain. Mit dem Verein war er Französischer Meister geworden, 17 Jahre nach seinem ersten Titel.

Luís Figo (60 Mio.), David Beckham (37,5 Mio.) und Zinédine Zidane (74,5 Mio. – v.l.n.r.) kosteten Real Madrid in den Jahren 2001 bis 2003 insgesamt 172 Millionen Euro.

Wahnsinn mit Methode?

Ohne Zweifel ist Gareth Bale ein hervorragender Fußballer, dennoch mutet die genannte Summe wahnwitzig an, zumal der Waliser seine Stärken am wirkungsvollsten ausspielen kann, wenn er dieselbe Position bekleidet wie Cristiano Ronaldo, nämlich die des linken offensiven Außenbahnspielers. Der als Diva bekannte Portugiese war beleidigt, dass Bale möglicherweise mehr kosten sollte als er, und verteidigte seine angestammte Position. Bale schulte kurzerhand zum rechten Flügelspieler um und die beiden Konkurrenten bilden inzwischen eine der besten Flügelzangen der Fußballgeschichte.

Weltstars zu horrenden Preisen einzukaufen, hat Tradition bei Real – wobei sich oft die Frage stellt, inwieweit sie die Qualität des Teams verbessern. Zehn Jahre vor Bale kam **David Beckham** von ManU nach Madrid und ergänzte eine einmalige Ansammlung von Weltstars wie Roberto Carlos, Luís Figo, Zinédine Zidane, Raúl und Ronaldo. Abgesehen von einer Meisterschaft 2007 blieben die Erfolge jedoch aus. Spötter witzelten, die Königlichen hätten den »Popstar« in erster Linie geholt, um die Trikotverkäufe anzukurbeln. Völlig abwegig war diese Einschätzung nicht, denn durch seine Ehe mit dem ehemaligen »Spice Girl« Victoria Adams und wegen des extravaganten Lebensstils des Paares sprach der Spieler auch ein Publikum an, das sich für Fußball eigentlich wenig interessierte.

George Best

Mit 22 Jahren stand George Best (1946–2005) auf dem Gipfel seiner Karriere: Mit Manchester United holte der Nordire zum ersten Mal den Europapokal der Landesmeister nach England und wurde als Englands und Europas »Fußballer des Jahres« geehrt. Große Titel kamen dann jedoch nicht mehr dazu. Der wegen seines extravaganten Auftretens als »Fünfter Beatle« bezeichnete Fußballer fand sich später häufiger in den Lifestyle-Rubriken der Magazine wieder als im Sportteil. Seine Neigung zu schönen Frauen und leider auch zum Alkohol war schon während seiner aktiven Zeit allgemein bekannt – und eine der Ursachen für seinen frühen Tod mit nur 59 Jahren.

George Best im Sommer 1968, kurz nach dem ersten Erfolg von United im Europapokal der Landesmeister

Offensive Außenbahnspieler, »hängende Spitzen«

Pendler zwischen den Positionen

»Künstler«, wie einst Stanley Matthews und George Best oder zuletzt David Beckham, sind im britischen Fußball eher die Ausnahme. Auf der Insel dominieren seit jeher die kernigen, robusten Typen, die gerne mal austeilen, hin und wieder auch außerhalb des Spielfelds. Wegen einer Kneipenprügelei stand auch **Steven Gerrard** schon vor Gericht, doch davon abgesehen ist seine Karriere weitgehend skandalfrei verlaufen. Und obwohl der über Jahrzehnte hinweg vereinstreue Fußballer – er spielte ab seinem neunten Lebensjahr für den FC Liverpool – mit einem Model verheiratet ist, lieferte er der Yellow Press seines Landes weit weniger Schlagzeilen als die allgegenwärtigen Beckhams. Im Verein wie bei den »Three Lions« zeigte sich der

Wayne Rooney nach seinem Treffer zum zwischenzeitlichen 1:1 im Londoner Champions-League-Finale 2011, in dem Manchester United dem FC Barcelona am Ende mit 1:3 unterlag.

Mit diesem Kopfballtreffer von Steven Gerrard startete der FC Liverpool seine atemberaubende Aufholjagd.

Rooney, Wayne (*1985)
England (seit 2003), FC Everton (1992–2004), Manchester United (seit 2004)

UEFA Champions League	1	2008
FIFA Klub-WM	1	2008
Englischer Meister	5	2007, 2008, 2009, 2011, 2013
Goldener Ball FIFA Klub-WM	1	2008
Englands Fußballer d. J.	1	2010

Gerrard, Steven (*1980)
England (2000–2014), FC Liverpool (1989–2015), Los Angeles Galaxy (seit 2015)

UEFA Champions League	1	2005
UEFA-Pokal	1	2001
Englischer Pokal	2	2001, 2006
UEFA Euro All Star Team	1	2012
UEFA Fußballer d. J.	1	2005
Englands Fußballer d. J.	1	2009

Pendler zwischen zentralem Mittelfeld und offensiver Außenbahn als absoluter Führungsspieler. Sein größtes Match war das Champions-League-Finale 2005, als die Briten zur Halbzeit mit 0:3 gegen den AC Mailand zurücklagen und Gerrard mit einem Kopfballtreffer den Anschluss erzielte. Sechs Minuten später hatte Liverpool ausgeglichen und holte schließlich im Elfmeterschießen den »Henkelpott«.

Ähnlich schwierig wie bei Gerrard fällt die Positionszuordnung bei **Wayne Rooney**, der zu Beginn seiner Karriere ein typischer Stoßstürmer war, später jedoch häufig als »hängende Spitze« aufgeboten wurde. Seitdem im heutigen Fußball viele Mannschaften mit nur einem klassischen Mittelstürmer antreten, werden torgefährliche Spieler in der »zweiten Reihe« zunehmend wichtiger. Rooney zeigte in den letzten Jahren eine Variabilität, die man ihm zu Beginn seiner Laufbahn kaum zugetraut hätte: Früher, als Cristiano Ronaldo sein Partner in der Abteilung Attacke war, spielte er meistens zentral im Sturmzentrum, in jüngerer Vergangenheit glänzte er als verkappter Spielmacher und wich mitunter sogar auf die Flügel aus.

Ihren ersten Titel in der Champions League holten Cristiano Ronaldo (l.) und Wayne Rooney (hier beim gemeinsamen Torjubel im Frühjahr 2009) in der Saison 2007/08 gegen den FC Chelsea.

Erst 1965 beendete der legendäre Dribbler Stanley Matthews (1915–2000, hier eine Aufnahme von 1964) seine Karriere bei Stoke City, dem Verein, für den er von 1930 bis 1947 schon einmal gespielt hatte. 14 Jahre später kehrte er zurück und trug dazu bei, dass Stoke City in die damalige First Division zurückkehrte.

Die stärkste Liga?

Der FC Liverpool (2005), ManU (2008) und der FC Chelsea (2012) holten den »Henkelpott« seit 2000 dreimal auf die Insel, weitere viermal standen sie im Finale (2007, 2008, 2009 und 2011) – eine bessere Bilanz hat nur die spanische Primera División. Die englische Nationalelf wartet jedoch seit einem halben Jahrhundert auf einen großen Titel. Eine schwer zu erklärende Differenz zwischen Liga und Nationalteam? Nicht wirklich, denn die Premier League zieht Stars aus aller Herren Länder geradezu magisch an. Besonders deutlich wurde dies 2006, als der FC Arsenal im Finale der europäischen Königsklasse stand: Die einzigen Briten, die zum Einsatz kamen, waren die Abwehrstrategen Ashley Cole und Sol Campbell. Auf der Außenbahn startete damals der Franzose **Robert Pires**, der an diesem Tag seine einzigartige Titelsammlung vergolden wollte, Welt- und Europameister war er ja schon. Doch nach knapp 20 Minuten wurde er ausgewechselt – gegen Torhüter Manuel Almunia. Die eigentliche Nummer 1, Jens Lehmann, hatte nach einer Notbremse gegen Samuel Eto'o Rot gesehen. Barça gewann mit 2:1 und Pires blieb ein Champions-League-Erfolg versagt.

Die Arsenal-Mannschaft von 2006 war eine der spielstärksten in der Geschichte des englischen Vereinsfußballs, aber es gab auch selten eine, die so »un-englisch« agierte:

Nach dem Erfolg im Halbfinale gegen den FC Villarreal im April 2006 konnten sich Jens Lehmann (l.) und Robert Pires noch gemeinsam freuen.

Podolski, Lukas (*1985)
Deutschland (seit 2004), 1. FC Köln (1995–2006), Bayern München (2006–2009), 1. FC Köln (2009–2012), FC Arsenal (2012–2015), Inter Mailand (2015, Leihe), Galatasaray Istanbul (seit 2015)

FIFA Weltmeister	1	2014
Deutscher Meister	1	2008
Deutscher Pokal	1	2008
Englischer Pokal	1	2014
UEFA Euro All Star Team	1	2008
Bester Junger Spieler FIFA WM	1	2006

Pires, Robert (*1973)
Frankreich (1996–2004), FC Metz (1992–1998), Stade Reims (1991–1992), Olympique Marseille (1998–2000), FC Arsenal 2000–2006), FC Villarreal (2006–2010), Aston Villa (2010–2011)

FIFA Weltmeister	1	1998
UEFA Europameister	1	2000
FIFA Konföderationenpokal	2	2001, 2003
Englischer Meister	2	2002, 2004
Englischer Pokal	3	2002, 2003, 2005
Englands Fußballer d. J.	1	2002

Die Heim-WM 2006 war das beste Turnier, das Lukas Podolski (M.) bislang spielte. Gegen Polen, das Land seiner Geburt, zog er ausnahmsweise einmal mit dem rechten Fuß ab.

Mata, Juan (*1988)
Spanien (seit 2009), Real Madrid (2003–2007), FC Valencia (2007–2011), FC Chelsea (2011–2014), Manchester United (seit 2014)

FIFA Weltmeister	1	2010
UEFA Europameister	1	2012
UEFA U-21-Europameister	1	2011
UEFA U-19-Europameister	1	2006
UEFA Champions League	1	2012
UEFA Europa League	1	2013
Englischer Pokal	1	2012
Spanischer Pokal	1	2008

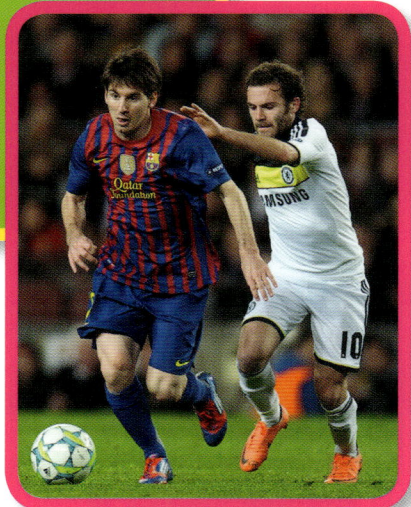

Mata (r.) im Zweikampf mit Lionel Messi

Juan Mata 2012 bei den Olympischen Spielen in London

Ihr französischer Trainer Arsène Wenger ließ sie spielen, wie man das früher von den Niederländern gewohnt war. Als Arsenal in der Champions-League-Saison 2012/13 zu Hause den Bayern mit 1:3 unterlag, liefen mit Jack Wilshere, Aaron Ramsey und Theo Walcott nur drei Aktive von der Insel auf, aber das Spiel der Mannschaft wirkte wie eine unausgegorene Mischung aus traditionellem englischen Stil und dem Zauberfußball der Arsenal-Jahre bis 2006. Irgendwie fügte sich ins Bild, dass auf der linken Seite **Lukas Podolski** auflief, ein brandgefährlicher Außenstürmer, der aber nicht wirklich in das System des Fußball-Ästheten Wenger passt. Richtig erfolgreich war »Prinz Poldi« nur im Nationaldress, in dem er sowohl nach Einsätzen als auch nach Toren auf Platz drei der deutschen Rangliste liegt.

Untypisch für britische Teams war auch die Art und Weise, wie der FC Chelsea 2012 die Champions League gewann: Der italienische Trainer Roberto Di Matteo ließ sein Team mauern, wie man das vom destruktiven Catenaccio der fernen Vergangenheit gewohnt war, und bezwang den deutlich stärkeren FC Bayern mit 4:3 im Elfmeterschießen. Der spanische Außenbahnspieler **Juan Mata** wäre dabei fast zum Buhmann geworden, denn nach seinem Fehlschuss schien alles verloren zu sein.

Von Olympia zum Zuckerhut

Für Juan Mata wäre 2012 fast ein goldenes Jahr geworden, denn nach dem »Henkelpott« gewann er mit Spanien die EM und wollte in London olympisches Gold holen – doch seine Mannschaft schied bereits nach der Gruppenphase aus. Als nach der verpassten Medaille José Mourinho 2013 zum FC Chelsea zurückkehrte, stritt sich der Spanier mit den beiden Brasilianern Oscar und **Willian** um den Startplatz im Kreativzentrum und wechselte schließlich von der Stamford Bridge ins Old Trafford, um weitere Titel zu sammeln. Die Goldmedaille, die Juan Mata 2012 versagt blieb, hatte sich der gleichaltrige Argentinier **Sergio »Kun« Agüero** bereits vier Jahre zuvor in Peking um den Hals hängen können. Es war seine dritte internationale Trophäe im Juniorenbereich nach den

Willian 2013 im Training bei Anschi Machatschkala in Dagestan, wo er nur ein halbes Jahr blieb

Willian (Borges da Silva) (*1988)
Brasilien (seit 2011), SC Corinthians Paulista (1998–2007), Schachtar Donezk (2007–2013), Anschi Machatschkala (2013), FC Chelsea (seit 2013)

UEFA-Pokal	1	2009
Englischer Meister	1	2015
Ukrainischer Meister	4	2008, 2010, 2011, 2012
Ukrainischer Pokal	3	2008, 2011, 2012
U-20-Südamerikameister	1	2007

Sergio Agüero Ende 2008 mit seinem Trainer und Schwiegervater Diego Maradona

Das Schicksal, bei Olympia kein Gold gewonnen zu haben, teilt Juan Mata mit einigen prominenten Brasilianern: Als die Seleção 2012 im Wembley-Stadion überraschend Mexiko mit 1:2 unterlag, standen mit Thiago Silva, Marcelo, Neymar, Oscar, Lucas und **Hulk** etliche Weltstars auf dem Platz – aber den Titel holten sie nicht. Tatsächlich ist das Olympische Fußballturnier der einzige von der FIFA anerkannte internationale Wettbewerb, den Brasilien noch nie gewonnen hat – und für Givanildo Vieira de Souza, besser bekannt als »Hulk«, dürfte es ein schwacher Trost gewesen sein, dass er im Londoner Finale ein Tor erzielte, denn sein Treffer zum 1:2 fiel erst in der Nachspielzeit, als die Partie schon verloren war.

Agüero, Sergio (Kun) (*1988)
Argentinien (seit 2006), CA Independiente (1997–2006), Atlético Madrid (2006–2011), Manchester City (seit 2011)

UEFA Europa League	1	2010
Olympiasieger	1	2008
Englischer Meister	2	2012, 2014
FIFA U-20-Weltmeister	2	2005, 2007
Bester Spieler U-20-WM	1	2007
Torschützenkönig U-20-WM	1	2007
Torschützenkönig England	1	2015
Argentiniens Fußballer d. J.	1	2009

U-20-Weltmeisterschaften 2005 und 2007, als er Lionel Messi als Torschützenkönig und bester Spieler des Turniers beerbte. Nachdem er mit Atlético Madrid 2010 die Europe League gewonnen hatte, wechselte der variable Stürmer, der auch als (Ex-)Schwiegersohn der argentinischen Legende Diego Maradona bekannt ist, auf die Britische Insel. In der Saison 2014/15 traf er im Manchester-Derby zwischen City und United auf seinen Nationalmannschaftskollegen **Ángel Di María**, um dessen Hals 2008 ebenfalls olympisches Gold gebaumelt und der sich seither zu einem der gefährlichsten Flügelflitzer entwickelt hatte.
Beide schrammten bei der WM 2014 knapp am Titel vorbei, als die Weiß-Himmelblauen das Endspiel gegen Deutschland verloren. Di María fehlte im Finale verletzt, während Agüero zur zweiten Halbzeit ins Spiel kam, aber – wie im ganzen Turnier – ohne Torerfolg blieb.

Hulk (Givanildo Vieira de Souza) (*1986)
Brasilien (seit 2009), EC Vitória (2003–2005), Kawasaki Frontale (2005–2007), Tokyo Verdy (2007–2008), FC Porto (2008–2012), Zenit St. Petersburg (seit 2012)

UEFA Europa League	1	2011
Portugiesischer Meister	3	2009, 2011, 2012
Portugiesischer Pokal	3	2009, 2010, 2011
Russischer Meister	1	2015
FIFA Konföderationenpokal	1	2013
Torschützenkönig Portugal	1	2011
Torschützenkönig Japan	1	2007

Hulk bei den Olympischen Spielen 2012

Di María, Ángel (*1988)
Argentinien (seit 2008), Rosario Central (2001–2007), Benfica Lissabon (2007–2010), Real Madrid (2010–2014), Manchester United (2014–2015), Paris Saint-Germain (seit 2015)

UEFA Champions League	1	2014
Olympiasieger	1	2008
Spanischer Meister	1	2012
Spanischer Pokal	2	2011, 2014
Portugiesischer Meister	1	2010
FIFA U-20-Weltmeister	1	2007
Argentiniens Fußballer d. J.	1	2014

Der 1988 geborene Ángel Di María steht seit 2010 bei Real Madrid unter Vertrag. Beim Olympischen Fußballturnier 2008 in Peking erzielte er das Goldene Tor im Finale gegen Nigeria.

Offensive Außenbahnspieler, »hängende Spitzen«

Ein neuer Superstar

Zwar hat auch **Neymar** das olympische Gold verpasst, wurde aber in der Folge in Edelmetall aufgewogen. Im Juni 2013 verpflichtete der FC Barcelona den aufstrebenden Star für »nur« 57 Millionen Euro vom Pelé-Klub FC Santos. Kurz darauf nährte er die brasilianischen Hoffnungen auf den WM-Titel im eigenen Land, als er die Seleção beim Confederations Cup zum Sieg führte. 3:0 schlugen Neymar und Co. den amtierenden Welt- und Europameister Spanien und ließen das Maracanã beben.

Doch es war nicht alles Gold, was glänzte. Mit Barça blieb Neymar in seiner ersten Saison ohne Titel und auch die Auftritte Brasiliens bei der Heim-WM 2014 waren alles andere als ein Triumphzug. Im Achtelfinale gegen Chile sprangen die Samba-Kicker dem frühen Aus äußerst glücklich von der Schippe. Auch der knappe Sieg gegen Kolumbien war kein fußballerischer Leckerbissen – und endete mit einer Katastrophe: Nach einem Foul brach ein Lendenwirbel, und das Turnier war für Neymar vorbei. Ohne ihren Heilsbringer ging die brasilianische Elf im Halbfinale unter, und nicht nur Neymars Traum zerplatzte wie eine Seifenblase. Barça eilte 2014/15 von Triumph zu Triumph und holte mit dem unwiderstehlichen Sturmtrio Messi, Luis Suárez und Neymar das Triple, aber Neymar geriet auch ins Visier der Steuerfahnder. Nicht »nur« 57 Millionen hatte der Stürmer offensichtlich gekostet, vielmehr hatte das Gesamtvolumen des Deals möglicherweise sogar die magische 100-Millionen-Grenze durchbrochen.

Garrincha

Eine der größten Fußballlegenden Brasiliens neben Pelé ist der Außenstürmer Garrincha (eigentlich Manoel Francisco dos Santos, 1933–1983), der 1966 (siehe Foto) sein drittes und letztes WM-Turnier bestritt und 1962 die Seleção anstelle des früh verletzten Pelé zu ihrem zweiten Titel führte. Damals waren die Rollenverteilungen noch eindeutiger: Pelé agierte zentral, als Spielmacher und zentraler Stürmer. Garrincha gab den Rechtsaußen und trieb seine Gegenspieler mit seinen immer unberechenbaren Dribblings und Finten in den Wahnsinn. In seiner Heimat wird er noch heute verehrt wie sonst nur Pelé ...

Neymar (da Silva Santos Júnior) (*1992)
Brasilien (seit 2010), FC Santos (2003–2013), FC Barcelona (seit 2013)

UEFA Champions League	1	2015
Copa Libertadores	1	2011
Spanischer Meister	1	2015
Spanischer Pokal	1	2015
Brasilianischer Pokal	1	2010
FIFA Konföderationenpokal	1	2013
U-20-Südamerikameister	1	2011
Südamerikas Fußballer d. J.	2	2011, 2012
Brasiliens Fußballer d. J.	2	2010, 2011

Pelé (l.) hat seinen fußballerischen Enkel Neymar in dessen Anfangszeit des Öfteren kritisiert – unter anderem, weil der Jungstar sich mehr um seine Frisuren als um den Fußball kümmere.

Neymar mit dem Konföderationenpokal

Thomas Müller bei seinem Länderspieldebüt kurz vor der WM 2010, dem 0:1 gegen Argentinien am 3. März 2010

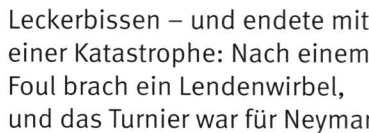

Müller, Thomas (*1989)
Deutschland (seit 2010), Bayern München (seit 2000

FIFA Weltmeister	1	2014
UEFA Champions League	1	2013
FIFA Klub-WM	1	2013
Deutscher Meister	4	2010, 2013,
Deutscher Pokal	3	2010, 2013,
Torschützenkönig FIFA WM	1	2010
Bester junger Spieler WM	1	2010
FIFA WM Top 11/Dream Team	1	2014

Es »müllert« wieder

»Dann macht es bumm, ja, und dann kracht's, und alles schreit: der Müller macht's«, sang Gerd Müller, Deutschlands Jahrhundertstürmer, in Vorfreude auf die Weltmeisterschaft 1974. Dreieinhalb Jahrzehnte später »müllerte« es wieder im Sturm des FC Bayern und der deutschen Nationalmannschaft. **Thomas Müller**, weder verwandt noch verschwägert mit dem »Bomber der Nation«, schlug aus dem Nichts ein. Mit gerade einmal zwei Länderspieleinsätzen fuhr der waschechte Bayer zur WM-Endrunde 2010 in Südafrika. Beim Testspiel im März 2010 hatte ihn Diego Maradona, Trainer von Argentinien, noch für einen Balljungen gehalten, spätestens nach dem 4:0 der deutschen Elf gegen die »Gauchos« im Viertelfinale von Kapstadt, als Müller das 1:0 geschossen und eine Weltklasseleistung gezeigt hatte, kannte ihn die gesamte Fußballwelt. Am Ende wurde der

In beiden Halbfinalspielen der Champions-League-Saison 2012/13 glänzte Thomas Müller (hier im Kopfballduell mit Alexandre Song) gegen den FC Barcelona als Torschütze und Vorbereiter.

Senkrechtstarter Torschützenkönig des Turniers und war von null auf hundert in der Weltspitze angekommen. Mit 23 Jahren stand der Offensivallrounder bereits zum dritten Mal im Finale der Champions League und gewann mit den Bayern 2013 das erste Triple der Vereinsgeschichte. Ein Jahr später krönte er auch im Nationaldress seine noch junge Karriere. Bei der WM unter dem Zuckerhut spielte er erneut eine großartige Endrunde, schoss wieder fünf Tore und ist damit vorerst der einzige Spieler überhaupt, der Miroslav Kloses Rekord von 16 WM-Toren in Bedrängnis bringen könnte.

Müllers Gegenstück in der DFB-Auswahl auf der linken Außenbahn ist der Dortmunder **Marco Reus**. Der brandgefährliche Edeltechniker wurde immer wieder von Verletzungen zurückgeworfen, besonders tragisch das Aus kurz vor der WM in Brasilien – ist er fit, dann geht kein Weg an ihm vorbei.

Reus, Marco (*1989)
Deutschland (seit 2011), Borussia Dortmund (1995–2005), RW Ahlen (2005–2009), Borussia Mönchengladbach (2009–2012), Borussia Dortmund (seit 2012)

| Deutschlands Fußballer d. J. | 1 | 2012 |

»Kicker«-Herausgeber Rainer Holzschuh (l.) und der damalige DFB-Präsident Wolfgang Niersbach ehren Marco Reus als »Deutschlands Fußballer des Jahres 2012«.

In der Bundesliga treffen André Schürrle (l.), in der Saison 2012/13 noch bei Bayer Leverkusen, und Marco Reus regelmäßig aufeinander, im Nationaltrikot konkurrieren sie um den Platz auf dem linken Flügel.

Offensive Außenbahnspieler, »hängende Spitzen«

Bayerische Flügelzange

Thomas Müller kann in der Offensive nahezu jede Position besetzen, bis hin zum »falschen 9er«. Diese Flexibilität erwies sich in Bayerns Triple-Saison als großer Vorteil: Anfangs auf der rechten Außenbahn gesetzt, wechselte der unorthodox agierende Stürmer nach Toni Kroos' Verletzung in die Mitte und machte den Platz frei für den fast schon abgeschriebenen Niederländer **Arjen Robben**, dem Kritiker oft zu großen Eigensinn vorgeworfen haben. Im ersten Halbjahr 2013 war davon wenig zu spüren; Robben kämpfte auf einmal auch defensiv und war den-

Einer der bittersten Momente in Arjen Robbens Laufbahn: In der Verlängerung des »Finales dahoam« hält Chelseas Petr Čech seinen Strafstoß.

Robben, Arjen (*1984)
Niederlande (seit 2003), FC Groningen (1996–2002), PSV Eindhoven (2002–2004), FC Chelsea (2004–2007), Real Madrid (2007–2009), Bayern München (seit 2009)

UEFA Champions League	1	2013
FIFA Klub-WM	1	2013
Deutscher Meister	4	2010, 2013, 2014, 2015
Deutscher Pokal	3	2010, 2013, 2014
Niederländischer Meister	1	2003
Englischer Meister	2	2005, 2006
Englischer Pokal	1	2007
Spanischer Meister	1	2008
Deutschlands Fußballer d. J.	1	2010
FIFA WM Top 11	1	2014

noch regelmäßig für die entscheidenden Treffer gut, nicht nur im Londoner Finale. Da beendete er sein Finaltrauma, zuvor hatte der Flügelstürmer die großen internationalen Partien verloren und vor allem 2012 gegen den FC Chelsea einen Elfer verschossen, der vermutlich den Sieg für Bayern bedeutet hätte.

Trotz Robbens Siegtor gegen die Dortmunder war der überragende Spieler in Bayerns Rekordsaison 2012/13 der Franzose **Franck Ribéry**, der in diesem Jahr noch stärker auftrumpfte als in seiner ersten Münchner Spielzeit, an deren Ende er 2008 in Frankreich und Deutschland zum »Fußballer des Jahres« gewählt wurde. Ähnlich wie Robben zeigte auch der kleine Linksaußen zuletzt eine früher undenkbare Bereitschaft, sich in die Abwehrarbeit einzubringen. Der Lohn folgte auf dem Fuß: Im August 2013 wurde er als Nachfolger von

Der Augenblick der Entscheidung: Bis zur 89. Minute hat BVB-Keeper Roman Weidenfeller alle Duelle mit Arjen Robben gewonnen, doch dann schießt der Niederländer nicht wie gewohnt hart, sondern versucht es mit einem »Kullerball« ...

Franck Ribéry gegen Ende seiner Supersaison 2012/13 beim FC Bayern – die Krönung erfolgte Ende August mit der Wahl zum »UEFA Player of the Year«.

Andrés Iniesta zum »UEFA Player of the Year« gewählt, eine Ehrung, die an die frühere Wahl zu »Europas Fußballer des Jahres« anknüpft.

Bei der WM 2006 war Ribéry drauf und dran, den Titel zu holen, doch im Elfmeterroulette war das Glück auf italienischer Seite. Nach dem aus französischer Sicht wenig erfreulichen Turnier 2010 verletzte sich Ribéry im Vorfeld der WM 2014 und erklärte später, sehr zum Missfallen der französischen Fußballanhänger, seinen Rücktritt aus der Nationalelf.

Er kam, sah und eroberte die Herzen der Fußballfans im Sturm: James Rodríguez.

Ribéry, Franck (*1983)
Frankreich (2006–2014), OSC Lille (1995–1999), US Boulogne (1999–2002), Olympique Alès (2002–2003), Stade Brest (2003–2004), FC Metz (2004–2005), Galatasaray Istanbul (2005), Olympique Marseille (2005–2007), Bayern München (seit 2007)

UEFA Champions League	1	2013
FIFA Klub-WM	1	2013
Deutscher Meister	5	2008, 2010, 2013, 2014, 2015
Deutscher Pokal	4	2008, 2010, 2013, 2014
Türkischer Pokal	1	2005
Europas Fußballer d. J.	1	2013
Frankreichs Fußballer d. J.	3	2007, 2008, 2013
Deutschlands Fußballer d. J.	1	2008

Der kolumbianische Senkrechtstarter

Statt Ribéry glänzte in Brasilien ein Newcomer der ganz besonderen Art. Obwohl Kolumbien ohne seinen Starstürmer Radamel Falcao, der sich einen Kreuzbandriss zugezogen hatte, zur WM nach Brasilien fuhr, galten die »Cafeteros« als Geheimfavorit. Ohne Punktverlust marschierten sie durch die Vorrunde, allen voran die Entdeckung des Turniers: **James Rodríguez**. Der Shootingstar, der am Tag des Spiels um Platz 3 seinen 23. Geburtstag feierte, traf in allen drei Vorrundenpartien und wurde zweimal zum »Man of the Match« gekürt. Im Achtelfinale gegen Uruguay netzte er doppelt ein, wurde erneut zum Spieler der Partie gewählt – und machte vielleicht das Spiel seines Lebens. In der nächsten Runde wankte Brasilien, fiel jedoch nicht. Rodríguez traf wie in jedem Spiel und gewann den »Goldenen Schuh«, die Auszeichnung für den besten Schützen des Turniers.

Vorbereiter und Vollstrecker in Personalunion, hatte der elegante, pfeilschnelle und dribbelstarke Offensivallrounder schon vor dem Turnier das Interesse der großen Vereine auf sich gezogen, kurz darauf machte Real Madrid ernst und blätterte dem Vernehmen nach gigantische 80 Millionen Euro auf den Tisch, um den Senkrechtstarter aus seinem langfristigen Vertrag im Steuerparadies Monaco loszueisen. Er gehört damit zu den teuersten Transfers der Fußballgeschichte.

Wie stark Offensivkräfte im modernen Fußball in der Abwehrarbeit gefordert sind, demonstriert Torjäger Robert Lewandowski, seinerzeit noch bei Borussia Dortmund, bei seinem Versuch, Franck Ribéry zu stoppen.

Gegen Brasilien trifft der Senkrechtstarter Rodríguez in seinem fünften WM-Spiel zum sechsten Mal ins Schwarze und wird damit vor Thomas Müller und Neymar Torschützenkönig des Turniers. Trotzdem fließen nach dem Schlusspfiff bittere Tränen, denn Kolumbien ist ausgeschieden.

Von Sesshaften und Wandervögeln

Steven Gerrard spielt seit 1989 beim FC Liverpool – und im selben Jahr kam der 1976 geborene **Francesco Totti** zum AS Rom. Eine solche Vereinstreue ist im Weltfußball der letzten Jahrzehnte eher selten und bei Totti überraschender als etwa bei seinen ehemaligen Nationalmannschaftskollegen Baresi und Maldini, spielten die doch beim AC Mailand, der bis 2007 zu den weltbesten Teams zählte. Mit Roma konnte Europas Torschützenkönig 2007 nur eine Meisterschaft und zwei Pokalsiege feiern, dafür wurde er aber immerhin Weltmeister: Im Finale 2006 stand er eine Stunde auf dem Platz, musste beim entscheidenden Elfmeterschießen aber zusehen.

Seit 1982 wird bei Weltmeisterschaften der beste Spieler des Turniers mit dem »Goldenen Ball« ausgezeichnet. Ganze zweimal kam es vor, dass der Geehrte nicht mindestens im Endpiel gestanden hatte: 1990 hieß der Preisträger Salvatore Schillaci vom Drittplatzierten Italien, 2010 wurde Uruguays **Diego Forlán** gewählt, obwohl das Land nur Vierter geworden war. Überhaupt war 2010 Forláns Glücksjahr, denn mit Atlético Madrid hatte er vor der WM die Europa League und den UEFA Super Cup gewonnen. So erfuhr eine Karriere ihre Krönung, die nach Forláns Wechsel zu Manchester United 2001 ins Stocken geraten war: Ganze zehn Tore erzielte der Jungstar in drei Jahren für ManU, die Explosion kam erst in Spanien, wo er 2005 beim FC Villarreal und 2009 bei Atlético Madrid spanischer und europäischer Torschützenkönig wurde.

Nicht nur im Vergleich mit Gerrard, Totti oder Maldini war der 1971 geborene **Jari Litmanen**, Finnlands bester Fußballer aller Zeiten, ein wahrer Wandervogel, der bei zehn Vereinen in sieben Ländern unter Vertrag stand.

James Rodríguez
Kolumbien (seit 2011), CA Banfield (2008–2010), FC Porto (2010–2013), AS Monaco (2013–2014), Real Madrid (seit 2014)

UEFA Europa League	1	2011
FIFA Klub-WM	1	2014
Portugiesischer Meister	3	2011, 2012, 2013
Portugiesischer Pokal	1	2011
Argentinischer Meister	1	2009
Goldener Schuh der FIFA	1	2014

Ohne Anlaufschwierigkeiten eroberte er im Starensemble der Königlichen einen Stammplatz, spielt mal auf dem linken, mal auf dem rechten Flügel, mal auf der zentralen Position der offensiven Dreierkette. Es wäre ein Wunder, sollte er seine Titelsammlung in den nächsten Jahren nicht erheblich ausbauen ...

Eleganz und Zielstrebigkeit: Seit 2014 gehört James Rodríguez zu den Solotänzern des »Weißen Balletts« aus Madrid.

Totti, Francesco (*1976)
Italien (1998–2006), AS Rom (seit 1989)

FIFA Weltmeister	1	2006
UEFA U-21-Europameister	1	1996
Italienischer Meister	1	2001
Italienischer Pokal	2	2007, 2008
UEFA Euro All Star Team	1	2000
FIFA WM All Star Team	1	2006
Goldener Schuh der UEFA	1	2007
Italiens Fußballer d. J.	2	1998, 2004
Torschützenkönig Italien	1	2007

Forlán, Diego (*1979)
Uruguay (2002–2014), CA Independiente (1994–2001), Manchester United (2001–2004), FC Villarreal (2004–2007), Atlético Madrid (2007–2011), Real Madrid (2011–2012), SC International (2012–2014), Cerezo Osaka (2014–2015), Club Atlético Peñarol (seit 2015)

UEFA Europa League	1	2010
Englischer Meister	1	2003
Englischer Pokal	1	2004
Südamerikameister	1	2011
FIFA WM All Star Team	1	2010
Goldener Ball FIFA WM	1	2010
Goldener Schuh der UEFA	2	2005, 2009
Torschützenkönig Spanien	2	2005, 2009

Diego Forlán mit dem »Goldenen Ball« als bester Spieler der WM 2010 in Südafrika

Seine besten Jahre hatte er in den Niederlanden, wo er von 1992 bis 1999 und noch einmal von 2002 bis 2004 in Amsterdam spielte. Mit Ajax gewann er 1995 die Champions League sowie den Weltpokal und wurde 1996 Torschützenkönig der Champions League. Bei Liverpool kamen 2001 der UEFA Cup und der UEFA Super Cup hinzu, wobei Litmanen beim Gewinn des ersten Titels nicht im Finalteam der »Reds« gegen Deportivo Alavés gestanden hatte. Mit 137 Einsätzen und 32 Treffern ist Jari Litmanen Finnlands Rekordnationalspieler und -torschütze, doch da sich die Skandinavier nie für eine WM- oder EM-Endrunde qualifizieren konnten, nahm er an keinem großen Turnier teil – ein Schicksal, das er mit einigen Großen des Weltfußballs teilt, zum Beispiel mit dem Waliser Ryan Giggs und dem Liberianer George Weah.

Jari Litmanen im September 1995 im Trikot von Ajax Amsterdam

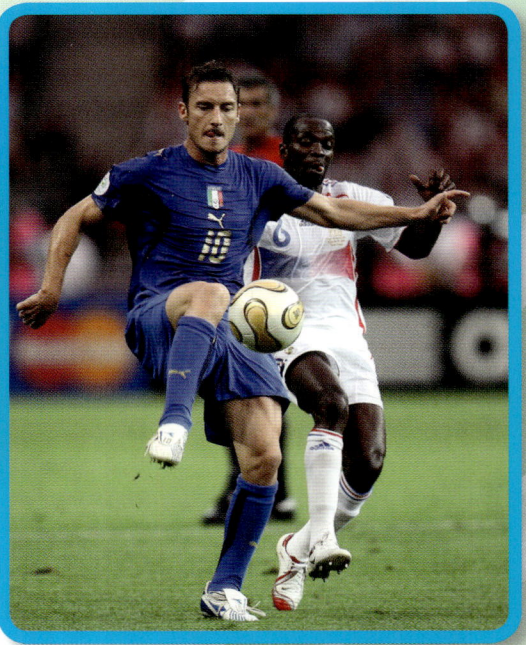

Francesco Totti (v.) im WM-Finale 2006 gegen Frankreichs defensiven Mittelfeldmann Claude Makélélé

Litmanen, Jari (*1971)
Finnland (1989–2010), Ajax Amsterdam (1992–1999), FC Barcelona (1999–2001), FC Liverpool (2001–2002), Ajax Amsterdam (2002–2004), FC Lahti (2004), Hansa Rostock (2005), Malmö FF (2005–2007), FC Fulham (2008), FC Lahti (2008–2010), HJK Helsinki (2011–2012)

UEFA Champions League	1	1995
Weltpokal	1	1995
UEFA-Pokal	1	2001
Niederländischer Meister	4	1994, 1995, 1996, 1998
Niederländischer Pokal	3	1993, 1998, 1999
Englischer Pokal	1	2001
Finnischer Meister	1	2011
Finnischer Pokal	2	1992, 2011
Torschützenkönig UEFA CL	1	1996
Torschützenkönig Niederlande	1	1994
Finnlands Fußballer d. J.	9	1990, 1992, 1993, 1994, 1995, 1996, 1997, 1998, 2000
Niederländischer Fußballer d. J.	1	1993

Offensive Außenbahnspieler, »hängende Spitzen«

Auf dem Weg nach oben
Die Hoffnungsträger im Weltfußball

Belgiens Talenteflut

Sonderlich beeindruckend liest sich die Erfolgsbilanz Belgiens bei internationalen Turnieren nicht: Nur zwei EM-Endrunden stehen immerhin elf Teilnahmen an Weltmeisterschaften gegenüber. Der größte Erfolg blieb bislang der vierte Platz 1986 in Mexiko. Für die Turniere 2006 und 2010 konnten sich die »Roten Teufel« nicht einmal qualifizieren, aber bei der WM 2014 meldeten sie sich eindrucksvoll zurück. Ohne Niederlage in Qualifikation und Vorrunde zogen sie in die K.-o.-Runden ein und erst im Viertelfinale gegen den späteren Vizeweltmeister Argentinien den Kürzeren. Noch scheiterte die junge »Goldene Generation« an der eigenen Unerfahrenheit, aber bei ihren Vereinen in ganz Europa und im Nationaltrikot spielt sie tagtäglich auf allerhöchstem Niveau. Elf belgische Spieler des WM-Kaders 2014 standen bei großen englischen Vereinen unter Vertrag: Simon Mignolet, Vincent Kompany, Thomas Vermaelen, Jan Vertonghen, Nacer Chadli, Mousa Dembélé, Marouane Fellaini, Adnan Januzaj, Romelu Lukaku, Kevin Mirallas sowie Eden Hazard. Der Rest des Kaders war bei Topklubs in Italien, Spanien, Deutschland, Frankreich und Russland engagiert, nur drei Spieler verdienten ihre Brötchen bei heimischen Vereinen. Die Aufgabe von Trainer Marc Wilmots besteht darin, aus

Die belgische Startelf vor dem WM-Viertelfinale gegen Argentinien am 5. Juli 2014 in Brasília: Thibaut Courtois, Axel Witsel, Daniel Van Buyten, Vincent Kompany, Marouane Fellaini, Jan Vertonghen (hinten v.l.n.r.), Kevin Mirallas, Kevin De Bruyne, Eden Hazard, Toby Alderweireld, Divock Origi

Youri Tielemans (l., *1997, im Zweikampf mit Ciro Immobile von Borussia Dortmund) von RSC Anderlecht gab Ende 2013 sein Debüt in der Champions League – mit gerade einmal 16 Jahren.

einer Ansammlung von Hochbegabten ein schlagkräftiges Team zu formen, das schon bei der Euro 2016 in Frankreich, spätestens aber bei der WM 2018 ein Wörtchen mitreden kann, wenn die besten Teams Europas und der Welt sich messen und den neuen Titelträger ausspielen.

Gegenwart und Zukunft des belgischen Fußballs: Marouane Fellaini (*1987), Christian Benteke (*1990), Dennis Praet (*1994) und Adnan Januzaj (*1995, v.l.n.r.) im Trainingsanzug der Nationalmannschaft. Fellaini und Januzaj sind bzw. waren nicht nur »Rote Teufel«, sondern als Spieler von Manchester United auch »Red Devils«.

*Eden Hazard (l., *1991) war gerade einmal 20 Jahre alt, als er mit dem OSC Lille das Double gewann. 2009 und 2010 wurde er zum besten Nachwuchsspieler, 2011 und 2012 zum besten Feldspieler der französischen Ligue 1 gewählt. 2012 zog es ihn zum FC Chelsea, wo er seither zum Weltklasse-Linksaußen gereift ist. Nicht durchsetzen konnte sich bei den »Blues« dagegen Kevin De Bruyne (r., *1991), der beim VfL Wolfsburg jedoch zum herausragenden Spielmacher aufblühte.*

Die Wiedergeburt der »Bleus«?

14 Jahre gingen ins Land, bis wieder ein Team aus Europa die U-20-WM gewinnen konnte. Nimmt man es als gutes Omen, dass 1999 bei Spaniens Triumph gegen Japan mit Iker Casillas, Xavi und Carlos Marchena drei spätere Europa- und Weltmeister den Juniorentitel holten, gibt das für die 2013 siegreichen Franzosen Anlass zur Hoffnung auf eine baldige Rückkehr in die absolute Weltspitze. Frankreichs Superstar bei diesem Turnier war der als »Goldener Spieler« ausgezeichnete Paul Pogba, der 2009 mit 16 Jahren zu Manchester United ging und seit seinem Wechsel zu Juventus Turin drei Jahre darauf schon je dreimal den Supercup und die Meisterschaft gewinnen konnte. Auch in der Équipe Tricolore ist der Shootingstar längst eine feste Größe.

FIFA U-20-Weltmeisterschaften seit 1999

Jahr/Gastgeber	Sieger	Zweiter	Dritter	Goldener Spieler	Goldener Schuh
1999/Nigeria	Spanien	Japan	Mali	Seydou Keita	Pablo Couñago
2001/Argentinien	Argentinien	Ghana	Ägypten	Javier Saviola	Javier Saviola
2003/VA Emirate	Brasilien	Spanien	Kolumbien	Ismail Matar	Eddie Johnson
2005/Niederlande	Argentinien	Nigeria	Brasilien	Lionel Messi	Lionel Messi
2007/Kanada	Argentinien	Tschechien	Chile	Kun Agüero	Kun Agüero
2009/Ägypten	Ghana	Brasilien	Ungarn	Dominic Adiyiah	Dominic Adiyiah
2011/Kolumbien	Brasilien	Portugal	Mexiko	Henrique	Henrique
2013/Türkei	Frankreich	Uruguay	Ghana	Paul Pogba	Ebenezer Assifuah
2015/Neuseeland	Serbien	Brasilien	Mali	Adama Traoré	Viktor Kowalenko

*Wachwechsel: Während Franck Ribéry die WM 2014 verletzt verpasste und danach seinen Rücktritt erklärte, ging der Stern von Paul Pogba (o., *1993), der im defensiven Mittelfeld von Juventus Turin die Strippen zieht, in Brasilien auf.*

*Nachdem sich Christian Benteke, der etatmäßige Mittelstürmer Belgiens, kurz vor der WM-Endrunde in Brasilien eine schwere Verletzung zugezogen hatte, berief Marc Wilmots etwas überraschend Divock Origi (*1995) in seinen Kader. Der Jungstürmer mit kenianischen Wurzeln wurde in jedem Vorrundenspiel eingewechselt, in den beiden K.-o.-Spielen gegen die USA und Argentinien stand er gar in der Startelf.*

*Schon 2011 verpflichtete der FC Chelsea Thibaut Courtois (*1992, im Bild), verlieh ihn aber sofort an Atlético Madrid, wo er umgehend in die Weltelite der Torhüter aufstieg. 2014 holte ihn Chelsea zurück und machte ihn zum Nachfolger von Petr Čech. Mit Simon Mignolet (*1988) hat Belgien einen weiteren Keeper der Extraklasse in der Hinterhand, der ebenfalls auf der Insel, beim FC Liverpool, den Kasten hütet.*

Einige »Goldene Spieler« der Altersklasse U-20 wurden später Weltstars, allen voran Lionel Messi, andere verschwanden danach bald in der Versenkung. Nicht anders verhält es sich bei den Trägern des »Goldenen Schuhs«, der Trophäe für den besten Schützen des Turniers. Aussagekräftiger ist da schon die Auszeichnung »Trofeo Bravo« – fast alle Preisträger stiegen auch tatsächlich in die Weltklasse auf.

Trofeo Bravo*

Jahr	Spieler	Verein
2000	Iker Casillas	Real Madrid
2001	Owen Hargreaves	FC Bayern München
2002	Christoph Metzelder	Borussia Dortmund
2003	Wayne Rooney	FC Everton
2004	Cristiano Ronaldo	Manchester United
2005	Arjen Robben	FC Chelsea
2006	Cesc Fàbregas	FC Arsenal
2007	Lionel Messi	FC Barcelona
2008	Karim Benzema	Olympique Lyon
2009	Sergio Busquets	FC Barcelona
2010	Thomas Müller	FC Bayern München
2011	Eden Hazard	OSC Lille
2012	Marco Verratti	Delfino Pescara 1936
2013	Isco	FC Málaga/Real Madrid
2014	Paul Pogba	Juventus Turin

* Diese Auszeichnung wird bereits seit 1978 von der italienischen Zeitschrift »Il Guerin Sportivo« an den besten Nachwuchsspieler des Jahres vergeben. Hier die Liste der seit 2000 ausgezeichneten Jungstars – Isco und Paul Pogba haben wahrhaft hochkarätige Vorgänger.

*Nach seinem Auftritt bei der U-20-WM 2009 wurde Dominic Adiyiah (*1989) prompt vom AC Mailand verpflichtet, für den er aber kein einziges Spiel absolvierte. Seither tingelte er um die halbe Welt, ohne allerdings den Durchbruch zu schaffen.*

*Francisco Román Alarcón Suárez (*1992), kurz Isco, ist die vielleicht größte Hoffnung des an Talenten nicht gerade armen Spaniens. 2013 wechselte der Kreativspieler nach Madrid und konnte sich im Starensemble der Königlichen schnell etablieren.*

Hat selten Grund, mit dem Ball zu schimpfen: Paul Pogba, seines Zeichens »Golden Boy« von 2013, trumpfte 2014 in Brasilien groß auf, wurde zum besten Nachwuchsspieler der WM gewählt – und erhielt prompt auch die Auszeichnung »Trofeo Bravo«.

*Marco Verratti (*1992) hat gut lachen: Bis zum Sommer 2012 kickte er zu Hause in Bella Italia noch zweitklassig für Delfino Pescara 1936. Trotzdem blätterte Paris Saint-Germain stolze 13 Mio. Euro für den Shootingstar auf den Tisch – und seither sorgt der zentrale Mittelfeldspieler an der Seite von Weltstar Zlatan Ibrahimović (h.) für Furore.*

Mailand oder Madrid – Hauptsache Europa!

Die einstigen Ausländerbeschränkungen sind im europäischen Fußball längst Geschichte. In Deutschland dürfen Profivereine inzwischen beliebig viele Aktive auch aus Nicht-UEFA-Staaten unter Vertrag nehmen, sofern sie mindestens zwölf deutsche Spieler unter Vertrag haben. In anderen Ländern sind die Regelungen eher noch liberaler. Hauptprofiteure dieser Entwicklung sind Fußballer aus Übersee, insbesondere aus Brasilien, das Jahr für Jahr eine große Zahl neuer Talente hervorbringt. Standen im Kader der WM-Mannschaft 2002 noch 13 von 21 Mit-

Julio Gómez, »Goldener Spieler« der U-17-WM 2011 im Heimatland, beim Torjubel. Der 1994 geborene Offensivspieler spielt noch immer in Mexiko.

*Im Gegensatz zu A-Nationalspieler Oscar (dos Santos Emboaba Júnior, *1991, l.) konnte sich Abwehrspieler Lucas Piazón (*1994, r.) beim FC Chelsea nicht durchsetzen und wurde seit 2013 nach Málaga, Arnheim, Frankfurt und Reading verliehen.*

FIFA U-17-Weltmeisterschaften seit 1999

Jahr/Gastgeber	Sieger	Zweiter	Dritter	Goldener Spieler	Goldener Schuh
1999/Neuseeland	Brasilien	Australien	Ghana	Landon Donovan	Ishmael Addo
2001/Trinidad und Tobago	Frankreich	Nigeria	Burkina Faso	Florent Sinama-Pongolle	Florent Sinama-Pongolle
2003/Finnland	Brasilien	Spanien	Argentinien	Cesc Fàbregas	Cesc Fàbregas
2005/Peru	Mexiko	Brasilien	Niederlande	Anderson	Carlos Vela
2007/Südkorea	Nigeria	Spanien	Deutschland	Toni Kroos	Macauley Chrisantus
2009/Nigeria	Schweiz	Nigeria	Spanien	Sani Emmanuel	Borja González
2011/Mexiko	Mexiko	Uruguay	Deutschland	Julio Gómez	Souleymane Coulibaly
2013/VA Emirate	Nigeria	Mexiko	Schweden	Kelechi Iheanacho	Valmir Berisha
2015/Chile	Nigeria	Mali	Belgien	Kelechi Nwakali	Victor Osimhen

Noch mehr als bei den U-20-Spielern gilt für die Stars der U-17-Turniere, dass der frühe Erfolg nur wenig über die spätere Karriere aussagt. Landon Donovan (*1982) wurde später Rekordtorschütze der US-amerikanischen Nationalmannschaft, Cesc Fàbregas gewann eine Welt- und zwei Europameisterschaften und Toni Kroos war 2014 einer der herausragenden deutschen Akteure. Andere Spieler, wie der Nigerianer Macauley Chrisantus, schafften den Sprung dagegen nicht. Insbesondere der »Goldene Schuh« ist in der Altersklasse U-17 noch nicht sehr aussagekräftig, vermutlich weil die körperliche Entwicklung in diesem Alter längst noch nicht abgeschlossen ist.

*Der Ivorer Souleymane Coulibaly (*1994) erzielte 2011 in nur vier Partien neun Treffer und wurde im Anschluss für beinahe 2 Mio. Euro von Tottenham Hotspur verpflichtet, wo er allerdings kein einziges Mal in der ersten Mannschaft auflief. Daraufhin verschlug es ihn erst in die zweite, dann in die dritte italienische Liga.*

Der argentinische Flügelstürmer Lucas Ocampos (*1994) wagte mit gerade einmal 18 Jahren den Sprung über den Großen Teich. Bei AS Monaco spielte er 2013 noch in der zweiten französischen Liga, 2014 schon in der Champions League.

Bernard (Anício Caldeira Duarte, *1992), der im Halbfinale der WM 2014 den verletzten Neymar nicht ersetzen konnte, ist einer von vielen Brasilianern bei Schachtar Donezk.

schen Scheichs gesponserte französische Verein Paris Saint-Germain baut bei seinem Angriff auf die europäische Spitze auf Brasilianer wie Thiago Silva und David Luiz oder die Jungstars Marquinhos und Lucas. Obwohl die Seleção den heiß ersehnten sechsten WM-Titel 2014 nicht erringen konnte, wird der Zustrom von Stars und Talenten aus Brasilien nicht abreißen; denn in ihrem von wirtschaftlichen Problemen geplagten Heimatland werden sie auf Jahre hin nicht so viel Geld verdienen können wie in Europa.

gliedern der Seleção in der Heimat unter Vertrag, so waren es bei den Endrunden 2006 und 2010 jeweils nur drei, 2014 lediglich vier.

Zwar nominierte Luiz Felipe Scolari für den Konföderationenpokal 2013 zehn Kicker aus brasilianischen Ligen, von denen unmittelbar nach dem Turnier mit Neymar, Paulinho, Bernard und Fernando allerdings gleich vier nach Europa wechselten. Zog es Südamerikaner früher vorzugsweise nach Portugal, Spanien und Italien oder zuletzt in die Premier League, so mischen seit Jahren auch von reichen Ölmagnaten finanzierte Klubs aus Russland und der Ukraine beim Wettbieten um die Samba-Kicker mit. Metalist Charkiw hatte zeitweise sieben Brasilianer im Kader, der ukrainische Serienmeister Schachtar Donezk gar dreizehn. Auch der von arabi-

Der Innenverteidiger Marquinhos (Marcos Aoás Corrêa, *1994) kam 2013 vom AS Rom nach Paris.

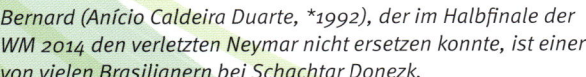

Lucas (Rodrigues Moura da Silva, *1992) ist seit 2012 Teamgefährte des Stürmerstars Zlatan Ibrahimović (r.) bei Paris SG.

In den letzten Jahren haben auch viele Argentinier den Weg nach Europa gesucht und gefunden. Zu den hoffnungsvollsten Jung-Gauchos gehört neben Juan Iturbe (*1993) vom AS Rom und Mauro Icardi (*1993) von Inter Mailand Rechtsaußen Érik Lamela (*1992, im Bild), der seit 2013 für Tottenham Hotspur in der Premier League auf Torejagd geht.

Auf dem Weg nach oben

Von der Schulbank in die Champions League

In Zeiten stetig in die Höhe schnellender Ablösesummen für »fertige« Stars verpflichten die europäischen Spitzenteams Talente aus aller Herren Länder bereits im Jugendalter. Wird den Nachwuchsstars nicht zugetraut, sich im Starensemble des Großklubs durchsetzen zu können, dann werden sie oftmals postwendend an weniger finanzkräftige Vereine im In- und Ausland verliehen, um Spielpraxis zu sammeln und ihren Marktwert zu erhöhen. Kleinere und ärmere Ligen wie Dänemark, Österreich und Rumänien verlieren so regelmäßig ihre jungen Talente an Vereine aus Spanien, England oder Italien. Eine Sonderstellung nehmen einige Vereine ein, die für ihre traditionell gute Ausbildungsarbeit bekannt sind, allen voran Ajax Amsterdam und PSV Eindhoven aus den Niederlanden.

*Der Norweger Martin Ødegaard (*1998) debütierte mit 15 Jahren und 151 Tagen in der norwegischen Tippeligaen und absolvierte nur vier Monate später sein erstes A-Länderspiel. Der offensive Mittelfeldspieler wurde von allen europäischen Topklubs gejagt und entschied sich schließlich für die Königlichen von Real Madrid.*

Die berühmte Ajax-Schule hat immer wieder Weltstars hervorgebracht, nach 2000 unter anderem Rafael van der Vaart und Wesley Sneijder, oder entdeckt, wie Zlatan Ibrahimović und Luis Suárez. Die PSV Eindhoven verlor allein vor der Saison 2013/14 Kevin Strootman (AS Rom), Dries Mertens (SSC Neapel) und Jeremain Lens (Dynamo Kiew), ohne durch diese namhaften Abgänge allerdings einen größeren Substanzverlust zu erleiden.

*Bayerns Xherdan Shaqiri (*1991, l.) und der Gladbacher Granit Xhaka (*1992) gehören zu den zahlreichen Schweizer Nachwuchsstars der letzten Jahre. Wie viele ihrer Kollegen im Nationalteam haben sie einen Migrationshintergrund – ihre Eltern sind Kosovo-Albaner.*

*Valentino Lazaro (*1996, l.) hat einen ähnlichen Multikulti-Hintergrund wie Alaba und gilt als das derzeit größte Talent der Österreicher.*

*Der Däne Pierre-Emile Højbjerg (*1995) wagte mit 16 Jahren den Sprung zum großen FC Bayern, konnte sich dort bis dato allerdings nicht durchsetzen.*

Weil allerdings so viele und jedes Jahr neue Nachwuchsspieler bei Ajax und PSV nicht nur zum Einsatz kommen, sondern Leistungsträger sind, stellt sich kaum einmal Konstanz ein. Zwar haben die beiden Vereine ihre Liga gut im Griff, doch für internationale Erfolge reicht es schon länger nicht mehr: PSV siegte auf europäischer Ebene letztmals 1988 im Pokal der Landesmeister, Ajax gewann die Champions League zuletzt 1995, als sagenhafte neun Spieler der Startelf im Finale gegen AC Mailand aus der eigenen Jugend stammten.

Christian Eriksen (*1992), Daley Blind (*1990) und Viktor Fischer (*1994, v.l.n.r.) feiern im Mai 2013 die niederländische Meisterschaft mit Ajax Amsterdam. Eriksen wechselte kurz danach zu Tottenham Hotspur, Blind zu Manchester United, Fischer blieb – vorerst.

Memphis Depay (l., *1994) und Adam Maher (r., *1993) besorgten im Oktober 2014 gegen den FC Utrecht die Treffer eins und zwei, das Tor zum zwischenzeitlichen 3:0 für PSV Eindhoven schoss mit Jorrit Hendrix (*1995) ebenfalls ein hoffnungsvoller Nachwuchsspieler.

Hoffnung für die »Three Lions«?

Während Spanien und Deutschland seit einiger Zeit die Früchte gezielter Nachwuchsarbeit mit ihren Nationalteams ernten, wartet das Mutterland des Fußballs seit 1966 auf einen internationalen Titel und kann auch im Juniorenbereich keine nennenswerten Erfolge vorweisen. Das liegt natürlich daran, dass insbesondere die mit russischen und arabischen Petrodollars geförderten Spitzenteams FC Chelsea und Manchester City viel Geld für fertige Spieler aus dem Ausland ausgeben und höchstens in zweiter Linie auf den eigenen Nachwuchs setzen. Aber auch bei den anderen großen Vereinen von der Insel haben es junge Talente nicht gerade leicht, denn dort sind die Stammplätze ebenfalls extrem umkämpft. Trotzdem schaffen es immer wieder englische Jungkicker, sich

Danny Welbeck (l., *1990), 2011 noch beim AFC Sunderland, verfolgt Arsenals Jack Wilshere (*1992). Seit 2014 tragen beide das Trikot der »Gunners«.

durchzusetzen. Innenverteidiger Phil Jones (*1992) und Linksverteidiger Luke Shaw (*1995) von Manchester United, Innenverteidiger Calum Chambers (*1995), Mittelfeldspieler Jack Wilshere (*1992) sowie das Offensivtrio Theo Walcott (*1989), Alex Oxlade-Chamberlain (*1993) und Danny Welbeck (*1990) von Arsenal, Offensivkünstler Ross Barkley (*1993) vom FC Everton sowie Innenverteidiger Eric Dier (*1994) von Tottenham

*Theo Walcott (l., *1989) und Alex Oxlade-Chamberlain (*1993) im Trikot des FC Arsenal*

Golden Boy

Jahr	Spieler	Verein
2003	Rafael van der Vaart/Niederlande	Ajax Amsterdam
2004	Wayne Rooney/England	FC Everton/Manchester United
2005	Lionel Messi/Argentinien	FC Barcelona
2006	Cesc Fàbregas/Spanien	FC Arsenal
2007	Sergio Agüero/Argentinien	Atlético Madrid
2008	Anderson/Brasilien	Manchester United
2009	Alexandre Pato/Brasilien	AC Mailand
2010	Mario Balotelli/Italien	Inter Mailand/Manchester City
2011	Mario Götze/Deutschland	Borussia Dortmund
2012	Isco/Spanien	FC Málaga
2013	Paul Pogba/Frankreich	Juventus Turin
2014	Raheem Sterling/England	FC Liverpool
2015	Anthony Martial/Frankreich	Manchester United

Hotspur und City-Stürmer Raheem Sterling (*1994) heißen zehn extrem verheißungsvolle englische Kicker, die in den nächsten Jahren das Bild der »Three Lions« bestimmen könnten.
Diese Ansammlung hochbegabter Talente bräuchte nur noch einen guten Torhüter, um endlich wieder in die Weltspitze vorzustoßen. Auf dieser Problemposition der vergangenen Jahre könnte Jack Butland (*1993) von Stoke City der fehlende Mosaikstein sein.

Für wen wird 2016 das goldene Jahr?

Seit 2003 vergibt die italienische Zeitschrift »Tuttosport« in Zusammenarbeit mit Sportmagazinen aus ganz Europa die Auszeichnung »Golden Boy« an den besten U-21-Spieler des Jahres. Fast alle wurden daraufhin zu Weltstars. Im EM-Jahr 2016 darf der Preisträger nicht vor 1993 geboren sein, weshalb einige der auf den letzten Seiten vorgestellten Nachwuchsspieler dafür nicht mehr infrage kommen. Doch vielleicht spielt sich in den Monaten vor der Preisverleihung noch ein Jungfußballer ins Rampenlicht, den bis dahin noch niemand auf der Rechnung hatte. Denn schließlich kommen bei Jugendlichen Leistungsexplosionen oft plötzlich und über Nacht. Lassen wir uns also überraschen …

*Der in Jamaika geborene »Golden Boy 2014« Raheem Sterling (l., *1994) gehört längst zum Stamm der »Citizens« und zum Kreis der englischen Nationalmannschaft – 2015 wechselte der abschlussstarke Flügelflitzer für gut 60 Mio. Euro von Liverpool nach Manchester.*

Der echte Goldjunge: Gianni Rivera debütierte 1959 mit 15 Jahren in der italienischen Serie A. Schnell feierte die Presse den Youngster als »Golden Boy«. Er prägte zwei Jahrzehnte lang eine äußerst erfolgreiche Ära beim AC Mailand und trug mehr als zehn Jahre das Trikot der Squadra Azzurra.

*Beim Match zwischen dem AC Mailand und AS Rom kommt es zur Begegnung der Generationen: Die Milan-Spieler Mario Balotelli (*1990, l.) und Stephan El Shaarawy (*1992) begrüßen Romas Idol Francesco Totti (*1976).*

Bomber, Knipser, Abstauber
Strafraumstürmer seit 2000

Bäumchen, wechsle dich

»Man kann nicht alles kaufen«, sagte Aurelio De Laurentiis, Präsident des SSC Neapel, im Sommer 2013. »Das ist unmoralisch.« Nie hätte er es für möglich gehalten, dass ein Verein die im Vertrag festgeschriebene Ablösesumme von 63 Millionen Euro für den Uruguayer **Edinson Cavani** zahlen würde – doch dann strich er sogar 64,5 Millionen ein, von Paris Saint-Germain. Eigentlich hätte De Laurentiis es besser wissen sollen: Kurz zuvor hatte der AS Monaco den kolumbianischen Torjäger **Radamel Falcao** für 60 Millionen Euro von Atlético Madrid geholt. Bei den Monegassen hat ein russischer Milliardär das Sagen, und der Stürmerstar war das Sahnehäubchen seiner Shoppingtour quer durch Europa im dreistelligen Millionenbereich. Doch ein Jahr später war alles wieder Makulatur: Falcao zog es für die Leihgebühr von 7,6 Millionen Euro nach Manchester und der ebenfalls erst im Vorjahr erworbene Shootingstar James Rodríguez zog für unglaubliche 80 Millionen weiter nach Madrid.

Radamel Falcao 2012 im Spiel von Chelsea gegen Atlético Madrid im UEFA Super Cup

Edinson Cavani Ende August 2013 in einem Spiel der Ligue 1

Falcao, Radamel (*1986)
Kolumbien (seit 2007), River Plate (2001–2009), FC Porto (2009–2011), Atlético Madrid (2011–2013), AS Monaco (seit 2013), Manchester United (2014–2015, Leihe), FC Chelsea (seit 2015, Leihe)

UEFA Europa League	2	2011, 2012
Spanischer Pokal	1	2013
Portugiesischer Meister	1	2011
Portugiesischer Pokal	2	2010, 2011
Argentinischer Meister	1	2008
Torschützenkönig Europa League	2	2011, 2012

Cavani und Falcao waren die prominentesten Teilnehmer eines munteren Bäumchen-wechsle-dich-Spiels, das vor der Saison 2013/14 insbesondere die begehrtesten Strafraumstürmer der europäischen Ligen betraf. Neapel ersetzte den Uruguayer durch **Gonzalo Higuaín**, der für »bescheidene« 40 Millionen von Real kam. Auf den ersten Blick war das kein schlechter Tausch, denn der Argentinier schoss in sechs Jahren über 100 Tore für die Königlichen, saß aber zuletzt häufiger zugunsten des Franzosen **Karim Benzema** auf der Bank. Und tatsächlich – Higuaín fand sich in Neapel auf Anhieb zurecht. Bei Real führte sein Abgang nicht zu einer Systemumstellung, da Benzema vom Typ her ähnlich agiert. Gravierender wirkte sich der Abgang Falcaos bei Atlético aus. Die »Rojiblancos« verpflichteten **David Villa** vom FC Barcelona, der flexibel auch als hängende Spitze oder Flügelstürmer eingesetzt werden kann – für lächerliche zwei Millionen Euro. Das neue Sturmduo Villa/Diego Costa

Cavani, Edinson (*1987)
Uruguay (seit 2008), Danubio FC (2000–2007), US Palermo (2007–2010), SSC Neapel (2010–2013), Paris Saint-Germain (seit 2013)

Südamerikameister	1	2011
Französischer Meister	2	2014, 2015
Französischer Pokal	1	2015
Italienischer Pokal	1	2012
Uruguayischer Meister	1	2007
Torschützenkönig Italien	1	2013

Higuaín, Gonzalo (*1987)
Argentinien (seit 2009), River Plate (2002–2007), Real Madrid (2007–2013), SSC Neapel (seit 2013)

Spanischer Meister	3	2007, 2008, 2012
Spanischer Pokal	1	2011
Italienischer Pokal	1	2014

Ein weiterer Hochkaräter aus dem Jahrgang 1987: Karim Benzema (l.) unterlag bei der Euro 2012 mit Frankreich den Spaniern, bei denen Sergio Ramos, Benzemas Mannschaftskollege bei Real, sein direkter Gegenspieler war.

Gonzalo Higuaín (r.) am 3. Juli 2010 im Zweikampf mit Abwehrspieler Arne Friedrich; im Viertelfinale der WM 2010 unterlag Argentinien den Deutschen mit 0:4!

Benzema, Karim (*1987)
Frankreich (seit 2007), Olympique Lyon (1996–2009), Real Madrid (seit 2009)

UEFA Champions League	1	2014
FIFA Klub-WM	1	2014
Spanischer Meister	1	2012
Spanischer Pokal	2	2011, 2014
Französischer Meister	4	2005, 2006, 2007, 2008
Französischer Pokal	1	2008
Torschützenkönig Frankreich	1	2008
Frankreichs Fußballer d. J.	3	2011, 2012, 2014

verstand sich sofort blendend und sorgte mit 40 Toren für die erste Meisterschaft seit 1996. Costa ging daraufhin zu Chelsea, während Villa zum Karriereausklang zuerst in die Neue Fußballwelt und dann auf den Fünften Kontinent weiterzog. Der große Gewinner der großen europäischen Rochade war der Einzige, der blieb, wo er schon seit Jahren spielte. Obwohl Real Madrid immer wieder frische Offensivkräfte anheuert, hat Benzema den Stammplatz im Sturmzentrum seit Higuaíns Abgang sicher – und dankt dafür mit Toren am Fließband.

Villa, David (*1981)
Spanien (seit 2005), Sporting Gijón (1999–2003), Real Saragossa (2003–2005), FC Valencia (2005–2010), FC Barcelona (2010–2013), Atlético Madrid (2013–2014), New York City (seit 2014), Melbourne City FC (2014, Leihe)

FIFA Weltmeister	1	2010
UEFA Europameister	1	2012
UEFA Champions League	1	2011
FIFA Klub-WM	1	2011
Spanischer Meister	3	2011, 2013, 2014
Spanischer Pokal	3	2004, 2008, 2012
UEFA Euro All Star Team	1	2008
FIFA WM All Star Team	1	2010
Torschützenkönig UEFA Euro	1	2008

David Villa (l.) im Champions-League-Finale 2011 im Zweikampf mit Patrice Evra von Manchester United

Beim 4:2-Auswärtssieg der Schweden gegen England 2012 erzielt Zlatan Ibrahimović sämtliche vier Treffer der Skandinavier. Sensationell geriet ihm das Tor zum 4:2, ein Fallrückzieher aus über 20 Metern Entfernung.

Einmal ging das gründlich schief: In der Spielzeit 2009/10 kam »Ibracadabra« als Nachfolger des Kameruners **Samuel Eto'o** zum FC Barcelona und überwarf sich dort mit Trainer Pep Guardiola. Schwierig war auch das Verhältnis zu Lionel Messi, der sich angeblich weigerte, auf die Außenbahn zu gehen und den Platz im Zentrum frei zu machen. Nach nur einem Jahr war das Experiment beendet, Ibrahimović wechselte zurück nach Mailand, diesmal allerdings zu den »Rossoneri«, und wurde 2012 vom neureichen PSG angelockt. Das Zusammenspiel mit Edinson Cavani funk-

Ibrahimović, Zlatan (*1981)
Schweden (seit 2001), Malmö FF (1995–2001), Ajax Amsterdam (2001–2004), Juventus Turin (2004–2006), Inter Mailand (2006–2009), FC Barcelona (2009–2010), AC Mailand (2010–2012), Paris Saint-Germain (seit 2012)

FIFA Klub-WM	1	2009
Spanischer Meister	1	2010
Italienischer Meister	6	2005, 2006, 2007, 2008, 2009, 2011
Niederländischer Meister	2	2002, 2004
Niederländischer Pokal	1	2002
Französischer Meister	3	2013, 2014, 2015
Französischer Pokal	1	2015
UEFA Euro All Star Team	1	2012
Torschützenkönig Italien	2	2009, 2012
Torschützenkönig Frankreich	2	2013, 2014
Schwedens Fußballer d. J.	10	2005, 2007, 2008, 2009, 2010, 2011, 2012, 2013, 2014, 2015
Italiens Fußballer d. J.	3	2008, 2009, 2011

Samuel Eto'o 2013 im Trikot von Anschi Machatschkala, kurz vor seinem Wechsel zum FC Chelsea

»Es gibt nur einen Zlatan«

Wer **Zlatan Ibrahimović** verpflichtet, erwirbt damit eine nahezu sichere Garantie auf Tore und kann Trophäen fest einplanen: Seit 2002 holte der schwedische Stürmer bosnischer Herkunft mehr als 20 Titel, darunter elf nationale Meisterschaften mit sechs unterschiedlichen Klubs in vier Ländern – eine unglaubliche Quote, selbst dann, wenn man zwei mit Juventus geholte Titel abzieht, weil sie dem Verein wegen der Beteiligung an Wettmanipulationen aberkannt wurden. Allerdings müssen sich Käufer des Superstars auch darauf einstellen, dass es mit der – neben Cristiano Ronaldo – größten »Diva« im aktuellen Weltfußball Ärger geben kann, da Ibrahimović keine »Götter« neben sich duldet. »Es gibt nur einen Zlatan«, lautet eines der Bonmots, mit denen der technisch versierte Torjäger sein überdimensionales Selbstbewusstsein zum Ausdruck brachte.

Eto'o, Samuel (*1981)
Kamerun (seit 1986), RCD Mallorca (1999–2004), FC Barcelona (2004–2009), Inter Mailand (2009–2011), Anschi Machatschkala (2011–2013), FC Chelsea (2013–2014), FC Everton (2014–2015), Sampdoria Genua (2015), Antalyaspor (seit 2015)

UEFA Champions League	3	2006, 2009, 2010
Weltpokal/FIFA Klub-WM	2	1998, 2010
Olympiasieger	1	2000
Afrikameister	2	2000, 2002
Spanischer Meister	3	2005, 2006, 2009
Spanischer Pokal	2	2003, 2009
Italienischer Meister	1	2010
Italienischer Pokal	2	2010, 2011
Torschützenkönig Afrikam.	2	2006, 2008
Torschützenkönig Spanien	1	2006
Afrikas Fußballer d. J.	4	2003, 2004, 2005, 2010

tionierte auf Anhieb blendend: Sensationelle 66 Tore schoss das neue Traumduo wettbewerbsübergreifend in der ersten gemeinsamen Saison.
Samuel Eto'o, den Ibrahimović bei Barça beerbte, wäre 2009 beim Champions-League-Erfolg der Katalanen fast schon nicht mehr dabei gewesen, hatte ihm der neue Trainer Guardiola doch schon zu Beginn der Spielzeit einen Wechsel nahegelegt. Der erfolgte nach dem Triumph: Der Kameruner ging zu Inter Mailand, gewann 2010 erneut den »Henkelpott« und ist damit der erste Spieler seit Langem, der die Trophäe zweimal in Folge gewinnen konnte. Sein Trainer in der Lombardei war Guardiolas »bester Feind« José Mourinho, mit dem der alternde Stürmerstar in der Saison 2013/2014 beim FC Chelsea wieder vereint war.

Italiens Alessandro Nesta (r.) versucht im Euro-Finale 2000 vergeblich, Thierry Henry zu stoppen.

Henry, Thierry (*1977)
Frankreich (1997–2010), AS Monaco (1993–1998), Juventus Turin (1999), FC Arsenal (1999–2007), FC Barcelona (2007–2010), New York Red Bulls (2010–2014)

FIFA Weltmeister	1	1998
UEFA Europameister	1	2000
FIFA Konföderationenpokal	1	2003
UEFA U-18-Europameister	1	1996
UEFA Champions League	1	2009
FIFA Klub-WM	1	2009
Spanischer Meister	2	2009, 2010
Spanischer Pokal	1	2009
Englischer Meister	2	2002, 2004
Englischer Pokal	3	2002, 2003, 2005
Französischer Meister	1	1997
FIFA WM All Star Team	1	2006
UEFA Euro All Star Team	1	2000
Goldener Schuh der UEFA	2	2004, 2005
Torschützenkönig England	4	2002, 2004, 2005, 2006
Welttorjäger	1	2003
Frankreichs Fußballer d. J.	5	2000, 2003, 2004, 2005, 2006
Englands Fußballer d. J.	3	2003, 2004, 2006

Henrik Larsson, Samuel Eto'o und Ronaldinho (v.l.n.r.) vom FC Barcelona im Februar 2006 beim Torjubel

Larsson, Henrik (*1971)
Schweden (1993–2009), Helsingborgs IF (1992–1993), Feyenoord Rotterdam (1993–1997), Celtic Glasgow (1997–2004), FC Barcelona (2004–2006), Helsingborgs IF (2006–2009), Manchester United (2007)

UEFA Champions League	1	2006
Niederländischer Meister	1	1993
Niederländischer Pokal	2	1994, 1995
Schottischer Meister	4	1998, 2001, 2002, 2004
Schottischer Pokal	2	2001, 2004
Spanischer Meister	2	2005, 2006
Schwedischer Pokal	1	2006
Englischer Meister	1	2007
UEFA Euro All Star Team	1	2004
Goldener Schuh der UEFA	1	2001
Torschützenkönig Schottland	5	1999, 2001, 2002, 2003, 2004
Schwedens Fußballer d. J.	2	1998, 2004
Schottlands Fußballer d. J.	2	1999, 2001

Man sieht sich immer zweimal

Wie 2009 gegen Manchester United hatte Samuel Eto'o 2006 im Champions-League-Finale gegen den FC Arsenal ein Tor zum Erfolg der Katalanen beigesteuert, damals das wichtige 1:1 gegen den lange Zeit führenden Gegner. Nach einer Stunde war für den Defensivstrategen Mark van Bommel der damals bereits 35-jährige **Henrik Larsson** aufs Feld gekommen, der mit zwei Torvorlagen die Wende entscheidend mitprägte und gegen Ende seiner Laufbahn die wichtigste Trophäe des Vereinsfußballs in Europa gewinnen konnte. Ein Jahr zuvor war Larsson, dessen Vater aus Kap Verde stammt, zum besten schwedischen Fußballer der zurückliegenden fünf Jahrzehnte gewählt worden.
Im Sturm des unterlegenen FC Arsenal, der nach einer Roten Karte gegen Torhüter Jens Lehmann über 70 Minuten in Unterzahl spielen musste, stand 2006 **Thierry Henry**, der zu diesem Zeitpunkt mit Frankreich sämtliche großen Titel geholt hatte. Den

Thierry Henry (l.) und Samuel Eto'o nach dem 2:0 gegen Manchester United im Mai 2009

»Henkelpott« gewann er schließlich auch noch – 2009 an der Seite von Samuel Eto'o.

Torjäger aus Afrika und den Niederlanden

Zuletzt wurde von 2011 bis 2014 mit Yaya Touré ein zentraler Mittelfeldspieler viermal zu »Afrikas Fußballer des Jahres« gewählt, in all den Jahren zuvor seit 2000 ging diese Auszeichnung an ausgewiesene Torjäger. Allein viermal wurde Samuel Eto'o geehrt (2003 bis 2005, 2010), zweimal ging der Titel an **Didier Drogba** von der Elfenbeinküste (2006, 2009). Er spielte von 2004 bis 2012 für den FC Chelsea und verabschiedete sich mit

Drogba, Didier (*1978)
Elfenbeinküste (seit 2002), Levallois SC (1993–1997), UC Le Mans (1997–2002), EA Guingamp (2002–2003), Olympique Marseille (2003–2004), FC Chelsea (2004–2012), Shanghai Shenhua (2012–13), Galatasaray Istanbul (2013–2014), FC Chelsea (2014–2015), Montreal Impact (seit 2015)

UEFA Champions League	1	2012
Englischer Meister	4	2005, 2006, 2010, 2015
Englischer Pokal	4	2007, 2009, 2010, 2012
Türkischer Meister	1	2013
Türkischer Pokal	1	2014
Torschützenkönig UEFA-Pokal	1	2004
Torschützenkönig England	2	2007, 2010
Afrikas Fußballer d. J.	2	2006, 2009

van Nistelrooy, Ruud (*1976)
Niederlande (1998–2012), FC Den Bosch (bis 1997), SC Heerenveen (1997–1998), PSV Eindhoven (1998–2001), Manchester United (2001–2006), Real Madrid (2006–2010), Hamburger SV (2010–2011), FC Malaga (2011–2012)

Spanischer Meister	2	2007, 2008
Englischer Meister	1	2003
Englischer Pokal	1	2004
Niederländischer Meister	2	2000, 2001
Torschützenkönig UEFA CL	3	2002, 2003, 2005
Welttorjäger	1	2002
Torschützenkönig Niederlande	2	1999, 2000
Torschützenkönig England	1	2003
Torschützenkönig Spanien	1	2007
Niederländischer Fußballer d. J.	3	1998, 1999, 2000
Englands Fußballer d. J.	1	2002

Gegen Ende seiner Laufbahn spielte Ruud van Nistelrooy (r.) ein Jahr für den Hamburger SV und traf da auf Klaas-Jan Huntelaar von Schalke 04. Huntelaar gilt als einer der Nachfolger van Nistelrooys in der Elftal, ist aber meistens nur zweite Wahl hinter Robin van Persie.

dem Ausgleich in letzter Minute sowie dem entscheidenden Treffer im Elfmeterschießen im CL-Endspiel 2012 gegen den FC Bayern. Nach kurzen Abstechern nach China und in die Türkei kehrte der Goalgetter 2014 für eine Saison zurück an die Themse.

In der Saison 1999/2000 wurde Kevin Phillips vom AFC Sunderland englischer Torschützenkönig, seitdem ging dieser Titel nur noch an Spieler aus dem Ausland, wobei sich neben Henry und Drogba besonders Stürmer aus den Niederlanden als überaus treffsicher erwiesen. Jimmy Floyd Hasselbaink vom FC Chelsea war 2001 der erste, zwei Jahre darauf folgte **Ruud van Nistelrooy**, damals bei ManU und in seiner Zeit dort gleich dreimal (2002, 2003, 2005) bester Torjäger einer Champions-League-Saison. Nur den »Henkelpott« selbst konnte er nicht

Auch mit 35 Jahren ist Didier Drogba (Nr. 12) noch ein brandgefährlicher Stürmer, wie auch Schalkes Julian Draxler im Achtelfinalspiel der Champions-League-Saison 2012/13 gegen Galatasaray Istanbul erfahren musste.

114   *Bomber, Knipser, Abstauber*

In München löste Makaay (l.) den alternden Brasilianer Giovane Élber (r.) ab, der mit den Bayern 2001 die Champions League gewonnen hatte. Élber zählt zu den vielen guten Stürmern des Landes, die wegen der übermächtigen Konkurrenz (Romário, Ronaldo) nur selten in die Seleção berufen wurden.

europäischen Ligen wurde. Einzig den »Goldenen Schuh« der UEFA konnte er nicht erringen; das gelang dafür seinem Landsmann **Roy Makaay**, der in der Elftal nie an ihm vorbeikam. In der Spielzeit 2002/03, kurz vor seinem Wechsel von Deportivo La Coruña zum FC Bayern, war Makaay mit 29 Treffern Europas Torjäger Nr. 1. In den Jahren 2012 und 2013 war erneut ein Niederländer bester Torschütze der Premier League: **Robin van Persie**, der seit 2004 beim FC Arsenal unter Vertrag stand und dann zu Manchester United wechselte. Nach etlichen Jahren ohne wichtigen Titel wurde er hier auf Anhieb Meister. Der einzige unter den niederländischen Topstürmern der letzten Jahre, der auch den »Henkelpott« in Händen halten durfte, bleibt vorerst **Patrick Kluivert**, der 1995 im blutjungen Siegerteam von Ajax Amsterdam unter Trainer Louis van Gaal stand und fünf Minuten vor dem Abpfiff das Goldene Tor gegen den AC Mailand erzielte.

Makaay, Roy (*1975)
Niederlande (1996–2005), Vitesse Arnheim (1989–1997), CD Teneriffa (1997–1999), Deportivo La Coruña (1999–2003), Bayern München (2003–2007), Feyenoord Rotterdam (2007–2010)

Spanischer Meister	1	2000
Spanischer Pokal	1	2002
Deutscher Meister	2	2005, 2006
Deutscher Pokal	2	2005, 2006
Niederländischer Pokal	1	2008
Goldener Schuh der UEFA	1	2003
Torschützenkönig Spanien	1	2003

erringen – als Manchester ihn 2008 holte, war »Van the Man« bei Real Madrid, wo er sich 2007 erneut als bester Torschütze auszeichnete.
Nachdem er schon 1999 und 2000 in der Eredivisie treffsicherster Schütze des PSV Eindhoven gewesen war, ist er der einzige Stürmer, der Torschützenkönig in drei

van Persie, Robin (*1983)
Niederlande (seit 2005), Feyenoord Rotterdam (bis 2004), FC Arsenal (2004–2012), Manchester United (2012–2015), Fenerbahçe Istanbul (seit 2015)

UEFA-Pokal	1	2002
Englischer Meister	1	2013
Englischer Pokal	1	2005
Torschützenkönig England	2	2012, 2013
Englands Fußballer d. J.	1	2012

Kluivert, Patrick (*1976)
Niederlande (1994–2004), Ajax Amsterdam (1994–1997), AC Mailand (1997–1998), FC Barcelona (1998–2004), Newcastle United (2004–2005), FC Valencia (2005–2006), PSV Eindhoven (2006–2007), OSC Lille (2007–2008)

UEFA Champions League	1	1995
Weltpokal	1	1995
Niederländischer Meister	3	1995, 1996, 2007
Spanischer Meister	1	1999
UEFA Euro All Star Team	1	2000
Torschützenkönig UEFA Euro	1	2000

Robin van Persie (r.) und Raphaël Varane im Spiel von ManU gegen Real Madrid im Februar 2013

Patrick Kluivert (M.) zieht im Finale 1995 an Paolo Maldini vom AC Mailand vorbei, und auch Franco Baresi (r.) kommt in dieser Szene zu spät.

Bei der UEFA Euro 2000 zeichnete sich Kluivert als bester Torschütze aus und wurde ins All Star Team des Turniers gewählt. Doch danach geriet seine Karriere ins Stocken; häufig geriet er wegen seines exzessiven Lebenswandels in die Schlagzeilen, wurde nach 2004 nicht mehr in die Elftal berufen und beendete seine Laufbahn 2008 im Alter von nur 32 Jahren.

Wandervögel aus Übersee

Hinsichtlich der Popularität steht **Carlos Tévez** in seiner Heimat Argentinien auf einer Stufe mit Lionel Messi. Das Volk liebt den kleinen bulligen Mittelstürmer, der 2006 zu West Ham United in die Premier League wechselte. Schon 2007 zog der Olympiasieger 2004 und beste Torschütze des Turniers in Athen weiter zu Manchester United, wo er im Jahr darauf mit dem Champions-League-Triumph den größten Erfolg seiner Karriere feierte. Von 2009 bis 2013 war Tévez bei Manchester City, wo er 2011 englischer Torschützenkönig und 2012 Meister wurde. Carlos Tévez hat etliche Stationen in Südamerika und Europa hinter sich, doch im Vergleich zu zwei knapp zehn Jahre älteren Landsleuten ist er geradezu sesshaft. Der erste dieser Wandervögel ist **Juan Sebastián Verón**, eigentlich mehr ein offensiver Mittelfeldspieler. Verón stand von 1994 bis 2012 bei acht Vereinen in Italien, England und Argentinien unter Vertrag und konnte in allen Ländern nationale wie internationale Titel gewinnen, unter anderem den UEFA-Pokal und den UEFA Super Cup 1999 mit dem AC Parma. Den größten Erfolg feierte er gegen Ende seiner Laufbahn, als er 2009 mit

Juan Sebastián Verón 2002 im Trikot von Manchester United

Verón, Juan Sebastián (*1975)
Argentinien (1996–2010), Estudiantes de La Plata (1994–1996), Boca Juniors (1996), Sampdoria Genua (1996–1998), AC Parma (1998–1999), Lazio Rom (1999–2001), Manchester United (2001–2003), FC Chelsea (2003–2004), Inter Mailand (2004–2006), Estudiantes de La Plata (2006–2014)

UEFA-Pokal	1	1999
Copa Libertadores	1	2009
Englischer Meister	1	2003
Italienischer Meister	2	2000, 2006
Italienischer Pokal	4	1999, 2000, 2005, 2006
Argentinischer Meister	2	2006, 2010
Südamerikas Fußballer d. J.	2	2008, 2009
Argentiniens Fußballer d. J.	1	2006

Tévez, Carlos (*1984)
Argentinien (seit 2004), Boca Juniors (1997–2004), SC Corinthians Paulista (2004–2006), West Ham United (2006–2007), Manchester United (2007–2009), Manchester City (2009–2013), Juventus Turin (2013–2015), Boca Juniors (seit 2015)

UEFA Champions League	1	2008
Weltpokal/FIFA Klub-WM	2	2003, 2008
Olympiasieger	1	2004
Italienischer Meister	2	2014, 2015
Italienischer Pokal	1	2015
Englischer Meister	3	2008, 2009, 2012
Englischer Pokal	1	2011
Copa Libertadores	1	2003
Argentinischer Meister	1	2003
Brasilianischer Meister	1	2005
Torschützenkönig England	1	2011
Südamerikas Fußballer d. J.	3	2003, 2004, 2005
Argentiniens Fußballer d. J.	2	2003, 2004
Brasiliens Fußballer d. J.	1	2005

Den Titel des Torschützenkönigs der Premier-League-Saison 2010/11 musste sich Tévez (M.) mit dem Bulgaren Dimitar Berbatov (l.) teilen. In der Spielzeit 2008/09 hatten die beiden zusammen mit Cristiano Ronaldo (r.) und Wayne Rooney ManUs hochkarätige Offensive gestellt.

Carlos Tévez (l.) erzielte im Achtelfinale der WM 2010 beim 3:1 gegen Mexiko zwei Tore. Lionel Messi (Nr. 10) und Ángel Di María jubeln mit ihm.

Verón, Ruud van Nistelrooy und David Beckham (v.l.n.r.) feiern ein Tor beim 2:1 von Manchester im Champions-League-Gruppenspiel 2002/03 in Leverkusen gegen den vorherigen Finalisten Bayer 04.

Andrij Schewtschenko 2003 im CL-Finale gegen Juventus Turin

Schewtschenko, Andrij (*1976)
Ukraine (1995–2012), Dynamo Kiew (1986–1999), AC Mailand (1999–2006), FC Chelsea (2006–2008), AC Mailand (2008–2009), Dynamo Kiew (2009–2012)

UEFA Champions League	1	2003
Ukrainischer Meister	5	1995, 1996, 1997, 1998, 1999
Ukrainischer Pokal	3	1996, 1998, 1999
Italienischer Meister	1	2004
Italienischer Pokal	1	2003
Englischer Pokal	1	2007
Torschützenkönig UEFA CL	2	1999, 2006
Torschützenkönig Ukraine	1	1999
Torschützenkönig Italien	2	2000, 2004
Europas Fußballer d. J.	1	2004
Ukrainischer Fußballer d. J.	6	1997, 1999, 2000, 2001, 2004, 2005

Estudiantes de La Plata die Copa Libertadores gewann. Noch wechselfreudiger zeigte sich der ebenfalls 1975 geborene **Hernán Crespo**, der einen Weltrekord besonderer Art hält: Als einziger Spieler erzielte er in der Champions League Tore für fünf verschiedene Vereine (AC Parma, Lazio Rom, Inter und AC Mailand sowie FC Chelsea). Gewinnen konnte er die Trophäe jedoch nie. Ende Mai 2005 war Crespo einer der Hauptakteure beim Drama von Istanbul: Zwei Treffer hatte der Stürmer zur 3:0-Halbzeitführung des AC Mailand beigesteuert, doch der FC Liverpool glich nach der Pause innerhalb weniger Minuten aus und behielt am Ende die Oberhand.

Mailänder und Turiner Legenden

Drei Champions-League-Endspiele bestritt der AC Mailand in den Jahren 2003, 2005 und 2007, verloren wurde nur die Partie gegen Liverpool. Zwei Jahre zuvor hatten die Lombarden das Nachbarschaftsfinale gegen Juventus Turin gewonnen, mit 3:2 im Elfmeterschießen. Den entscheidenden Versuch verwandelte der Ukrainer **Andrij Schewtschenko**, zu dieser Zeit einer der gefährlichsten europäischen Torjäger und »Europas Fußballer des Jahres« 2004. Ausgerechnet ihm widerfuhr in Istanbul das Missgeschick, abermals als Letzter anzutreten und diesmal zu scheitern. Kurz nach der Euro 2012 in Polen und der Ukraine beendete der beste ukrainische Fußballer seit Oleg Blochin seine Karriere.

Zum Helden von Athen wurde ein Milan-Spieler, der damals bereits 34 Jahre alt war, aber dem Verein noch bis 2012 treu blieb: **Filippo »Pippo« Inzaghi** schoss beim 2:1 gegen Liverpool beide Tore – und das, obwohl er in der Serie A

Hernán Crespo 2011 im Trikot des FC Parma, der 2004 die Nachfolge des in Konkurs gegangenen AC Parma antrat. Beim AC hatte der Argentinier bereits von 1996 bis 2000 gespielt, zu einer Zeit, als die Norditaliener mehrere nationale und internationale Pokale gewannen.

Crespo, Hernán (*1975)
Argentinien (1995–2007), River Plate (1991–1996), AC Parma (1996–2000), Lazio Rom (2000–2002), Inter Mailand (2002–2003), FC Chelsea (2003–2006), AC Mailand (2004–2005, Leihe), Inter Mailand (2006–2009), CFC Genua (2009), FC Parma (2010–2012)

UEFA-Pokal	1	1999
Englischer Meister	1	2006
Italienischer Meister	3	2007, 2008, 2009
Italienischer Pokal	1	1999
Copa Libertadores	1	1996
Argentinischer Meister	2	1993, 1994
FIFA WM All Star Team	1	2006
Torschützenkönig Italien	1	2002
Torschützenkönig Argentinien	1	1994

Strafraumstürmer seit 2000

nur noch sporadisch zum Einsatz kam. Seine schlitzohrige Spielweise wurde häufig kritisiert, denn Inzaghi stand fast immer an der Grenze zum Abseits und galt als Elfmeterschinder – doch seine Torquote war beeindruckend.

Mit sieben Triumphen im Europapokal der Landesmeister bzw. der Champions League ist Milan nach dem zehnmaligen Titelträger Real Madrid der zweiterfolgreichste Verein im europäischen Vereinsfußball. Seit 2007 fehlen die großen Erfolge, abgesehen vom – insgesamt schon 18. – Titel in der Serie A 2011. Deutlich öfter hat den »Scudetto« nur Juventus Turin geholt, das mit 31 Meistertiteln einsame Spitze ist. Dem gegenüber stehen allerdings »nur« zwei Titel in der europäischen Königsklasse. Und der letzte der beiden ist auch schon eine ganze Weile her: 1996 gewann Juve gegen Titelverteidiger Ajax Amsterdam, das im Vorjahr ausgerechnet gegen Milan gewonnen hatte. Schon damals ein Star war **Alessandro Del Piero**, der der »Alten Dame« zwei Jahrzehnte lang die Treue hielt. Seinen größten Erfolg feierte der ewige Rekordspieler und Rekordschütze der Piemonteser allerdings im dunkelblauen Nationaltrikot. Im Finale der WM 2006 kam er kurz vor Ende der regulären Spielzeit in die Partie, verwandelte im Elfmeterschießen sicher und setzte so das Tüpfelchen aufs i seiner Karriere. Als es mit dem italienischen Fußball daraufhin deutlich bergab ging und die Squadra Azzurra bei der WM 2010 schon in der

Doppeltorschütze Pippo Inzaghi im Mai 2007 mit einem strahlenden Silvio Berlusconi, dem Patron des AC Mailand

Inzaghi, Filippo (*1973)
Italien (1997–2007), Piacenza Calcio (bis 1995), AC Parma (1995–1996), Atalanta Bergamo (1996–1997), Juventus Turin (1997–2001), AC Mailand (2001–2012)

FIFA Weltmeister	1	2006
UEFA U-21-Europameister	1	1994
UEFA Champions League	2	2003, 2007
FIFA Klub-WM	1	2007
Italienischer Meister	3	1998, 2004, 2011
Italienischer Pokal	1	2003
Torschützenkönig Italien	1	1997

Balotelli, Mario (*1990)
Italien (seit 2010), Inter Mailand (2006–2010), Manchester City (2010–2013), AC Mailand (2013–2014), FC Liverpool (seit 2014), AC Mailand (seit 2015, Leihe)

UEFA Champions League	1	2010
Italienischer Meister	3	2008, 2009, 2010
Italienischer Pokal	1	2010
Englischer Meister	1	2012
Englischer Pokal	1	2011
UEFA Euro All Star Team	1	2012

Mario Balotelli und Stephan El Shaarawy (r.) im August 2013 beim Champions-League-Qualifikationsmatch des AC Mailand gegen den PSV Eindhoven

In seinem 513. und letzten Serie-A-Spiel für Juventus gelingt Alessandro Del Piero sein 208. Ligatreffer für den Rekordmeister. Zugleich verabschiedete sich die Vereinslegende mit Titel Nummer acht von den Fans.

Del Piero, Alessandro (*1974)
Italien (1995–2008), Calcio Padova (1991–1993), Juventus Turin (1993–2012), Sydney FC (2012–2014), Delhi Dynamos FC (seit 2014)

FIFA Weltmeister	1	2006
UEFA Champions League	1	1996
Weltpokal	1	1996
Italienischer Meister	8	1995, 1997, 1998, 2002, 2003, 2005, 2006, 2012
Italienischer Pokal	1	1995
Torschützenkönig UEFA CL	1	1998
Torschützenkönig Italien	1	2008
Italiens Fußballer d. J.	2	1998, 2008

Vorrunde die Segel streichen musste, wurde der extrovertierte **Mario Balotelli** zum Hoffnungsträger für bessere Zeiten. Er kam als Sohn ghanaischer Einwanderer in Italien zur Welt und wurde später von der Familie Balotelli adoptiert. »Super Mario« spielte von 2006 bis 2010 bei Inter und stand im Kader dreier Meister- und eines Champions-League-Siegerteams, ehe er nach zweieinhalb Jahren bei Manchester City zu Milan kam. Auf der Insel schrieb er Schlagzeilen am Fließband, allerdings häufiger in den Klatschspalten als im Sportteil, da er jederzeit für einen Skandal gut war. Trotz aller Eskapaden neben und auf dem Platz ist Balotelli einer der talentiertesten Stürmer der Gegenwart mit Potenzial zum Weltstar, wie vor allem die DFB-Elf bei der Euro 2012 schmerzhaft erfahren musste. Allerdings fehlt ihm die Konstanz – und manchmal, so könnte man meinen, auch der Biss, der Wille und die Disziplin.

Auf Schalke stieg der Spanier schnell zum Liebling der Fans auf, die sich im April 2012 für seine Auftritte in zwei Ruhrpott-Jahren bedankten.

Torres, Fernando (*1984)
Spanien (seit 2003), Atlético Madrid (1995–2007), FC Liverpool (2007–2011), FC Chelsea (2011–2014), AC Mailand (seit 2014), Atlético Madrid (seit 2015, Leihe)

FIFA Weltmeister	1	2010
UEFA Europameisterschaft	2	2008, 2012
UEFA U-19-Europameister	1	2002
UEFA Champions League	1	2012
UEFA Europa League	1	2013
Englischer Pokal	1	2012
UEFA Euro Torschützenkönig	1	2008
Torschützenkönig U-19-EM	1	2002
Bester Spieler UEFA U-19-EM	1	2002

Fast hätte Fernando Torres (l.) den Bayern beim UEFA Super-Cup-Finale 2013 in Prag erneut einen Titel weggeschnappt: Durch sein Hammertor in der 8. Minute, das auch Dante nicht verhindern konnte, ging der FC Chelsea mit 1:0 in Führung. Am Ende gewannen die Münchner im Elfmeterschießen.

Der Unvollendete und das Glückskind

Sechs spanische Meisterschaften, drei Erfolge in der Champions League und mit 71 Treffern lange Rekordtorschütze des Wettbewerbs – **Raúl González Blanco**, 1977 in Madrid geboren und von 1992 bis 2010 bei Real, zählt zu den Größten, die der an Berühmtheiten wahrlich nicht arme spanische Hauptstadtklub hervorgebracht hat. Am Ende seiner Zeit bei Real hatte er Alfredo Di Stéfano als erfolgreichsten Torschützen des Klubs abgelöst und zudem bei drei WM-Endrunden in Folge (1998, 2002, 2006) getroffen. Doch als 2008 die große Zeit der »Furia Roja« begann, war er kurz zuvor vom damaligen Nationaltrainer Luis Aragonés ausgemustert worden. Raúls Pech war in gewisser Weise das Glück des sieben Jahre jüngeren **Fernando Torres**, ebenfalls gebürtiger Madrilene, der bei der Euro 2008 als Stoßstürmer agierte, Torschützenkönig des Turniers wurde und im Finale

Raúl (González Blanco) (*1977)
Spanien (1996–2006), Real Madrid (1992–2010), Schalke 04 (2010–2012), Sadd Sports Club (2012–2014), New York Cosmos (seit 2015)

UEFA Champions League	3	1998, 2000, 2002
Weltpokal	2	1998, 2002
Spanischer Meister	6	1995, 1997, 2001, 2003, 2007, 2008
Deutscher Pokal	1	2011
Welttorjäger	1	1999
Torschützenkönig UEFA CL	2	2000, 2001
Torschützenkönig Spanien	2	1999, 2001

Stelldichein der Weltstars: Raúl (M.) lief im August 2013 bei seinem offiziellen Abschiedsspiel noch einmal im Real-Trikot auf, umringt von seinen Nachfolgern Cristiano Ronaldo (l.) und Kaká.

das Goldene Tor gegen die Deutschen erzielte. Obwohl bei seinen Vereinen FC Liverpool und FC Chelsea wie in der Nationalmannschaft nie unumstritten, kam er in entscheidenden Partien regelmäßig zum Einsatz und konnte Titel um Titel sammeln. Wenige Fußballer haben eine derart komplette Trophäensammlung im Vereins- wie im Weltfußball, einzig mit nationalen Titeln hapert es noch bei Torres.

Sommertheater

Uruguay, über Jahrzehnte als Team harter Defensivkünstler gefürchtet, hat Europa in den letzten Jahren mit vielen hochkarätigen Stürmern beglückt. Neben Diego Forlán und Edinson Cavani wäre vor allem **Luis Suárez** zu nennen, der bei Ajax Amsterdam den Durchbruch schaffte und beim FC Liverpool zum Weltstar wurde. Auf der einen Seite ein hervorragender Fußballer, sorgte Suárez andererseits regelmäßig für Negativ-Schlagzeilen, nicht nur durch sein skandalöses Handspiel bei der WM 2010 gegen Ghana, mit dem er den sicheren Einzug der Afrika-

Lewandowski, Robert (*1988)
Polen (seit 2008), Lech Posen (2008–2010), Borussia Dortmund (2010–2014), FC Bayern München (seit 2014)

Deutscher Meister	3	2011, 2012, 2015
Deutscher Pokal	1	2012
Polnischer Meister	1	2010
Polnischer Pokal	1	2009
Torschützenkönig Deutschland	1	2014
Torschützenkönig Polen	1	2010
Polens Fußballer d. J.	4	2011, 2012, 2013, 2014

Beim Halbfinalrückspiel der CL-Saison 2012/13 in Madrid traf Robert Lewandowski (l., der hier vor Xabi Alonso zum Kopfball kommt) nicht, aber seine vier Buden zum 4:1 im Hinspiel reichten: Der BVB stand trotz eines 0:2 in Madrid im Finale.

ner ins Halbfinale verhinderte. Des Öfteren musste der Stürmer lange Sperren absitzen.
Den peinlichsten Auftritt bis dato legte das »Großmaul« (Suárez über Suárez) aber bei der WM 2014 aufs Parkett, als er Gegenspieler Giorgio Chiellini vor den Augen von Millionen Zuschauern in die Schulter biss. Dies war nicht das erste Mal – und deswegen wurde der bissige Stürmer für vier Monate von allen Fußballaktivitäten ausgeschlossen. Trotzdem öffnete der FC Barcelona kurz darauf die Portokasse und überwies fantastische 81,25 Millionen Euro an die Anfield Road – noch einmal deutlich mehr, als PSG im Jahr zuvor für seinen Sturmpartner in der Nationalelf, Edinson Cavani, auf den Tisch geblättert hatte.
Schon ein Jahr vorher hatte sich Suárez wechselwillig gezeigt, doch Liverpool schob seinen Absichten energisch einen Riegel vor – und das Sommertheater um den Starstürmer war vorbei. Ebenfalls ein Kandidat auf den Titel Nervensäge des Sommers 2013 war der Pole **Robert Lewandowski**: Angeblich hatten ihm die Verantwortlichen von Borussia Dortmund zugesagt, für einen gewissen Betrag vor Ende seiner Vertragslaufzeit 2014 wechseln zu dürfen. Spätestens nach dem Viererpack im Halbfinalspiel der Champions League gegen Real Madrid im April 2013 hätten vermutlich mehrere Vereine für Lewandowski Beträge in Cavani-Falcao-Suárez-Dimensionen bezahlt, doch der wollte unbedingt für einen weitaus geringeren Betrag zum größten Konkurrenten der Dortmunder gehen: zum FC Bayern. Auf einmal konnte sich niemand beim BVB mehr erinnern, Lewy oder seinen Beratern eine solche Zusage gegeben zu haben. So musste der Stürmerstar bis zum Sommer 2014 im Ruhrpott bleiben. Die Gerüchte um Lewandowski und die Konkurrenz durch Mario Mandžukić vertrieben vor der Saison 2013/14 den Bundesliga-Torschützenkönig 2012, **Mario Gómez**, aus München. Wegen einer Verletzung verlor der Stürmer seinen Stammplatz und ging zum AC Florenz nach Italien – für »nur« 16 Millionen Euro. Allerdings wurde

Suárez, Luis (*1987)
Uruguay (seit 2007), Nacional Montevideo (1998–2006), FC Groningen (2006–2007), Ajax Amsterdam (2007–2011), FC Liverpool (2011–2014), FC Barcelona (seit 2014)

Südamerikameister	1	2011
UEFA Champions League	1	2015
Spanischer Meister	1	2015
Spanischer Pokal	1	2015
Niederländischer Pokal	1	2010
Uruguayischer Meister	1	2006
Bester Spieler Südamerikam.	1	2011
Torschützenkönig Niederlande	1	2010
Torschützenkönig England	1	2014
Englands Fußballer d. J.	1	2014
Niederländischer Fußballer d. J.	1	2010

Im Finale der Copa América gegen Paraguay 2011 brachte Luis Suárez die Urus mit 1:0 in Führung. Durch zwei Treffer von Diego Forlán hieß es am Ende 3:0.

Gómez, Mario (*1985)
Deutschland (seit 2007), VfB Stuttgart (2001–2009), Bayern München (2009–2013), AC Florenz (seit 2013)

UEFA Champions League	1	2013
Deutscher Meister	3	2007, 2010, 2013
Deutscher Pokal	2	2010, 2013
Torschützenkönig Deutschland	1	2011
Deutschlands Fußballer d. J.	1	2007

Zwei Treffer beim 3:2 gegen den VfB Stuttgart, seinen Ausbildungsverein, im Pokalfinale 2013 waren das Abschiedsgeschenk von Mario Gómez (v.) an Bayern München. Auch Arjen Robben war begeistert.

er auch dort wegen häufiger Verletzungen nicht glücklich.

Schon zu seinen besten Zeiten war der oberschwäbisch-andalusische Stürmer selten unumstritten, weil seine Spielweise oft hölzern wirkt und er zu wenig für die Defensive tut. Fit und in Bestform, ist Gómez jedoch ein fantastischer Goalgetter: Für den FC Bayern traf er in 115 Ligaspielen bemerkenswerte 75-mal, schenkte 2012 in der Champions League dem FC Basel vier Tore in einer Partie ein und verbuchte 2013 im Pokalspiel gegen den VfL Wolfsburg mit drei Toren in sechs Minuten den schnellsten seiner zahlreichen Hattricks.

Das Land, wo die Zitronen blühen

Nicht nur Mario Gómez verschlug es nach Italien, in das Land, in dem laut Goethe die Zitronen blühen. Von Helmut Haller über Lothar Matthäus bis hin zu Lukas Podolski haben immer wieder deutsche Weltstars den Weg nach Bella Italia gesucht und gefunden. Auch **Miroslav Klose**, der im schwarz-weißen Trikot gegenüber Gómez meist die Nase vorn hatte, wechselte 2011 an den Stiefel, zu Lazio Rom. Im Trikot der Bayern hatte ihm Gómez den Rang abgelaufen und Klose schien bereits über seinen Zenit hinaus zu sein. Doch in der Ewigen Stadt fand der in Polen geborene Jahrhundertstürmer schnell zu alter Abschlussstärke zurück und spielte sich ins Herz der römischen Tifosi.

Das Beste behielt sich »Miro Nationale« allerdings bis zum Schluss auf, bis zum späten Höhepunkt seiner Nationalmannschaftskarriere: 2002, 2006 und 2010 hatte Klose bereits 14-mal auf der großen WM-Bühne ins Schwarze getroffen, gegen Ghana und im schier unglaublichen Torspektakel gegen Gastgeber Brasilien erzielte er seine Treffer Nummer 15 und 16 und wurde damit zum alleinigen Rekordhalter. Und, nicht zu vergessen, im vierten Anlauf gewann er endlich den wertvollsten Titel des Fußballs und streckte im Maracanã zu Rio de Janeiro den Weltmeisterpokal in die Höhe.

Die ersten drei seiner 16 Tore bei WM-Endrunden erzielte Miroslav Klose gleich in seinem ersten Endrundenspiel überhaupt – am 1. Juni 2002 beim 8:0 der DFB-Auswahl gegen Saudi-Arabien.

Miroslav Klose (l.) schiebt im WM-Halbfinale zum 2:0 gegen Brasilien ein – sein 16. und letzter Treffer bei einer Endrunde, mit dem er Ronaldo von der Spitze der ewigen Bestenliste verdrängte und den Weg zum Titel ebnete.

Klose, Miroslav (*1978)
Deutschland (seit 2001), 1. FC Kaiserslautern (1999–2004), Werder Bremen (2004–2007), Bayern München (2007–2011), Lazio Rom (seit 2011)

FIFA Weltmeister	1	2014
Deutscher Meister	2	2008, 2010
Deutscher Pokal	2	2008, 2010
Italienischer Pokal	1	2013
FIFA WM All Star Team	2	2002, 2006
Torschützenkönig FIFA WM	1	2006
Torschützenkönig Deutschland	1	2006
Deutschlands Fußballer d. J.	1	2006

Tabellen und Statistiken

Die wichtigsten Turniere für Nationalmannschaften seit 2000

Fußball-Weltmeisterschaft

Jahr	Finale	Spiel 3. Platz	Bester Spieler/Torschützenkönig
2002 Japan und Südkorea	**Brasilien** – Deutschland 2:0	Türkei – Südkorea 3:2	**Oliver Kahn** (Deutschland) Ronaldo (Brasilien) 8
2006 Deutschland	**Italien** – Frankreich 1:1 n.V.*/5:3 i.E.*	Deutschland – Portugal 3:1	**Zinédine Zidane** (Frankreich) Miroslav Klose (Deutschland) 5
2010 Südafrika	**Spanien** – Niederlande 1:0 n.V.	Deutschland – Uruguay 3:2	**Diego Forlán** (Uruguay) Thomas Müller (Deutschland) 5
2014 Brasilien	**Deutschland** – Argentinien 1:0 n.V.	Niederlande – Brasilien 3:0	**Lionel Messi** (Argentinien) James Rodríguez (Kolumbien) 6

* i.E. = im Elfmeterschießen, n.GG. = nach Golden Goal, n.SG. = nach Silver Goal, n.V. = nach Verlängerung, n.v. = nicht vergeben

Fußball-Europameisterschaft

Jahr	Finale	Halbfinalpartien	Bester Spieler/Torschützenkönig
2000 Belgien und Niederlande	**Frankreich** – Italien 2:1 n.GG.*	Frankreich – Portugal 2:1 n.V. Italien – Niederlande 0:0 n.V./3:1 i.E.	**Zinédine Zidane** (Frankreich) Patrick Kluivert (Niederlande) und Savo Milošević (Jugoslawien) 5
2004 Portugal	**Griechenland** – Portugal 1:0	Portugal – Niederlande 2:1 Griechenland – Tschechien 1:0 n.SG.*	**Theodoros Zagorakis** (Griechenland) Milan Baroš (Tschechien) 5
2008 Österreich und Schweiz	**Spanien** – Deutschland 1:0	Spanien – Russland 3:0 Deutschland – Türkei 3:2	**Xavi** (Spanien) David Villa (Spanien) 4
2012 Polen und Ukraine	**Spanien** – Italien 4:0	Spanien – Portugal 0:0 n.V./4:2 i.E. Italien – Deutschland 2:1	**Andrés Iniesta** (Spanien) Fernando Torres (Spanien) 3

FIFA Konföderationenpokal

Jahr	Finale/3. Platz	Bester Spieler/Torschützenkönig
2001 Japan und Südkorea	**Frankreich** – Japan 1:0 Australien – Brasilien 1:0	**Robert Pires** (Frankreich) Shaun Murphy (Australien) Éric Carrière, Robert Pires, Patrick Vieira, Sylvain Wiltord (alle Frankreich)/Takayuki Suzuki (Japan)/Hwang Sun-hong (Südkorea) alle 2
2003 Frankreich	**Frankreich** – Kamerun 1:0 n.GG. Türkei – Kolumbien 2:1	**Thierry Henry** (Frankreich) Thierry Henry 4
2005 Deutschland	**Brasilien** – Argentinien 4:1 Deutschland – Mexiko 4:3 n.V.	**Adriano** (Brasilien) Adriano (Brasilien) 5
2009 Südafrika	**Brasilien** – USA 3:2 Spanien – Südafrika 3:2 n.V.	**Kaká** (Brasilien) Luís Fabiano (Brasilien) 5
2013 Brasilien	**Brasilien** – Spanien 3:0 Italien – Uruguay 2:2 n.V./3:2 i.E.	**Neymar** (Brasilien) Fernando Torres (Spanien) 5

Olympisches Fußballturnier

Jahr	Finale/3. Platz	Torschützenkönig
2000 Sydney – Australien	**Kamerun** – Spanien 2:2 n.V., 5:3 i.E./Chile – USA 2:0	Iván Zamorano (Chile) 6
2004 Athen – Griechenland	**Argentinien** – Paraguay 1:0/Italien – Irak 1:0	Carlos Tévez (Argentinien) 8
2008 Peking – China	**Argentinien** – Nigeria 1:0/Brasilien – Belgien 3:0	Giuseppe Rossi (Italien) 4
2012 London – Großbritannien	**Mexiko** – USA 2:1/Südkorea – Japan 3:2	Leandro Damião (Brasilien) 6

Fußball-Südamerikameisterschaft

Jahr	Finale/3. Platz	Bester Spieler/Torschützenkönig
2001 Kolumbien	**Kolumbien** – Mexiko 1:0 Honduras – Uruguay 2:2 n.V./5:4 i.E.	**Amado Guevara** (Honduras) Víctor Aristizábal (Kolumbien) 6
2004 Peru	**Brasilien** – Argentinien 2:2 n.V./4:2 i.E. Uruguay – Kolumbien 2:1	**Adriano** (Brasilien) Adriano (Brasilien) 7
2007 Venezuela	**Brasilien** – Argentinien 3:0 Mexiko – Uruguay 3:1	**Robinho** (Brasilien) Robinho (Brasilien) 6
2012 Argentinien	Uruguay – Paraguay 3:0/Peru – Venezuela 4:1	Luis Suárez (Uruguay)/Paolo Guerrero (Peru) 5
2015 Chile	**Chile** – Argentinien 0:0 n.V./4:1 i.E. Peru – Paraguay 2:0	**nicht vergeben** (Lionel Messi lehnte ab) Paolo Guerrero (Peru), Eduardo Vargas (Chile) je 4

Fußball-Afrikameisterschaft

Jahr	Finale/3. Platz	Bester Spieler/Torschützenkönig
2000 Ghana und Nigeria	**Kamerun** – Nigeria 2:2 n.V./4:3 i.E. Südafrika – Tunesien 2:2/4:3 i.E.	n.v.* Shaun Bartlett (Südafrika) 5
2004 Mali	**Kamerun** – Senegal 0:0 n.V./3:2 i.E. Nigeria – Mali 1:0	n.v. Patrick M'Boma, Salomon Olembé (Kamerun), Julius Aghahowa (Nigeria) alle 3
2004 Tunesien	**Tunesien** – Marokko 2:1 Nigeria – Mali 2:1	**Jay-Jay Okocha (Nigeria)** Patrick M'Boma (Kamerun), Frédéric Kanouté (Mali), Youssef Mokhtari (Marokko), Jay-Jay Okocha (Nigeria), Francileudo Silva dos Santos (Tunesien) alle 4
2006 Ägypten	**Ägypten** – Elfenbeinküste 0:0 n.V./4:2 i.E. Senegal – Nigeria 1:0	**Ahmed Hassan** (Ägypten)/Samuel Eto'o (Kamerun) 5
2008 Ghana	**Ägypten** – Kamerun 1:0 Ghana – Elfenbeinküste 4:2	**Hosni Abd-Rabou** (Ägypten)/Samuel Eto'o (Kamerun) 5
2010 Angola	**Ägypten** – Ghana 1:0 Nigeria – Algerien 1:0	**Ahmed Hassan** (Ägypten)/Gedo (Ägypten) 5
2012 Gabun und Äquatorialguinea	**Sambia** – Elfenbeinküste 0:0 n.V./8:7 i.E. Mali – Ghana 2:0	**Christopher Katongo** (Sambia) Emmanuel Mayuka (Sambia) 3
2013 Südafrika	**Nigeria** – Burkina Faso 1:0 Mali-Ghana 3:1	**Jonathan Pitroipa** (Burkina Faso) Emmanuel Emenike (Nigeria), Wakaso Mubarak (Ghana) je 4
2015 Äquatorialguinea	**Elfenbeinküste** – Ghana 0:0 n.V./9:8 i.E. DR Kongo – Äquatorialguinea 0:0 n.V./4:2 i.E.	**Christian Atsu** (Ghana) Ahmed Akaïchi (Tunesien), André Ayew (Ghana), Javier Balboa (Äquatorialguinea), Thievy Bifouma (Republik Kongo), Dieumerci Mbokani (DR Kongo) je 3

Fußball-Asienmeisterschaft

Jahr	Finale/3. Platz	Bester Spieler/Torschützenkönig
2000 Libanon	**Japan** – Saudi-Arabien 1:0 Südkorea – China 1:0	**Hiroshi Nanami** (Japan) Lee Dong-gook (Südkorea) 6
2004 China	**Japan** – China 3:1 Iran – Bahrain 4:2	**Shunsuke Nakamura** (Japan) A'ala Hubail (Bahrain), Ali Karimi (Iran) alle 5
2007 Indonesien, Malaysia, Thailand und Vietnam	**Irak** – Saudi-Arabien 1:0 Südkorea – Japan 0:0 n.V., 6:5 i.E.	**Yunis Mahmud** (Irak) Naohiro Takahara (Japan), Yassir al-Qahtani (Saudi-Arabien), Yunis Mahmud (Irak) alle 4
2011 Katar	**Japan** – Australien 1:0 n.V. Südkorea – Usbekistan 3:2	**Keisuke Honda** (Japan) Koo Ja-cheol (Südkorea) 5
2015 Australien	**Australien** – Südkorea 2:1 n.V. Vereinigte Arabische Emirate – Irak 3:2	**Massimo Luongo** (Australien) Ali Mabkhout (Vereinigte Arabische Emirate) 5

Internationale Vereinswettbewerbe seit 2000

UEFA Champions League

Saison	Endspielort	Finale	Torschützenkönig Saison
1999/00	Paris	**Real Madrid** – FC Valencia 3:0	Mário Jardel/FC Porto Raúl/Real Madrid Rivaldo/FC Barcelona 10
2000/01	Mailand	**Bayern München** – FC Valencia 1:1 n.V./5:4 i.E.	Raúl/Real Madrid 7
2001/02	Glasgow	**Real Madrid** – Bayer 04 Leverkusen 2:1	Ruud van Nistelrooy/ManU 10
2002/03	Manchester	**AC Mailand** – Juventus Turin 0:0 n.V./3:2 i.E.	Ruud van Nistelrooy/ManU 12
2003/04	Gelsenkirchen	**FC Porto** – AS Monaco 3:0	Fernando Morientes/AS Monaco 9
2004/05	Istanbul	**FC Liverpool** – AC Mailand 3:3 n.V./3:2 i.E.	Ruud van Nistelrooy/ ManU 8
2005/06	Paris	**FC Barcelona** – FC Arsenal London 2:1	Andrij Schewtschenko/AC Mailand 9
2006/07	Athen	**AC Mailand** – FC Liverpool 2:0	Kaká/AC Mailand 10
2007/08	Moskau	**Manchester United** – FC Chelsea 1:1 n.V./6:5 i.E.	Cristiano Ronaldo/Manchester United 8
2008/09	Rom	**FC Barcelona** – Manchester United 2:0	Lionel Messi/FC Barcelona 9
2009/10	Madrid	**Inter Mailand** – Bayern München 2:0	Lionel Messi/FC Barcelona 8
2010/11	London	**FC Barcelona** – Manchester United 3:1	Lionel Messi/FC Barcelona 12
2011/12	München	**FC Chelsea** – Bayern München 1:1 n.V./4:3 i.E.	Lionel Messi/FC Barcelona 14
2012/13	London	**Bayern München** – Borussia Dortmund 2:1	Cristiano Ronaldo/Real Madrid 12
2013/14	Lissabon	**Real Madrid** – Atlético Madrid 4:1 n.V.	Cristiano Ronaldo/Real Madrid 17
2014/15	Berlin	**FC Barcelona** – Juventus Turin 3:1	Neymar, Lionel Messi/FC Barcelona, Cristiano Ronaldo/Real Madrid 10

UEFA Cup/UEFA Europa League seit 2000/2010

Saison	Endspielort	Finale	Torschützenkönig Saison
1999/00	Kopenhagen	**Galatasaray Istanbul** – FC Arsenal London 0:0 n.V./4:1 i.E.	Darko Kovaćevič/Juventus Turin 10
2000/01	Dortmund	**FC Liverpool** – Deportivo Alavés 5:4 n.GG.	Goran Drulić/Roter Stern Belgrad Javi Moreno/Deportivo Alavés Marcin Kuźba/Lausanne Sports Demis Nikolaidis/AEK Athen 6
2001/02	Rotterdam	**Feyenoord Rotterdam** – Borussia Dortmund 3:2	Pierre van Hooijdonk/Feyenoord Rotterdam 8
2002/03	Sevilla	**FC Valencia** – Celtic Glasgow 3:2 n.V.	Derlei/FC Porto Henrik Larsson/Celtic Glasgow 11
2003/04	Göteborg	**FC Valencia** – Olympique Marseille 2:0	Sonny Anderson/FC Villarreal Didier Drogba/Olympique Marseille Mateja Kežman/PSV Eindhoven Alan Shearer/Newcastle United 6
2004/05	Lissabon	**ZSKA Moskau** – Sporting Lissabon 3:1	Alan Shearer/Newcastle United 11
2005/06	Eindhoven	**FC Sevilla** – FC Middlesbrough 4:0	Matías Delgado/FC Basel 7
2006/07	Glasgow	**FC Sevilla** – Espanyol Barcelona 2:2 n.V./3:1 i.E.	Walter Pandiani/Espanyol Barcelona 11
2007/08	Manchester	**Zenit Sankt Petersburg** – Glasgow Rangers 2:0	Pawel Pogrebnjak/Zenit Sankt Petersburg Luca Toni/Bayern München 10
2008/09	Istanbul	**Schachtar Donezk** – Werder Bremen 2:1 n.V.	Vágner Love/ZSKA Moskau 11
2009/10	Hamburg	**Atlético Madrid** – FC Fulham 2:1 n.V.	Óscar Cardozo/Benfica Lissabon Claudio Pizarro/Werder Bremen 9
2010/11	Dublin	**FC Porto** – SC Braga 1:0	Radamel Falcao/FC Porto 17
2011/12	Bukarest	**Atlético Madrid** – Athletic Bilbao 3:0	Radamel Falcao/Atlético Madrid 12
2012/13	Amsterdam	**FC Chelsea** – Benfica Lissabon 2:1	Libor Kozák/Lazio Rom 8
2013/14	Turin	**FC Sevilla** – Benfica Lissabon 0:0 n.V./4:2 i.E.	Jonatan Soriano/FC Salzburg 8
2014/15	Warschau	**FC Sevilla** – Dnipro Dnipropetrowsk 3:2	Alan/FC Salzburg, Romelu Lukaku/FC Everton 8

Fußball-Weltpokal

Jahr	Endspielort	Finale
2000	Tokio	Real Madrid – **CA Boca Juniors** 1:2
2001	Tokio	**Bayern München** – CA Boca Juniors 1:0 n.V.
2002	Yokohama	**Real Madrid** – Olimpia Asunción 2:0
2003	Yokohama	AC Mailand – **CA Boca Juniors** 1:1 n.V./1:3 i.E.
2004	Yokohama	**FC Porto** – AS Monaco 0:0 n.V./8:7 i.E.

UEFA Super Cup

2000	Real Madrid – Galatasaray Istanbul	1:2 n.GG.
2001	Bayern München – FC Liverpool	2:3
2002	Real Madrid – Feyenoord Rotterdam	3:1
2003	AC Mailand – FC Porto	1:0
2004	FC Porto – FC Valencia	1:2
2005	FC Liverpool – ZSKA Moskau	3:1 n.V.
2006	FC Barcelona – FC Sevilla	0:3
2007	AC Mailand – FC Sevilla	3:1
2008	Manchester United – Zenit Sankt Petersburg	1:2
2009	FC Barcelona – Schachtar Donezk	1:0 n.V.
2010	Inter Mailand – Atlético Madrid	0:2
2011	FC Barcelona – FC Porto	2:0
2012	FC Chelsea – Atlético Madrid	1:4
2013	Bayern München – FC Chelsea	2:2 n.V./5:4 i.E.
2014	Real Madrid – FC Sevilla	2:0
2015	FC Barcelona – FC Sevilla	5:4 n.V.

FIFA Klub-Weltmeisterschaft

Saison	Ausrichter	Finale	Spiel um Platz 3
2000	Brasilien	**Corinthians São Paulo** – CR Vasco da Gama 0:0 n.V./4:3 i.E.	Necaxa (Mexiko) – Real Madrid 1:1 n.V./4:3 i.E.
2001	Spanien/abgesagt		
2002–04	nicht ausgetragen		
2005	Japan	**Corinthians São Paulo** – FC Liverpool 1:0	CD Saprissa – al-Ittihad 3:2
2006	Japan	**SC Internacional (Porto Alegre)** – FC Barcelona 1:0	al Ahly Kairo – Club América 2:1
2007	Japan	**AC Mailand** – CA Boca Juniors 4:2	Urawa Red Diamonds – Étoile Sportive du Sahel 2:2/4:1 i.E.
2008	Japan	**Manchester United** – Liga de Quito 1:0	Gamba Osaka – CF Pachuca 1:0
2009	Vereinigte Arabische Emirate	**FC Barcelona** – Estudiantes de La Plata 2:1 n.V.	Pohang Steelers – CF Atlante 1:1/4:3 i.E.
2010	Vereinigte Arabische Emirate	**Inter Mailand** – Tout Puissant Mazembe 3:0	SC Internacional – Seongnam Ilhwa Chunma 4:2
2011	Japan	**FC Barcelona** – FC Santos 4:0	Al-Sadd Sport Club – Kashiwa Reysol 0:0/5:3 i.E.
2012	Japan	**Corinthians São Paulo** – FC Chelsea London 1:0	CF Monterrey – al Ahly Kairo 2:0
2013	Marokko	**Bayern München** – Raja Casablanca 2:0	Atlético Mineiro – Guangzhou Evergrande FC 3:2
2014	Marokko	**Real Madrid** – CA San Lorenzo de Almagro 2:0	Auckland City FC – CD Cruz Azul 1:1 n.V./4:2 i.E.
2015	Japan	**FC Barcelona** – CA River Plate 3:0	Sanfrecce Hiroshima – Guangzhou Evergrande 2:1

Meister der großen europäischen Ligen seit 2000

Jahr	England	Spanien	Deutschland	Italien
2000	Manchester United	Deportivo La Coruña	Bayern München	Lazio Rom
2001	Manchester United	Real Madrid	Bayern München	AS Rom
2002	FC Arsenal	FC Valencia	Borussia Dortmund	Juventus Turin
2003	Manchester United	Real Madrid	Bayern München	Juventus Turin
2004	FC Arsenal	FC Valencia	Werder Bremen	AC Mailand
2005	FC Chelsea	FC Barcelona	Bayern München	Juventus Turin*
2006	FC Chelsea	FC Barcelona	Bayern München	Inter Mailand*
2007	Manchester United	Real Madrid	VfB Stuttgart	Inter Mailand
2008	Manchester United	Real Madrid	Bayern München	Inter Mailand
2009	Manchester United	FC Barcelona	VfL Wolfsburg	Inter Mailand
2010	FC Chelsea	FC Barcelona	Bayern München	Inter Mailand
2011	Manchester United	FC Barcelona	Borussia Dortmund	AC Mailand
2012	Manchester City	Real Madrid	Borussia Dortmund	Juventus Turin
2013	Manchester United	FC Barcelona	Bayern München	Juventus Turin
2014	Manchester City	Atlético Madrid	Bayern München	Juventus Turin
2015	FC Chelsea	FC Barcelona	Bayern München	Juventus Turin

* Juventus Turin wurden die Titel 2005 und 2006 wegen der Verstrickung von Offiziellen in einen Wettskandal aberkannt. 2005 gab es deshalb offiziell keinen Landesmeister. Der Titel 2006 wurde nachträglich Inter Mailand zugesprochen.

Individuelle Erfolge und Auszeichnungen von Spielern

Ballon d'Or/FIFA Ballon d'Or seit 2000

Jahr	Name/Nationalität	Verein	Zweiter	Dritter
2000	Luís Figo/Portugal	FC Barcelona/Real Madrid	Zinédine Zidane/Frankreich	Andrij Schewtschenko/Ukraine
2001	Michael Owen/England	FC Liverpool	Raúl/Spanien	Oliver Kahn/Deutschland
2002	Ronaldo/Brasilien	Inter Mailand/Real Madrid	Roberto Carlos/Brasilien	Oliver Kahn/Deutschland
2003	Pavel Nedvěd/Tschechien	Juventus Turin	Thierry Henry/Frankreich	Paolo Maldini/Italien
2004	Andrij Schewtschenko/Ukraine	AC Mailand	Deco/Portugal	Ronaldinho/Brasilien
2005	Ronaldinho/Brasilien	FC Barcelona	Frank Lampard/England	Steven Gerrard/England
2006	Fabio Cannavaro/Italien	Juventus Turin/Real Madrid	Gianluigi Buffon/Italien	Thierry Henry/Frankreich
2007	Kaká/Brasilien	AC Mailand	Cristiano Ronaldo/Portugal	Lionel Messi/Argentinien
2008	Cristiano Ronaldo/Portugal	Manchester United	Lionel Messi/Argentinien	Fernando Torres/Spanien
2009	Lionel Messi/Argentinien	FC Barcelona	Cristiano Ronaldo/Portugal	Xavi/Spanien
2010	Lionel Messi/Argentinien	FC Barcelona	Andrés Iniesta/Spanien	Xavi/Spanien
2011	Lionel Messi/Argentinien	FC Barcelona	Cristiano Ronaldo/Portugal	Xavi/Spanien
2012	Lionel Messi/Argentinien	FC Barcelona	Cristiano Ronaldo/Portugal	Andrés Iniesta/Spanien
2013	Cristiano Ronaldo/Portugal	Real Madrid	Lionel Messi/Argentinien	Franck Ribéry/Frankreich
2014	Cristiano Ronaldo/Portugal	Real Madrid	Lionel Messi/Argentinien	Manuel Neuer/Deutschland
2015	Lionel Messi/Argentinien	FC Barcelona	Cristiano Ronaldo/Portugal	Neymar/Brasilien

Goldener Schuh seit 2000

Saison	Nation	Name	Verein	Liga	Tore	Punkte
1999/2000	England	Kevin Phillips	AFC Sunderland	Premier League	30	60
2000/01	Schweden	Henrik Larsson	Celtic Glasgow	Scottish Premier League	35	52,5
2001/02	Brasilien	Mário Jardel	Sporting Lissabon	Primeira Liga	42	63
2002/03	Niederlande	Roy Makaay	Deportivo La Coruña	Primera División	29	58
2003/04	Frankreich	Thierry Henry	FC Arsenal	Premier League	30	60
2004/05	Frankreich	Thierry Henry	FC Arsenal	Premier League	25	50
	Uruguay	Diego Forlán	FC Villarreal	Primera División	25	50
2005/06	Italien	Luca Toni	AC Florenz	Serie A	31	62
2006/07	Italien	Francesco Totti	AS Rom	Serie A	26	52
2007/08	Portugal	Cristiano Ronaldo	Manchester United	Premier League	31	62
2008/09	Uruguay	Diego Forlán	Atlético Madrid	Primera División	32	64
2009/10	Argentinien	Lionel Messi	FC Barcelona	Primera División	34	68
2010/11	Portugal	Cristiano Ronaldo	Real Madrid	Primera División	40	80
2011/12	Argentinien	Lionel Messi	FC Barcelona	Primera División	50	100
2012/13	Argentinien	Lionel Messi	FC Barcelona	Primera División	46	92
2013/14	Portugal	Cristiano Ronaldo	Real Madrid	Primera División	31	62
	Uruguay	Luis Suárez	FC Liverpool	Premier League	31	62
2014/15	Portugal	Cristiano Ronaldo	Real Madrid	Primera División	48	96

Goldener Ball/Torschützenkönig FIFA Klub-WM

Jahr	Goldener Ball	Torschützenkönig
2000	Edílson (Brasilien/Corinthians)	Nicolas Anelka (Frankreich/Real Madrid)/Romário (Brasilien/CR Vasco da Gama) 3
2005	Rogério Ceni (Brasilien/FC São Paulo)	Álvaro Saborío (Costa Rica/CD Saprissa)/Mohammad Nur (Saudi-Arabien/al-Ittihad) Peter Crouch (England/FC Liverpool)/Márcio Amoroso (Brasilien/FC São Paulo) 2
2006	Deco (Portugal/FC Barcelona)	Mohamed Abo Treka (Ägypten/al Ahly Kairo) 3
2007	Kaká (Brasilien/AC Mailand)	Washington (Brasilien/Urawa Red Diamonds) 3
2008	Wayne Rooney (England/Manchester United)	Wayne Rooney (England/Manchester United) 3
2009	Lionel Messi (Argentinien/FC Barcelona)	Denílson (Brasilien/Pohang Steelers) 4
2010	Samuel Eto'o (Kamerun/Inter Mailand)	Mauricio Molina (Kolumbien/Seongnam Ilwha Chunma) 3
2011	Lionel Messi (Argentinien/FC Barcelona)	Adriano (Brasilien/FC Barcelona)/Lionel Messi (Argentinien/FC Barcelona) 2
2012	Cássio (Brasilien/Corinthians)	César Delgado (Argentinien/CF Monterrey)/Hisato Sat (Japan/Sanfrecce Hiroshima) 3
2013	Franck Ribéry (Frankreich/Bayern München)	Darío Conca (Argentinien/Guangzhou Evergrande FC)/César Delgado (Argentinien/CF Monterrey)/Mouhcine Iajour (Marokko/Raja Casablanca)/Ronaldinho (Brasilien/Atlético Mineiro) 2
2014	Sergio Ramos (Spanien/Real Madrid)	Gareth Bale (Wales/Real Madrid)/Sergio Ramos (Spanien/Real Madrid)/Gerardo Torrado (Mexiko/CD Cruz Azul) 2
2015	Luis Suárez (Uruguay/FC Barcelona)	Luis Suárez (Uruguay/FC Barcelona) 5